特色小镇PPP法律实务

陈青松 著

法律出版社
LAW PRESS · CHINA

前 言
Preface

特色小镇方兴未艾，正成为我国新的创新驱动和经济增长点，尤其对区域经济发展而言，特色小镇正起着“发动机”的作用。

特色小镇建设有着重要意义：一是可以在有限的空间充分融合产业、文化、旅游和社区功能，提高地方的生产力和经济社会效益；二是有助于促进我国产业转型升级，通过打造战略性新兴产业或者历史经典产业，将小镇打造成集产业、资本、技术、人才等各类要素于一体的创新创业新平台；三是有助于城乡统筹和加快新型城镇化建设的速度，通过“生产、生活、生态”三生融合，形成宜居、宜业、宜游的生态圈，改善人居环境，提高人民生活水平；四是解决特色小镇所在地周边劳动力人口就业，实现经济税收良性互动。

从全国各地特色小镇推广来看，不同的小镇有着属于自己的独特基因和经济社会背景，不同的小镇发展轨迹和演变过程也都不一样。具体来说，有的特色小镇根植于当地的特色产业，经过了漫长的历史积淀；有的特色小镇自下而上，由一个小村庄发展到一个街区，再从一个街区发展到一个特色产业突出的小镇；有的特色小镇则是自上而下，在地方政府的规划引导以及财政、金融、土地、税收、人才、技术等各种优惠政策的支持下，不断地发展壮大。

一边是从中央到地方都在大力推广的特色小镇，一边是上升为国家战略的PPP 模式。在此经济背景下，各级地方政府和各类社会资本开始携手合作，双方以PPP 模式积极建设运营特色小镇。据了解，特色小镇的发源地——浙江省，其很多特色小镇采取了 PPP 模式操作。

当前，以 PPP 模式撬动特色小镇健康发展成为现实的选择。在我国已经推广4 年且取得丰硕成果和成功经验的 PPP 模式，将为特色小镇建设提供有力支持。通过 PPP 模式建设特色小镇，社会资本进行优质资源整合，以专业化的手段弥补地方政府在资金、技术、人才、能力方面的不足,促进地方政府经济结构调整和产业结构升级,从而实现跨越式发展。与此同时,地方政府以 PPP 模式引进社会资本,主要合作方式为以特色小镇项目的建设和运营为合作载体,引进有资金、技术和运营实力的社会资本参与特色小镇的规划、设计、建设和运营,从而实现政府建设特色小镇的目的,也为社会资本带来投资回报。

调研发现,一个真正的特色小镇,从规划到建设,从建设到运营,从运营到基本的功能完备,最起码需要一二十年的时间。以浙江省为例,浙江省的许多特色小镇开发持续了一二十年甚至更久。因此,在特色小镇漫长的建设和运营期,无论对地方政府还是社会资本来说,都面临着方方面面的风险,需要从各方面尤其是法律层面进行管控。

严格来说,特色小镇 PPP 项目是一整套法律体系,操作特色小镇 PPP 项目需要有系统的法律思想作指导。无论是特色小镇 PPP 项目前期的设计与规划(委托方与设计公司或规划公司签订委托设计或委托规划合同),还是项目执行阶段的融资(社会资本或 PPP 项目公司与银行等金融机构签订融资合同)、建设(社会资本或 PPP 项目公司与工程建设方签订工程建设合同)、运营(社会资本或 PPP 项目公司与运营方签订项目运营合同),都涉及复杂的法律问题。

特色小镇 PPP 项目的规划、设计、建设、运营、移交等各个环节均涉及专业的法律问题,且这些法律问题跨越多个领域:既涉及民事,又涉及行政,有的甚至涉及刑事。此外,这些法律还涉及技术、管理、金融、资本等。这就需要政府和社会资本高度重视,聘请精通各相关领域的专业律师共同参与特色小镇 PPP 项目,为项目提供专业的法律服务,确保项目的合法、合规、稳步推进。

本书对特色小镇与 PPP 的天然一致性、特色小镇 PPP 合作主体、项目运作流程、项目合同、风险管控、项目融资、项目建设与运营、土地涉及的法律问题进行了逐一剖析,同时结合特色小镇 PPP 典型案例做了详细解读。

本书不仅有笔者实践操作特色小镇 PPP 项目的经验体会,而且有对当下特色小镇 PPP 法律热点和难点的分析与解读,还汇集了笔者操作过的多起特色小镇 PPP 典型案例。本书对掌握特色小镇 PPP 项目的发展现状、有效解决特色小镇 PPP 法律疑难问题具有重要的参考价值,对行业人士研究、操作特色小镇 PPP 项目具有较大的借鉴意义。

本书可以为相关政府决策部门、各类社会资本、各类金融机构等特色小镇参与主体,以及研究、操作特色小镇的专业人士、企业高管等广大群体提供参考。

2018 年 6 月 1 日

目 录

Contents

第一篇

PPP模式：特色小镇建设现实选择

PPP

特色小镇建设的经济社会背景

“忽如一夜春风来，千树万树梨花开。”

近两年来，“特色小镇”横空出世并迅速在全国蔓延开来。

2015年5月，习近平总书记在考察浙江时，对特色小镇给予充分肯定；在中央经济工作会议上，梦想小镇、云栖小镇、黄酒小镇等一一被点到。2016年7月，住建部、国家发改委、财政部联合颁布《关于开展特色小镇培育工作的通知》（建村〔2016〕147号），明确提出，到2020年，要在全国培育1000个特色小镇。国务院总理李克强在做2017年政府工作报告时提出：“优化区域发展格局，支持中小城市和特色小城镇发展。”这是“特色小镇”首次被写入政府工作报告，也意味着建设特色小镇上升为国家战略。

追溯历史，我国推广特色小镇具有深刻的历史和现实背景，特色小镇的迅速兴起有其必然性。

1. 我国生态文明建设的需要

实现绿色发展、建设美丽中国，成为我国经济社会发展的重大国家战略。

党的十八大把生态文明建设纳入中国特色社会主义事业“五位一体”总体布局，明确提出“把生态文明建设放在突出地位，融入经济建设、政治建设、文化建设、社会建设各方面和全过程”。

2015年4月，中共中央、国务院发布了我国生态文明建设的纲领性文件《关于加快推进生态文明建设的意见》(以下简称《意见》),从而吹响了加快绿色发展的号角。《意见》指出要调整优化产业结构。推动战略性新兴产业和先进制造业健康发展,采用先进适用节能低碳环保技术改造提升传统产业,发展壮大服务业,合理布局建设基础设施和基础产业。《意见》对生态文明建设作出顶层设计和总体部署,我国生态文明建设目标为:到 2020 年,资源节约型和环境友好型社会建设取得重大进展,主体功能区布局基本形成,经济发展质量和效益显著提高,生态文明主流价值观在全社会得到推行,生态文明建设水平与全面建成小康社会目标相适应。2015 年 9 月,中共中央、国务院印发《生态文明体制改革总体方案》。2015 年 10 月,中共中央《关于制定国民经济和社会发展第十三个五年规划的建议》发布,“创新、协调、绿色、开放、共享”明确成为我国未来五大基本发展理念。

2016 年 7 月,住建部、国家发改委、财政部联合颁布《关于开展特色小镇培育工作的通知》(建村〔2016〕147 号),决定在全国范围开展特色小镇培育工作。《通知》的指导思想是全面贯彻党的十八大和十八届三中、四中、五中全会精神,牢固树立和贯彻落实创新、协调、绿色、开放、共享的发展理念,因地制宜、突出特色,充分发挥市场主体作用,创新建设理念,转变发展方式,通过培育特色鲜明、产业发展、绿色生态、美丽宜居的特色小镇,探索小镇建设健康发展之路,促进经济转型升级,推动新型城镇化和新农村建设。

特色小镇要求产业特色鲜明、体制机制灵活、人文气息浓厚、生态环境优美、多种功能叠加,这与我国“创新、协调、绿色、开放、共享”的发展理念相吻合,也与当今国际经济“绿色经济、低碳经济、循环经济”的发展趋势相吻合。

2. 经济转型和产业结构升级的需要

近年来,国内外经济形势发生了巨大的变化。多年来助推我国经济快速增长的投资和出口都不同程度地放缓,我国经济发展步入新常态。进一步而言,传统的以破坏环境为代价的粗放式发展模式和高成本、低效率、低收益的生产方式很难实现可持续发展。因此,我国大力进行经济转型和产业结构升级势在必行。

特色小镇最重要的“特色”之一便是特色产业,主要是战略性新兴产业和历史经典产业。以战略性新兴产业为例,该产业主要涉及节能环保、信息技术、高端装备制造、新能源、新材料等，具有知识技术密集、物质资源消耗少、附加值高、成长潜力大、综合效益好等特点。通过大力建设特色小镇，对我国经济转型和产业结构升级意义重大。

3. 我国新型城镇化建设的需要

目前，我国正大力推进新型城镇化建设。

数据显示，从1978年到2011年，我国城镇人口从1.72亿人增加到6.9亿人，城镇化率从17.92%提升到51.27%，但如果按照有城镇户籍的人数，依据政府提供的教育、医疗、社会保障等公共服务水平来说，中国的城镇化率大概只有35%～36%。党的十八大明确提出"新型城镇化"的重要概念。根据十八大报告精神，城镇化未来将成为我国全面建设小康社会的重要载体，更是扩大内需的最大潜力所在。新型城镇化内涵广泛，核心是人、地和钱的问题。新型城镇化牵涉农民工、留守儿童、棚户区改造、特色小镇、海绵城市等，诸多群体利益有待改善，诸多领域需要加强投入。快速发展的新型城镇化，正在成为我国经济增长和社会发展的强大引擎。

由此可见，特色小镇建设是承接大城市功能的着力点，是推进城乡一体化的突破口，是改善村镇人居环境的抓手，是我国新型城镇化建设的带动力量。2016年10月，国家发改委发布了《关于加快美丽特色小（城）镇建设的指导意见》（发改规划〔2016〕2125号），指出发展美丽特色小（城）镇是推进供给侧结构性改革的重要平台，是深入推进新型城镇化的重要抓手，有利于推动经济转型升级和发展动能转换，有利于促进大中小城市和小城镇协调发展，有利于充分发挥城镇化对新农村建设的辐射带动作用。

（1）促进城乡各要素互动

特色小镇建设促进城乡各要素互动，实现区域联动融合发展，形成"设施互通、产业互融、功能互补"的城乡一体化发展格局。在新型城镇化建设的当下，我国已经进入城乡要素资源双向流动的新阶段，农村要素（劳动力）向城市转移。与此同时，城市要素（资本、技术等）也开始向农村转移。

通过特色小镇建设，一方面，让农村更多的优质资源就近向特色小镇集中，促进当地产业结构升级和优化，解决劳动力就业；另一方面，吸引更多的城市资本和技术流向特色小镇，促进区域经济社会发展。

(2)加速推进村镇配套基础设施和公共服务设施建设

特色小镇可以加速推进村镇配套基础设施和公共服务设施建设，比如村镇道路、河道治理、污水处理、垃圾处理，从而改善村镇人居环境，提高人民生活水平。此前我国城镇化建设主要依靠产业园区和大型社区开发，其弊端比较明显：要么"有业无居"（只是生产区域，没有居住场所），要么"有居无业"（只有居住功能，没有生产功能），最典型的是"睡城"[1]现象。而特色小镇建设强调产业特色突出、绿色生态、环境优美、宜居宜业，可以吸纳城市优势产业、优质资本和优秀人才，从而缓解大城市的交通、就业和住房等问题。

---

〔1〕"睡城"主要指大城市周边的大型社区或居民点，这些人口相对集中的区域，由于缺乏如衣食住行、商业休闲、教育娱乐等区域功能的城市配套建设，人口虽大量入住，但局限于晚上居住，白天开车或者乘车前往市中心工作。

特色小镇顶层设计

在国家大力推广之下，特色小镇开始在各地迅速落地。

笔者在实践操作特色小镇的过程中发现，当下，“特色小镇”概念非常火，无论是经济理论还是实务界几乎到了人人言必称“特色小镇”的程度。从各级地方政府到各类社会资本，从传统产业到战略新兴产业，从产业资本到金融资本（如银行、基金、信托、证券、保险等），从实体投资者到法律、财务、工程咨询等中介机构，都将关切的目光瞄准特色小镇。

研究发现，我国特色小镇推广之所以风起云涌，与国家政策尤其是顶层设计密切相关。所谓“经济发展，政策先行”这一定律同样适用于特色小镇的建设。

1. 我国“特色小镇”顶层设计出台

2016年2月，国务院发布《关于深入推进新型城镇化建设的若干意见》（国发〔2016〕8号），指出加快培育中小城市和特色小城镇，提升县城和重点镇基础设施水平、加快拓展特大镇功能、加快特色镇发展、培育发展一批中小城市、加快城市群建设。

2016年7月，住建部、国家发改委、财政部联合颁布《关于开展特色小镇培育工作的通知》（建村〔2016〕147号），决定在全国范围开展特色小镇培育工作。计划到2020年，培育1000个左右各具特色、富有活力的休闲旅游、商贸物流、现代制造、教育科技、传统文化、美丽宜居等特色小镇，引领带动全国小城镇建设。

2016年10月,国家发改委发布了《关于加快美丽特色小(城)镇建设的指导意见》(发改规划〔2016〕2125号),要求按照党中央、国务院的部署,深入推进供给侧结构性改革,以人为本、因地制宜、突出特色、创新机制,夯实城镇产业基础,完善城镇服务功能,优化城镇生态环境,提升城镇发展品质,建设美丽特色新型小(城)镇,有机对接美丽乡村建设,促进城乡发展一体化。

梳理发现,自2015年开始,近几年我国先后发布了多项"特色小镇"指导政策。(见表1-1)

表1-1 国家特色小镇政策

时间	文件名称	主要内容
2015年10月	中共中央《关于制定国民经济和社会发展第十三个五年规划的建议》	提出发展特色县域经济,加快培育中小城市和特色小镇,促进农产品精深加工和农村服务业发展,拓展农民增收渠道,完善农民收入增长支持政策体系,增强农村发展内生动力。
2016年2月	国务院发布《关于深入推进新型城镇化建设的若干意见》	提出加快特色小镇发展。充分发挥市场主体作用,推动小城镇发展与疏解大城市中心城区功能相结合、与特色小镇发展相结合、与服务"三农"相结合。发展具有特色优势的休闲旅游、商贸物流、信息产业、先进制造、民俗文化传承、科技教育等魅力小镇,带动农业现代化和农民就近城镇化。提出四种土地利用机制:一是规范推进城乡建设用地增减挂钩。通过城乡建设用地增减挂钩所获得的建设用地可用于特色小镇建设。二是建立城镇低效用地再开发激励机制。允许存量土地使用权人在不违反法律法规、符合相关规划的前提下,按照有关规定经批准背后对土地进行再开发,用于特色小镇的建设。三是因地制宜推进低丘缓坡地开发,充分利用土地。四是完善土地经营权和宅基地使用权流转机制。推进农村土地征收、集体经营性建设用地入市、宅基地制度改革试点。
2016年3月	《国民经济和社会发展第十三个五年规划纲要》	提出加快发展中小城市和特色小镇。因地制宜发展特色鲜明、产城融合、充满魅力的小城镇。

续表

时间	文件名称	主要内容
2016年7月	住建部、国家发改委、财政部发布《关于开展特色小镇培育工作的通知》	计划到2020年培育1000个左右各具特色、富有活力的休闲旅游、商贸物流、现代制造、教育科技、传统文化、美丽宜居等特色小镇,引领带动全国小城镇建设。特色小镇要坚持突出特色,防止千镇一面和一哄而上;坚持市场主导,政府重在搭建平台、提供服务,防止大包大揽,以产业发展为重点,依据产业发展确定建设规模,防止盲目造镇;坚持深化改革,培育壮大新兴产业,打造创业创新平台,发展新经济。提出两条支持渠道:一是国家发改委等有关部门支持符合条件的特色小镇建设项目申请专项建设基金。二是政策财政对工作开展较好的特色小镇给予适当奖励。政府财政资金第一次较为系统地对特色小镇给予支持。
2016年8月	住建部发布《关于做好2016年特色小镇推荐工作的通知》	根据各省(区、市)经济规模、建制镇数量、近年来小城镇建设工作及省级支持政策情况,确定2016年各省推荐数量。
2016年10月	国家发改委发布《关于加快美丽特色小(城)镇建设的指导意见》	明确建设美丽特色新型小(城)镇,必须坚持创新探索,防止出现蹈常袭故的现象,并分别从总体要求到分类施策、突出特色、发展动能、建设设施、增加公共服务、引领绿色理念、多元化建设主体、拓展要素配置、创新机制等十个方面的具体执行进行了详细的规范阐述。
2016年10月	住建部和中国农业发展银行联合发布《关于推进政策性金融支持小城镇建设的通知》	通知充分阐述了政策性金融在小镇建设中的作用,并在支持范围、贷款项目库、项目管理等方面做出了明确的要求。
2016年10月	住建部发布《关于公布第一批中国特色小镇名单的通知》	在各地推荐的基础上,经专家复核,会签国家发展改革委、财政部,认定北京市房山区长沟镇等127个镇为第一批中国特色小镇。

续表

时间	文件名称	主要内容
2016 年 12 月	国家发改委、国家开发银行、中国光大银行等联合发布《关于实施“千企千镇工程”推进美丽特色小(城)镇建设的通知》	指出“千企千镇工程”是根据“政府引导、企业主体、市场化运作”的新型小(城)镇创建模式,搭建小(城)镇与企业主体有效对接平台,引导社会资本参与美丽特色小(城)镇建设,促进镇企融合发展、共同成长。
2017 年 1 月	住建部、国家开发银行联合发布《关于推进开发性金融支持小城镇建设的通知》	指出,小城镇是新型城镇化建设的重要载体,是促进城乡协调发展最直接最有效的途径,在推进经济转型升级、绿色低碳发展和生态环境保护等方面发挥着重要作用。支持以农村人口就地城镇化、提升小城镇公共服务水平和提高承载能力为目的的设施建设。支持促进小城镇产业发展的配套设施建设。支持促进小城镇宜居环境塑造和传统文化传承的工程建设。
2017 年 1 月	住建部与国家开发银行共同签订《共同推进小城镇建设战略合作框架协议》	国开行与住建部在新型城镇化诸多领域开展了密切合作,积极支持城市地下综合管廊、海绵城市、城市修补生态修复和特色小镇建设。截至 2016 年年末,国开行新型城镇化贷款余额 1.04 万亿元,支持小城镇建设项目 439 个,评审承诺额 3773 亿元,累计支持山西平遥、浙江乌镇、贵州青岩古镇、苏州吴江七都小镇等一批重点知名古镇、古街区建设。
2017 年 4 月	住建部、中国建设银行《关于推进商业金融支持小城镇建设的通知》	(一)加大信贷支持力度。中国建设银行将统筹安排年度信贷投放总量,加大对小城镇建设的信贷支持力度。对纳入全国小城镇建设项目储备库的推荐项目,予以优先受理、优先评审和优先投放贷款。(二)做好综合融资服务。充分发挥中国建设银行集团全牌照优势,帮助小城镇所在县(市)人民政府、参与建设的企业做好融资规划,提供小城镇专项贷款产品。根据小城镇建设投资主体和项目特点,因地制宜提供债券融资、股权投资、基金、信托、融资租赁、保险资金等综合融资服务。(三)创新金融服务模式。中国建设银行将在现有政策法规内积极开展金融创新。探索开展特许经营权、景区门票收费

续表

时间	文件名称	主要内容
2017 年 4 月	住建部、中国建设银行《关于推进商业金融支持小城镇建设的通知》	权、知识产权、碳排放权质押等新型贷款抵质押方式。探索与创业投资基金、股权基金等开展投贷联动,支持创业型企业发展。
2017 年 5 月	住建部发布《关于做好第二批全国特色小镇推荐工作的通知》	提出六项推荐标准:1. 具备良好的发展基础、区位优势和特色资源,能较快发展起来。2. 实施并储备了一批质量高、带动效应强的产业项目。3. 镇规划编制工作抓得紧,已编制的总体规划、详细规划或专项规划达到了定位准确、目标可行、规模适宜、管控有效 4 项要求。现有规划未达到定位准确等 4 项要求的已启动规划修编工作。4. 制定并实施了支持特色小镇发展的政策措施,营造了市场主导、政企合作等良好政策氛围。5. 实施了老镇区整治提升和发展利用工程,做到设施完善、风貌协调和环境优美。6. 引入的旅游、文化等大型项目符合当地实际,建设的道路、公园等设施符合群众需求。
2017 年 7 月	住建部发布《关于保持和彰显特色小镇特色若干问题的通知》	提出特色小镇培育尚处于起步阶段,部分地方存在不注重特色的问题。各地要坚持按照绿色发展的要求,有序推进特色小镇的规划建设发展。并提出三项要求:1. 尊重小镇现有格局、不盲目拆老街区。2. 保持小镇宜居尺度、不盲目盖高楼。3. 传承小镇传统文化、不盲目搬袭外来文化。
2017 年 8 月	住建部发布《关于公布第二批全国特色小镇名单的通知》	全国第二批特色小镇培育名单公布。在各地择优推荐的基础上,经组织现场答辩、专家评审和公示,认定北京市怀柔区雁栖镇等 276 个镇为第二批全国特色小镇。
2017 年 12 月	发改委、国土资源部、环保部和住建部联合发布《关于规范推进特色小镇和特色小城镇建设的若干意见》	规定了五条基本原则:坚持创新探索,防止“新瓶装旧酒”;坚持因地制宜,防止盲目发展、一哄而上,不搞政绩考核;坚持产业建镇,防止千镇一面和房地产化;坚持以人为本,防止政绩工程和形象工程;坚持市场主导,创新建设模式、管理方式和服务手段,搭建发展平台。

2. 地方政府相继出台政策推进特色小镇建设

国务院和国家部委相继出台支持特色小镇建设的政策，与此同时，各级地方政府对建设特色小镇也是热情高涨，纷纷推出有关特色小镇建设的实施细则或者指导意见，明确特色小镇建设任务、目标以及规划等。

事实上，早在 2014 年，我国特色小镇的发轫地浙江省就率先在全国提出“特色小镇”的概念。2015 年 4 月，浙江省在全国率先出台了《关于加快特色小镇规划建设的指导意见》（浙政发〔2015〕8 号），提出重点培育和规划建设 100 个左右的特色小镇。随后，广东、江苏、河北、贵州、福建等地方政府也相继出台推进本地特色小镇发展的相关指导意见。截至 2017 年 1 月，浙江、北京、江苏、天津、山东、广东、河北、四川、陕西、甘肃、福建、贵州等多个省市都已经出台了关于特色小镇的政策，内容主要包括特色小镇建设数量、建设目标、建设方式、支持政策等。（见表 1－2）

表 1－2　地方发展特色小镇政策和规划目标

省（市）	主要内容
浙江省	浙江特色小镇已经取得阶段性成果，走在全国各省的前列。目前，浙江省已经公布了两批 79 个特色小镇省级创建对象，51 个省级特色小镇培育对象。浙江省政府出台《关于加快特色小镇规划建设的指导意见》（浙政发〔2015〕8 号），明确了特色小镇规划建设的总体要求、创建程序、政策措施、组织领导等内容。按照深化投资体制改革要求，采用“宽进严定”的创建方式推进特色小镇规划建设。全省重点培育和规划建设 100 个左右特色小镇，分批筛选创建对象。力争通过 3 年的培育创建，规划建设一批产业特色鲜明、体制机制灵活、人文气息浓厚、生态环境优美、多种功能叠加的特色小镇。
北京市	《北京市“十三五”时期城乡一体化发展规划》指出，“十三五”期间，本市将统筹规划建设一批功能性特色小城镇，提高小城镇承载力，更好地对接非首都功能疏解，起到“桥头堡”作用。
江苏省	《关于培育创建江苏特色小镇的指导意见》提出计划，通过“十三五”的努力，加大重点镇和特色镇的培育力度，到 2020 年全省形成 100 个左右富有活力的重点中心镇和 100 个左右地域特色鲜明的特色镇。到 2020 年，南京市将力争建成 30 个左右产业富有特色、文化独具韵味、生态充满魅力的市级特色小镇，并鼓励建设一批区级特色小镇。

续表

省(市)	主要内容
天津市	天津市政府办公厅发布了《天津市特色小镇规划建设工作推动方案》提出，到2020年，天津市将创建10个市级实力小镇、20个市级特色小镇，在现代产业、民俗文化、生态旅游、商业贸易、自主创新等方面竞相展现特色，建设成一镇一韵、一镇一品、一镇一特色的实力小镇、特色小镇、花园小镇。特色小镇与以往示范镇相比，特色小镇具有四大特色。
山东省	《山东省人民政府关于开展“百镇建设示范行动”加快推进小城镇建设和发展的意见》在实施扩权强镇、保障发展用地、适度扩大财权、加强资金扶持、优化机构设置等七个方面制定了创新性的优惠政策。
广东省	广东省提出到2020年广东将建成约100个省级特色小镇，特色小镇的产业发展水平、创新发展能力、吸纳就业能力和辐射带动能力显著提高，成为新的经济增长点。按照“多规融合”、“产城融合”的要求，高起点、高标准、高质量编制建设规划；发展特色主导产业；强化自然生态保护，创造优良人居环境；创新市场化开发建设运营机制，走出一条具有广东特点的特色小镇发展新路子。
河北省	河北省人民政府出台《关于建设特色小镇的指导意见》提出，力争通过3~5年的努力，培育建设100个产业特色鲜明、人文气息浓厚、生态环境优美、多功能叠加融合、体制机制灵活的特色小镇。
四川省	近3年来，四川每年遴选100个小城镇重点培育。四川鲜明提出，要统筹城市和小城镇规划布局，突出小城镇文化底蕴、民族风情、自然风光和产业特色，为小城镇建设注入鲜活的生命力。
陕西省	陕西省发出《进一步推进全省重点示范镇文化旅游名镇(街区)建设的通知》提出，提出通过建立动态调整机制、持续加大扶持力度、提升规划建设管理水平、切实落实扩权强镇、加强技术支持和专家指导、严格目标责任考核等8项措施，进一步推动全省重点示范镇、文化旅游名镇，即“两镇”建设，带动全省特色小城镇发展。
甘肃省	甘肃省政府办公厅印发《关于推进特色小镇建设的指导意见》。《意见》明确用3年时间重点建设18个特色小镇，特色小镇均要建设成为3A级以上旅游景区，其中旅游产业类特色小镇要按5A级旅游景区标准建设。支持各地以特色小镇理念改造提升产业集聚区和各类开发区(园区)的特色产业。建设工作至2018年年底。

续表

省(市)	主要内容
福建省	福建省政府印发《关于开展特色小镇规划建设的指导意见》提出,要求通过3年到5年的培育创建,建成一批产业特色鲜明、体制机制灵活、人文气息浓厚、创业创新活力迸发、生态环境优美、多种功能融合的特色小镇。要求各地坚持特色为本、产业为根、精致宜居、双创载体、项目带动和企业主体,聚焦新一代信息技术、高端装备制造、节能环保、新材料、生物与新医药、海洋高新、旅游、互联网经济等新兴产业,兼顾工艺美术、纺织鞋服、茶叶、食品等传统特色产业,来规划创建特色小镇。
贵州省	贵州省制定了《贵州省100个示范小城镇全面小康统计监测工作实施办法》提出,建设100个示范小城镇的战略,建设了一批旅游小镇、白酒小镇、茶叶小镇等各具特色的小城镇。
西藏自治区	2015年,西藏自治区财政安排10亿元启动资金,建设20个特色小城镇示范点,在2015年至2017年3年间重点打造一批各具特色的小城镇,为西藏推进新型城镇化提供经验和模式。

3. 特色小镇建设初步效果明显

在中央和地方特色小镇建设政策推动之下,国内一大批如文旅小镇、科技小镇、康养小镇、基金小镇、农业小镇等特色小镇纷纷涌现并蓬勃发展。

调研发现,经过近两年的大力推广,我国特色小镇建设初步效果明显。特色小镇不再是一个普通的经济学概念或者说行政学概念,而是一个集产业、人文、旅游和社区功能于一体的经济发展“引擎”。

住建部数据显示,全国第一批127个特色小镇建设,一是带动产业和农村发展效果明显。新增企业就业人口10万人,平均每个小镇新增工作岗位近800个。农民人均纯收入比全国平均水平高1/3。二是基础设施进一步完善。90%以上小镇的自来水普及率高于90%,80%小镇的生活垃圾处理率高于90%,基本达到县城平均水平。三是公共服务能力不断提升。平均每个小镇配有6个银行或信用社网点、5个大型连锁超市或商业中心、9个快递网点以及15个文化活动场所或中心。四是传统文化得到了保护和传承。85%的小镇拥有省级以上非物质文化遗产,80%以上的小镇定期举办民俗活动,70%以上的小镇保留了独具特色的民间技艺。

五是体制机制创新取得进展。90%以上的小镇建立了规划建设管理机构和“一站式”综合行政服务,80%以上的小镇设立了综合执法机构。

以位于浙江省磐安县的“江南药镇”为例。(见案例1-1)

【案例1-1】

浙江省磐安江南药镇

2015年6月,以中药材为主导产业的“磐安江南药镇”名列浙江省第一批37个省级特色小镇创建名单。

据介绍,江南药镇是浙江省唯一一个以中药材特色产业为依托的特色小镇,小镇位于磐安县新渥镇境内,距离磐安县城不到10公里。自古以来磐安便是浙江省中药材之乡,盛产以“白术、元胡、玄参、白芍、玉竹”为代表的磐五味,素有“天然的中药材资源宝库”美誉。“磐安浙八味市场”是长三角地区唯一的大型药材特产批发地。磐安以此为基础,以浙江省创建特色小镇为发展契机,打造融“秀丽山水、人文景观、生态休闲、旅游度假、康体养生”于一体的江南药镇。

产业是特色小镇建设的基础。江南药镇培育中医药健康产业、旅游服务业和养生养老产业三大新兴产业。小镇分为三大功能区:一是结合浙八味市场,通过药文化园、养生博览馆、中医药文化特色街区、中医院、康体养生园打造江南药镇的核心区,作为药镇对外服务的主体部分;二是主题展示区,包括中医药主题公园、百草园,以中药材的种植和展示功能为主;三是以中医药产业园建设为代表的产业区。

公开资料显示,江南药镇近期建设用地面积393公顷,主要建设区用地面积132公顷。小镇总投资51.5亿元,主要用于非盈利性基础及服务设施和重点工程项目。截至2015年年底,江南药镇已开发建设面积112公顷,完成固定资产投资(不包括商品住宅和商业综合体项目)10.05亿元,吸引120家企业、990家个体工商户和20多个创业团队入驻。

四部委规范推进特色小镇意见深度解读

在国家和地方政府的大力推广下，特色小镇建设正在全国各地蓬勃发展。然而，从笔者实践操作特色小镇和调研特色小镇的情况来看，我国特色小镇建设还面临着不少现实的难题，甚至出现了许多有违国家特色小镇建设初衷的现象，主要表现在部分地方政府对特色小镇了解不透、理解不深、把握不全，因此在特色小镇建设上盲目跟风、一哄而上、急于求成，搞“形象工程”、“任务工程”甚至“政绩工程”，陷入特色小镇建设的“大跃进”热潮中，既增加了政府的债务风险、财务压力，又为未来的特色小镇建设和运营留下很大的隐患。

特色小镇首先在“特”，即要有特色资源和特色产业，然而现实情况却是我国相当一部分地区不具有历史经典产业或战略新兴产业的基础，尤其是在部分中西部地区，目前仍然以农业为主，并不具备高新技术产业的基础。部分地方政府急于打造特色小镇，不顾地方经济社会发展实际情况和产业基础，“大干快上”斥巨资建设所谓的“特色小镇”，部分地方政府甚至以行政命令规定特色小镇建设的时间、数量和规模，提出许多不切实际的计划和规划，将特色小镇打造成“面子工程”“政绩工程”。一时间，各种有名无实的“特色小镇”一拥而上，既误导了社会公众，又对地方经济发展不利。

2017 年 12 月，国家发改委、国土资源部、环保部、住建部联合发布《关于规范推进特色小镇和特色小城镇建设的若干意见》（以下简称《意见》），《意见》指出，近年来，各地区各有关部门认真贯彻落实党中央国务院决策部署，积极稳妥推进特色小镇和小城镇建设，取得了一些进展，积累了一些经验，涌现出一批产业特色鲜明、要素集聚、宜居宜业、富有活力的特色小镇。但在推进过程中，也出现了概念不清、定位不准、急于求成、盲目发展以及市场化不足等问题，有些地区甚至存在政府债务风险加剧和房地产化的苗头。《意见》明确指出特色小镇是在几平方公里土地上集聚特色产业、生产生活生态空间相融合、不同于行政建制镇和产业园区的创新创业平台。《意见》对近两年我国推广特色小镇积累的经验进行了客观总结，同时也对特色小镇推广过程中存在的问题进行了及时纠偏。总的来说，《意见》对今后我国推广特色小镇具有重要的现实指导意义。

1. 给予特色小镇精准定义

无论是对产业园、行政建制镇还是特色小镇，明确规范的定义相当重要，既便于人们理解，也便于地方政府和社会资本实际操作。然而，现实情况却是，在上述《意见》出台前，业内对于"特色小镇"的理解和认知可谓五花八门。

实践中，笔者发现无论是推广特色小镇的地方政府官员，还是研究和操作特色小镇的业内人士，几乎人人都从自身所处的部门、行业，再结合自身的理论水平和阅历对特色小镇进行解读，导致"一千个人眼里有一千个哈姆雷特"。而有关"特色小镇"的解释也是各种各样千奇百怪，甚至令人啼笑皆非。有的将"特色小镇"等同于行政建制镇和产业园区，认为特色小镇不过是过去行政建制镇和产业园区的翻版；有的认为"特色小镇"就是"文旅小镇"，其原因是当下我国推广的特色小镇中，以文化旅游产业为主导的文旅小镇占据半壁江山甚至更多；有的认为特色小镇只要有"特色"即可，比如有大片的油菜花、有一个物流园、有一个旅游景点等就可以筹划打造"特色小镇"。

以上种种，都是对"特色小镇"的片面理解甚至误解，"特色小镇"的科学性、严谨性大打折扣。究其原因，固然与特色小镇在我国还属于新生事物、人们对特色小镇的理解还需要一个过程有关，但没有一个严格的定义也是其中一个非常重要的因素。对此，《意见》对"特色小镇"下了一个精准定义：特色小镇是在几平方公里土地上集聚特色产业、生产生活生态空间相融合、不同于行政建制镇和产业园区的创新创业平台。

笔者认为,《意见》对“特色小镇”定义,虽然短短数语,却包括丰富且明确的信息:首先,特色小镇的空间范围是“几平方公里”,而不是“想建多大就建多大”。其次,特色小镇的核心是“集聚特色产业”,也就是结合本地的特色产业进行建设,不能采取“移植”“栽培”等手段引进外来产业。再次,特色小镇要求“生产生活生态空间融合”,这一要求与其他的经济区域明显不同,特色小镇既要有生产(产业),也要有生活(居住),还要有生态(环境优美),是生产生活生态“三生融合”,这三要素缺一不可。当然生产、生活、生态三要素也不能生搬硬套在一起,必须做到融合发展。比如,普通的行政建制镇,要么有生产、生活,没有生态;要么有生活、生态,没有生产;要么有生活,没有生产、生态;即使有生产,也很少有特色产业,更难做到“集聚特色产业”。最后,从经济区域看,特色小镇不同于行政建制镇和产业园区,从而明确了特色小镇与以往的行政建制镇和产业园区是不同的经济体,便于政府部门和业内人士推广和操作。

2. 特色小镇要节约集约用地

关于特色小镇的空间范围问题,在《意见》出台之前,各地标准不一样,在实践推广中也是各有千秋:有的特色小镇空间范围规划很大,大到几十甚至上百平方公里;有的一个一二平方公里的产业园也叫特色小镇。部分地方政府为追求规模效应,特色小镇的规划普遍都在数十平方公里。

《意见》明确规定特色小镇的空间范围:严格节约集约用地。各地区要落实最严格的耕地保护制度和最严格的节约用地制度,在符合土地利用总体规划和城乡规划的前提下,划定特色小镇和小城镇发展边界,避免另起炉灶、大拆大建。鼓励盘活存量和低效建设用地,严控新增建设用地规模,全面实行建设用地增减挂钩政策,不得占用永久基本农田。合理控制特色小镇四至范围,规划用地面积控制在 3 平方公里左右,其中建设用地面积控制在 1 平方公里左右,旅游、体育和农业类特色小镇可适当放宽。

根据《意见》,未来我国特色小镇的用地标准是“规划用地面积控制在 3 平方公里左右,其中建设用地面积控制在 1 平方公里左右”。需要指出的是,此处的“3 平方公里”和“1 平方公里”并不是绝对数字,并非是死板的不可逾越的,原因在于文旅、农业和体育等特色小镇与制造、基金、互联网等特色小镇不同,前者有其用地的特殊性。比如,文旅小镇以文化、旅游产业为主导,小镇范围内多是山地、湖泊、森林等景区,占地面积大,往往超过十几平方公里甚至数十平方公里,因此在打造文旅小镇时不可能"削足适履",必须依靠原有的景区进行打造。以古北水镇为例,古北水镇位于北京市密云区古北口镇司马台村,是基于北方水文化在原有的三个自然村落的基础上修整改建而成,是司马台长城脚下独具北方风情的度假式小镇。整个古北水镇面积近 10 平方公里,于 2010 年签约新建打造,并于 2014 年 10 月正式对外营业。2015 年,古北水镇接待游客量超过 160 万人次,旅游综合收入近 5 亿元。2016 年,古北水镇游客量突破了 245 万,旅游收入达到 7.35 亿元,同比增长分别为 67% 和 59%。预计进入成熟运营期后,每年将接待游客 400 万人次,旅游综合年收入达到 10 亿元。古北水镇历经四年打造成功,对我国特色小镇建设具有重要的借鉴意义和示范效应。再以农业类特色小镇为例。农业特色小镇的主导产业为特色蔬菜、水果等,必须具有一定的生产规模才能产生规模经济效益,这样就要求占地面积大,动辄一二十平方公里。

总的来说,《意见》对特色小镇的用地,充分考虑到了特色小镇的不同类型,兼具严谨性和灵活性的特点。

3. 特色小镇的核心是"集聚特色产业"

特色小镇之所以称为"特色",关键还在于"特色产业"。因此,《意见》明确特色小镇必须"集聚特色产业",否则就不能称其为"特色小镇"。

根据住建部、国家发改委、财政部联合颁布的《关于开展特色小镇培育工作的通知》(建村〔2016〕147 号),培育特色小镇要从当地经济社会发展实际出发,发展特色产业,传承传统文化,要依据特色资源优势和发展潜力,科学确定培育对象,防止一哄而上。"产业定位精准,特色鲜明,战略新兴产业、传统产业、现代农业等发展良好、前景可观。"国家发改委发布的《关于加快美丽特色小(城)镇建设的指导意见》(发改规划〔2016〕2125 号),指出特色小镇主要指聚焦特色产业和新兴产业,集聚发展要素。而此次《意见》再次明确了特色小镇必须集聚特色产业,充分说明了特色产业在特色小镇建设中举足轻重的地位。"坚持产业建镇,立足各地区要素禀赋和比较优势，挖掘最有基础、最具潜力、最能成长的特色产业，做精做强主导特色产业，打造具有核心竞争力和可持续发展特征的独特产业生态，防止千镇一面和房地产化。”

4. 特色小镇的空间要求“生产生活生态相融合”

与行政建制镇、产业园区不同，特色小镇的功能多元，兼具产业、人文、旅游和社区功能“四位一体”和生产、生活、生态“三生融合”。

《意见》强调特色小镇要有效推进生产、生活、生态“三生融合”，各地区要立足以人为本，科学规划特色小镇的生产、生活、生态空间，促进产城人文融合发展，营造宜居宜业环境，提高集聚人口能力和人民群众获得感。留存原住居民生活空间，防止将原住居民整体迁出。增强生活服务功能，构建便捷“生活圈”、完善“服务圈”和繁荣“商业圈”。提炼文化经典元素和标志性符号，合理应用于建设运营及公共空间。保护特色景观资源，将美丽资源转化为“美丽经济”。

5. 立足“产业、功能、形态、机制”四大核心

在对特色小镇进行精准定义的基础上，《意见》对特色小镇的内涵给予了明确：立足产业“特而强”、功能“聚而合”、形态“小而美”、机制“新而活”。不能把特色小镇当成筐、什么都往里装，不能盲目把产业园区、旅游景区、体育基地、美丽乡村、田园综合体以及行政建制镇戴上特色小镇“帽子”。各地区可结合产业空间布局优化和产城融合，循序渐进发展“市郊镇”“市中镇”“园中镇”“镇中镇”等不同类型特色小镇；依托大城市周边的重点镇培育发展卫星城，依托有特色资源的重点镇培育发展专业特色小城镇。

特色小镇要立足产业“特而强”、功能“聚而合”、形态“小而美”、机制“新而活”。具体来说：一是特色小镇的产业要在“特”字上下功夫，一定要有属于小镇本地的特色产业，不能是千篇一律、千镇一面。不仅如此，特色小镇光有“特色产业”还不够，还必须将特色产业做大做强，既能够与众不同，又能够出类拔萃，“产业向做特、做精、做强发展，新兴产业成长快，传统产业改造升级效果明显”。二是特色小镇功能上要“聚而合”。所谓“聚而合”，是指特色小镇的产业、人文、旅游、社区等功能之间在地理位置上要聚集，在相互关系上要融合，绝不是将一堆没有任何关联的东西生搬硬套放在一起，结果是一盘散沙，形不成合力，当然无法形成核心竞争力。三是特色小镇形态上要“小而美”。特色小镇的空间范围前文已有表述，即小镇的范围不是越大越好，不是过分追求体量的庞大和所谓的“震撼效果”，而是在有限的地理空间，精雕细琢，匠心打造，呈现优美的形态。四是在机制上“新而活”，与传统的产业园、旅游景区等不同，特色小镇在机制上更加灵活，有的采取公建公营，有的采取公建民营，还有的采取民建民营等，合作机制灵活多样，有利于特色小镇的推广和发展壮大。目前，我国特色小镇建设主要采取政府和社会资本合作（PPP）。

6. 特色小镇地理位置

调研发现，就特色小镇所处的地理位置，理论上有不同的看法，实践也有不同的操作。有的位于城市的郊区，有的则在景区附近，还有的在远离城市的山水村庄……当然，特色小镇位于不同的位置，都有小镇背后的逻辑。但在缺乏统一认知的情况下，特色小镇所处位置还是给业内人士带来困扰。

对此，《意见》明确特色小镇有“市郊镇”“市中镇”“园中镇”“镇中镇”等不同类型特色小镇。这为地方政府和社会资本打造特色小镇指明了方向：特色小镇可以建在城市郊区，可以建在城市里面，可以建在产业园区里面，还可以建在行政建制镇里面。从实践操作来看，当前我国特色小镇的地理位置主要还是在城市郊区，究其原因，主要有以下几方面的因素：一是交通便捷，方便城市居民驾车到小镇休闲、旅游、消费，尤其是方便城市居民周末度假；二是吸引城市的产业、资本投资，承接城市的功能转移；三是便于吸引城市的优秀人才（主要是技术、管理类人才）；四是特色小镇的产品（如农业小镇的特色蔬菜、水果等）方便就近销往附近的大中城市，从而带动小镇经济的发展。

7. 纠正特色小镇打造中的几个误区

（1）不能把特色产业当成筐

民间有句俗语“放在筐里的都是菜”，意思是人们只要使劲地往筐里放东西就行，就会有收获。但这句民间俗语用在特色小镇上显然行不通。如果什么都往“筐”里装，特色小镇就是大杂烩，结果是没有明确的主导产业，没有与众不同的特色元素，没有清晰的产业定位。这样的特色小镇只能是无序发展，失败的风险相当大。对此，《意见》明确指出不能把特色小镇当成筐，什么都往里装，不能盲目把产业园区、旅游景区、体育基地、美丽乡村、田园综合体以及行政建制镇，都戴上特色小镇的“帽子”。

(2)假借特色小镇的名义大搞房地产建设

不可否认的是，在特色小镇建设的过程中，出现了假借特色小镇的名义大搞房地产开发的苗头，尤其是部分房地产开发商将目光瞄准“特色小镇”。由于此前的“人为造城”，使得部分地方政府和房地产开发商错误地认为特色小镇是另一场的“造城运动”，因此假借特色小镇的名义搞房地产开发。显然，这有违国家大力推广特色小镇的初衷。对此，《意见》明确指出严控房地产化倾向。各地区要综合考虑特色小镇和小城镇吸纳就业和常住人口规模，从严控制房地产开发，合理确定住宅用地比例，并结合所在市县商品住房库存消化周期确定供应时序。适度提高产业及商业用地比例，鼓励优先发展产业。科学论证企业创建特色小镇规划，对产业内容、盈利模式和后期运营方案进行重点把关，防范“假小镇真地产”项目。

需要指出的是，国家禁止以特色小镇的名义搞房地产，并不是特色小镇建设中不能有房地产的成分，绝对化地拒绝房地产是不对的。因为特色小镇的功能之一就是“宜居”。显然，没有房地产的特色小镇怎么体现“宜居”功能？怎么留住人才？进一步而言，地产开发是社会资本尤其是房地产类社会资本投资特色小镇的原动力。通过一定程度的地产开发用地和产业用地的配比，融入房地产的概念，包括养老、度假、别墅等，社会资本可以通过销售、出租等方式回笼部分资金，即以短平快的地产收益平衡见效慢的产业开发支出，以降低整个项目的投资风险，从而提高社会资本参与特色小镇的积极性。

(3)特色小镇建设不是由“政府主导”

在传统模式下，我国许多重大项目尤其是民生类项目都是在政府的主导下完成。因此，对于“特色小镇”建设，通常认为也是由政府主导。

实际上,《意见》“政府引导、企业主体、市场化运作”这13个字已为特色小镇的建设作了注解,即政府在特色小镇中的职责和功能非常明确。不是“主导”,而是“引导”;不是“大包大揽”,而是“引领导向”;不是“抓微观工作”,而是“抓宏观大势”。因此,政府需要鼓励各类社会资本积极参与特色小镇建设。《意见》明确要厘清政府与市场边界。各地区要以企业为特色小镇和小城镇建设主力军,引导企业有效投资、对标一流、扩大高端供给,激发企业家创造力和人民消费需求。鼓励大中型企业独立或牵头打造特色小镇,培育特色小镇投资运营商,避免项目简单堆砌和碎片化开发。发挥政府强化规划引导、营造制度环境、提供设施服务等作用,顺势而为、因势利导,不要过度干预。鼓励利用财政资金联合社会资本,共同发起特色小镇建设基金。

(4)特色小镇的行政管辖为“非镇非区”

实践发现,公众常将“特色小镇”理解为行政建制镇。这无疑是对“特色小镇”的误读,也是对“特色小镇”与“行政建制镇”的混淆。

实际上,“特色小镇”与“行政建制镇”二者有着本质的区别。特色小镇不是行政区划概念的小镇,它必须是生产、生活、生态“三生融合”。而人们通常说的“小镇”主要是行政区划概念,与省、市、县等同属于行政概念。此外,特色小镇与此前各地大力推广的产业园区也有着本质的区别。具体来说,我国幅员辽阔,4万多个大大小小、经济社会发展参差不齐的行政建制镇广泛分布于我国的大江南北,但大多数小镇的产业特点并不突出,有相当多的小镇并没有独特的产业,只是一个数千上万人的聚居地。不仅如此,相当多的小镇并没有自己独特的文化和旅游资源,生态环境也是一般,远达不到建设特色小镇的标准。

特色小镇基因解码

2016 年 10 月，住建部发布《关于公布第一批中国特色小镇名单的通知》（建村〔2016〕221 号），北京市房山区长沟镇等 127 个镇为第一批中国特色小镇。（见附件一）

2017 年 7 月，住建部公布第二批全国特色小镇名单，其中包括北京市怀柔区雁栖镇、北京市延庆区康庄镇、天津市武清区大王古庄镇等 276 个镇。（见附件二）

笔者梳理发现，在公布的第一批中国特色小镇中，我国特色小镇的发轫地浙江省以 8 个特色小镇位居各省市之首；其次为山东省、江苏省、四川省，各有 7 个特色小镇；广东省 6 个；安徽省、福建省、湖北省、湖南省、贵州省、陕西省分别有 5 个；河北省、辽宁省、江西省、河南省、广西壮族自治区、重庆市各有 4 个；北京市、上海市、山西省、内蒙古自治区、吉林省、黑龙江省、云南省、甘肃省、新疆维吾尔自治区各有 3 个；天津市、海南省、西藏自治区、青海省、宁夏回族自治区各有 2 个；新疆生产建设兵团 1 个。而从第二批公布的特色小镇名单看，江苏、浙江、山东三省最多，均达到了 15 个，其次是广东省有 14 个，四川省 13 个，湖南、湖北、河南三省分别有 11 个，贵州省、安徽省、云南省、广西壮族自治区各 10 个，福建省、山西省、辽宁省、陕西省、重庆市、内蒙古自治区各有 9 个，江西、黑龙江、河北三省各有 8 个，新疆维吾尔自治区 7 个，吉林省以及上海市各有 6 个，甘肃省、海南省、西藏自治区、宁夏回族自治区各有 5 个，青海省、北京市各有 4 个，天津市以及新疆生产建设兵团各有 3 个。

1. 特色小镇“特征”

就特色小镇的“特征”而言，主要从四个字上体现出来：“特”指产业有特色；“色”指环境好，风景优美，要求按3A景区及以上标准（多数旅游小镇要求按5A景区标准）打造；“小”指规模比较小，规划面积一般控制在3平方公里左右，建设面积控制在1平方公里左右；“镇”指区别于以前的园区、片区、行政区划的镇，是一个融“产业、文化、旅游、社区功能”四位一体的发展平台。按照住建部、国家发改委、财政部联合颁布的《关于开展特色小镇培育工作的通知》（建村〔2016〕147号），特色小镇应具有特色鲜明、产业发展、绿色生态、美丽宜居的特征。

专业人士指出，特色小镇“非镇非区”，是创新发展平台；特色小镇产业定位“一镇一业”，突出“特而强”；特色小镇功能集成“紧贴产业”，力求“聚而合”；特色小镇形态打造“突出精致”，展现“小而美”；特色小镇运作机制是“破旧去僵”，做到“活而新”。

需要重点指出的是，与以往城镇化建设中简单的大规模开发却忽视运营不同，特色小镇更多地引入城市运营的理念，重视小镇长期科学的运营。进一步而言，如果特色小镇采取政府与社会资本合作（PPP），合作期限通常高达二三十年，在这二三十年的时间里，需要社会资本发挥自身的优势，科学管理和运营，实现特色小镇持续健康稳定地发展。不仅如此，单纯依靠特色小镇PPP项目本身很难实现社会资本的长期投资回报，这就需要社会资本深入挖掘特色产业，导入与特色产业相关的产业，让特色小镇特色产业迸发出恒久的生命力。此外，特色小镇与普通行政建制镇不同，行政建制镇以行政管理为主，通过政府行政行为引领小镇发展。而特色小镇建设和运营中，政府只是起到“引导”作用，更加强调企业主体作用。这就需要特色小镇里的企业紧抓小镇的主导产业，不断发展壮大，提高核心竞争力。

2. 特色小镇基因

我国特色小镇的主要类型有文化旅游、节能环保、健康养生、金融、现代制造、历史经典、商贸物流、农林牧渔、创新创业、能源化工、生物医药、文体教育等。而如果从特色小镇涉及的主要行业看，特色小镇一类是战略性新兴行业[1]，另一类是历史经典行业。以浙江省打造特色小镇为例，根据规划，未来三年里浙江将重点培育 100 个特色小镇，在产业上聚焦信息、环保、健康、旅游、时尚、金融、高端装备制造七大产业，兼顾茶叶、丝绸、黄酒、中药、青瓷、木雕、根雕、石雕、文房等历史经典产业。2016 年 10 月，住建部公布北京市房山区长沟镇等 127 个第一批中国特色小镇，按其推荐的特色小镇类型可以分为工业发展型、历史文化型、旅游发展型、民族聚居型、农业服务型和商贸流通型。

研究发现，从全国各地特色小镇推广来看，不同的小镇有着属于自己的独特基因和经济社会背景，不同的小镇发展轨迹和演变过程也都不一样。但总体而言，特色小镇有着自己的核心元素。（见表 1－3）

表 1－3　特色小镇核心元素

项目	具体内容
面积	3～5 平方公里（4500～7500 亩）
核心建设用地	1 平方公里（1500 亩）
总投资额	3 年 30 亿元到 50 亿元
核心特色	产业、文化、旅游和社区四大功能融合，是特色小镇区别于工业园区和景区的显著特征。特色小镇产业定位要突出“特而强”，产业是特色小镇建设的核心内容
主要产业	旅游、商贸物流、教育、制造、科技、双创、健康、农业
运行	各方参与者联合成立“特色小镇规划建设工作联席会议办公室”，作为统筹特色小镇的重要机构
投资主体	特色小镇需要一个核心投资主体，政府需要引进社会资本，包括央企、国企、民企、外资和混合所有制企业
商业模式	重点以 PPP 模式为主

[1] 战略性新兴产业是以重大技术突破和重大发展需求为基础，对经济社会全局和长远发展具有重大引领带动作用，知识技术密集、物质资源消耗少、成长潜力大、综合效益好的产业。根据战略性新兴产业的特征，立足我国国情和科技、产业基础，现阶段重点培育和发展节能环保、新一代信息技术、生物、高端装备制造、新能源、新材料、新能源汽车等产业。

续表

项目	具体内容
利益分配	特色小镇是一个政府、村民、社会资本、消费者等多方利益交集的共生体。要实现多方共赢,需采取市场化的利益分配机制,共同做大“蛋糕”,共享经济发展成果
开发模式	一是土地一级开发,二是二级房产开发,三是产业项目开发,四是产业链接综合开发,五是城镇建设开发
运营模式	政府方:负责引导,顶层设计,进行产业培育,创造制度环境,建设基础设施,提供公共服务,加强社会治理等;市场方:市场运作,通过市场配置资源,并起决定性作用;企业方:企业是特色小镇的主角,负责寻找市场机会,进行资源整合,并发挥自身优势;社会方:社会共同参与,实时监督

无论是对地方政府还是社会资本,推广、发展特色小镇,前提条件是要找准特色、凸显特色和放大特色。不仅如此,还要紧抓特色小镇的核心元素,这样才能有的放矢。

3. 特色小镇建设运营的六类主体

众所周知,特色小镇建设运营是一项复杂的系统工程,投资规模大、参与主体众多。总的来看,特色小镇建设运营主要涉及的主体有六大类:

(1)地方政府

特色小镇建设的原则是“政府引导,企业主体,市场化运作”。因此,特色小镇建设首先要强调地方政府的规划引导作用。事实上,规划引导正是地方政府所擅长的,是其优势所在。在实践操作中,地方政府重点是规划小镇发展方向(如找准产业特色),搭建小镇发展平台,提供财政、金融、土地、人才、税收等优惠政策与高效便捷的服务。如果特色小镇采取 PPP 模式操作,那么,作为特色小镇 PPP 项目的合作相对方,地方政府的职责主要是履行特色小镇 PPP 项目合同的职责和义务,在项目建设和运营中将承担诸多的责任,如 PPP 项目的付费、可行性缺口补贴、项目监管等。

(2)社会资本方

一个特色小镇的投资规模通常高达30亿~50亿元,在我国经济发展进入新常态、政府债务压力和财政压力大的背景下,吸引资金实力雄厚、技术实力强大、管理经验丰富的社会资本投资特色小镇建设和运营成为地方政府的现实选择。

2017年12月,国家发改委、国土资源部、环保部、住建部联合发布《关于规范推进特色小镇和特色小城镇建设的若干意见》,明确要厘清政府与市场边界。各地区要以企业为特色小镇和小城镇建设主力军,引导企业有效投资、对标一流、扩大高端供给,激发企业家创造力和人民消费需求。鼓励大中型企业独立或牵头打造特色小镇,培育特色小镇投资运营商,避免项目简单堆砌和碎片化开发。具体来说,相对于地方政府,社会资本方在产业挖掘和培育、产业导入、基础设施和公共服务设施建设运营等方面更具优势,是我国特色小镇建设的重要主体。

(3)金融机构

毋庸置疑,特色小镇投资规模大(一个特色小镇建设既涉及产业,又涉及基础设施建设项目和公共服务项目建设,有的小镇子项目甚至上千)、运营周期长(通常达二三十年),因此需要巨量资金支持,无论是以政府平台为主体建设,还是以社会资本方为主体投资,都需要借助金融机构的力量。因此,包括银行、基金、信托、证券、保险等在内的金融机构都是特色小镇建设的重要支撑力量。需要指出的是,当前我国资本市场还不成熟,特色小镇建设主要是依靠银行业金融机构的信贷支持。

(4)村镇集体经济组织

当前,出于交通、资源、市场等各方面综合因素的考虑,位于城市周边的郊区和农村往往成为特色小镇建设的重点,这样就涉及村镇集体经济组织的产业规划、土地流转、劳动力就业安排以及美丽乡村建设等。因此,无论是地方政府还是社会资本,都绕不开村镇集体经济组织,必须与村镇集体经济组织开展密切合作。其中,利益分配机制是重要的课题,比如核心产业的利益分配、土地流转的利益解决、农村劳动力的安排等。

(5)房地产商

虽然我国特色小镇建设中出现了房地产化的苗头,但显然特色小镇建设离不开房地产商。究其原因,是特色小镇要求生产、生活、生态“三生融合”,集“产业、人文、旅游、社区”功能于一体。因此,特色小镇需要小区、公寓楼、宾馆、文化馆、中小学、幼儿园、公园、博物馆等,部分特色小镇比如文旅、康养类的特色小镇还需要建设高档别墅等,以满足部分高收入群体的需要,而这些都离不开房地产的建设,这是特色小镇发展的基础之一。

(6)中介服务机构

如果说特色小镇建设运营是一项规模庞大的系统工程,那么专业的中介服务机构无疑是特色小镇建设不可或缺的战略拼图。事实上,专业的产业咨询、产业招商、合作模式比如PPP模式咨询服务是当前特色小镇建设所需要的。发挥专业中介机构的“智库”作用,一方面可以促进特色小镇科学健康发展,另一方面中介服务机构自身也能获得收益,实现自身的发展。

4. 特色小镇商业模式

从目前来看,特色小镇的商业模式主要有五大类:一是土地一级开发;二是二级房地产开发[1];三是产业项目开发,包括特色产业项目、文化旅游产业项目等;四是产业链接综合开发,重点是导入与特色产业相关的上中下游产业,从而做大做强主业,持续稳定发展特色小镇;五是城镇基础设施建设和公共服务项目建设,主要包括公共交通服务、供水、供电、供暖、供气、污水处理、垃圾处理以及银行、学校、医院等配套服务。

5. 特色小镇文化元素

特色小镇建设“产业、文化、旅游、社区”四项功能缺一不可。特色小镇之所以被称为“特色”,除了特色产业本身外,还需要有更多的文化内涵,这既是支撑特色小镇长期健康发展的重要保障,也是与其他行政建制镇、产业园区明显区别所在。

---

〔1〕 二级房地产开发主要内容为居所地产、商铺型地产、客栈公寓型地产、度假地产、养老地产等。

比如浙江嘉兴乌镇、江苏苏州同里〔1〕都是经过几百年上千年的文化积累才积淀而成。

根据住建部、国家发改委、财政部联合颁布的《关于开展特色小镇培育工作的通知》(建村〔2016〕147 号),特色小镇建设要求彰显特色的传统文化,传统文化得到充分挖掘、整理、记录,历史文化遗存得到良好保护和利用,非物质文化遗产活态传承。形成独特的文化标识,与产业融合发展。优秀传统文化在经济发展和社会管理中得到充分弘扬。公共文化传播方式方法丰富有效。居民思想道德和文化素质较高。

6. 特色小镇与特色小城镇比较

我国特色小镇建设方兴未艾。与此同时,特色小城镇也在快速推进中。那么,特色小镇与特色小城镇有何区别?厘清二者的关系,将有利于二者的健康发展。

2016 年 10 月,国家发改委发布《关于加快美丽特色小(城)镇建设的指导意见》(发改规划〔2016〕2125 号),指出特色小(城)镇包括特色小镇、小城镇两种形态。特色小城镇是指以传统行政区划为单元,特色产业鲜明,具有一定人口和经济规模的建制镇。特色小镇和小城镇相得益彰、互为支撑。此外,2017 年 12 月,国家发改委、国土资源部、环保部、住建部联合发布的《关于规范推进特色小镇和特色小城镇建设的若干意见》,在对特色小镇下定义的同时,也对特色小城镇下了定义:特色小城镇是拥有几十平方公里以上土地和一定人口经济规模、特色产业鲜明的行政建制镇。

研究发现,“特色小镇”与“特色小城镇”虽然只有一字之差,但二者无论是在概念、提出背景、面积等方面均有诸多的不同。(见表 1-4)

---

〔1〕 同里古镇属于江苏省苏州市吴江区,位于太湖之畔,紧靠市府所在地,自宋代建镇距今已有一千多年历史。镇区内始建于明清两代的花园、寺观、宅第和名人故居有数百处,“川”字形的 15 条小河分隔成 7 个小岛,而 49 座古桥又将其连成一体,以“小桥、流水、人家”著称。同里古镇 1980 年被列为国家太湖风景区景点之一,1982 年又被列为省级文物保护单位。1992 年被列为省级文物保护镇,著名景点“退思园”被联合国教科文组织列入世界文化遗产,2010 年被国家旅游局评定为国家 5A 级旅游景区。

表1-4　特色小镇与特色小城镇比较

名称	特色小镇	特色小城镇
概念	特色小镇是在几平方公里土地上集聚特色产业、生产生活生态空间相融合、不同于行政建制镇和产业园区的创新创业平台	特色小城镇是拥有几十平方公里以上土地和一定人口经济规模、特色产业鲜明的行政建制镇
提出背景	经济转型升级,城乡统筹发展,供给侧结构性改革	新型城镇化建设,新农村建设
面积	规划面积控制在$3km^2$(建设面积控制在$1km^2$)	整个镇区(一般为$20km^2$)
产业类型	信息技术、节能环保、健康养生、时尚、金融、现代制造、历史经典、商贸物流、农林牧渔、创新创业、能源化工、旅游、生物医药、文体教育	商贸流通型、工业发展型、农业服务型、旅游发展型、历史文化型、民族聚居型等
建设	政府引导,企业主体,市场化运作	政府资金支持,统筹城乡一体化,规划引领建设
行政区划	非镇非区(既非行政建制镇,也非产业园区)	行政建制镇

资料来源:特色小镇网。

附件一:

第一批中国特色小镇名单(127个)

省区	数量	名　单
北京市	3	房山区长沟镇、昌平区小汤山镇、密云区古北口镇
天津市	2	武清区崔黄口镇、滨海新区中塘镇
河北省	4	秦皇岛市卢龙县石门镇、邢台市隆尧县莲子镇镇、保定市高阳县庞口镇、衡水市武强县周窝镇
山西省	3	晋城市阳城县润城镇、晋中市昔阳县大寨镇、吕梁市汾阳市杏花村镇

续表

省区	数量	名单
内蒙古自治区	3	赤峰市宁城县八里罕镇、通辽市科尔沁左翼中旗舍伯吐镇、呼伦贝尔市额尔古纳市莫尔道嘎镇
辽宁省	4	大连市瓦房店市谢屯镇、丹东市东港市孤山镇、辽阳市弓长岭区汤河镇、盘锦市大洼区赵圈河镇
吉林省	3	辽源市东辽县辽河源镇、通化市辉南县金川镇、延边朝鲜族自治州龙井市东盛涌镇
黑龙江省	3	齐齐哈尔市甘南县兴十四镇、牡丹江市宁安市渤海镇、大兴安岭地区漠河县北极镇
上海市	3	金山区枫泾镇、松江区车墩镇、青浦区朱家角镇
江苏省	7	南京市高淳区桠溪镇、无锡市宜兴市丁蜀镇、徐州市邳州市碾庄镇、苏州市吴中区甪直镇、苏州市吴江区震泽镇、盐城市东台市安丰镇、泰州市姜堰区溱潼镇
浙江省	8	杭州市桐庐县分水镇、温州市乐清市柳市镇、嘉兴市桐乡市濮院镇、湖州市德清县莫干山镇、绍兴市诸暨市大唐镇、金华市东阳市横店镇、丽水市莲都区大港头镇、丽水市龙泉市上垟镇
安徽省	5	铜陵市郊区大通镇、安庆市岳西县温泉镇、黄山市黟县宏村镇、六安市裕安区独山镇、宣城市旌德县白地镇
福建省	5	福州市永泰县嵩口镇、厦门市同安区汀溪镇、泉州市安溪县湖头镇、南平市邵武市和平镇、龙岩市上杭县古田镇
江西省	4	南昌市进贤县文港镇、鹰潭市龙虎山风景名胜区上清镇、宜春市明月山温泉风景名胜区温汤镇、上饶市婺源县江湾镇
山东省	7	青岛市胶州市李哥庄镇、淄博市淄川区昆仑镇、烟台市蓬莱市刘家沟镇、潍坊市寿光市羊口镇、泰安市新泰市西张庄镇、威海市经济技术开发区崮山镇、临沂市费县探沂镇
河南省	4	焦作市温县赵堡镇、许昌市禹州市神垕镇、南阳市西峡县太平镇、驻马店市确山县竹沟镇
湖北省	5	宜昌市夷陵区龙泉镇、襄阳市枣阳市吴店镇、荆门市东宝区漳河镇、黄冈市红安县七里坪镇、随州市随县长岗镇

续表

省区	数量	名　单
湖南省	5	长沙市浏阳市大瑶镇、邵阳市邵东县廉桥镇、郴州市汝城县热水镇、娄底市双峰县荷叶镇、湘西土家族苗族自治州花垣县边城镇
广东省	6	佛山市顺德区北滘镇、江门市开平市赤坎镇、肇庆市高要区回龙镇、梅州市梅县区雁洋镇、河源市江东新区古竹镇、中山市古镇镇
广西壮族自治区	4	柳州市鹿寨县中渡镇、桂林市恭城瑶族自治县莲花镇、北海市铁山港区南康镇、贺州市八步区贺街镇
海南省	2	海口市云龙镇、琼海市潭门镇
重庆市	4	万州区武陵镇、涪陵区蔺市镇、黔江区濯水镇、潼南区双江镇
四川省	7	成都市郫县德源镇、成都市大邑县安仁镇、攀枝花市盐边县红格镇、泸州市纳溪区大渡口镇、南充市西充县多扶镇、宜宾市翠屏区李庄镇、达州市宣汉县南坝镇
贵州省	5	贵阳市花溪区青岩镇、六盘水市六枝特区郎岱镇、遵义市仁怀市茅台镇、安顺市西秀区旧州镇、黔东南州雷山县西江镇
云南省	3	红河哈尼族彝族自治州建水县西庄镇、大理白族自治州大理市喜洲镇、德宏傣族景颇族自治州瑞丽市畹町镇
西藏自治区	2	拉萨市尼木县吞巴乡、山南市扎囊县桑耶镇
陕西省	5	西安市蓝田县汤峪镇、铜川市耀州区照金镇、宝鸡市眉县汤峪镇、汉中市宁强县青木川镇、杨陵区五泉镇
甘肃省	3	兰州市榆中县青城镇、武威市凉州区清源镇、临夏州和政县松鸣镇
青海省	2	海东市化隆回族自治县群科镇、海西蒙古族藏族自治州乌兰县茶卡镇
宁夏回族自治区	2	银川市西夏区镇北堡镇、固原市泾源县泾河源镇
新疆维吾尔自治区	3	喀什地区巴楚县色力布亚镇、塔城地区沙湾县乌兰乌苏镇、阿勒泰地区富蕴县可可托海镇
新疆生产建设兵团	1	第八师石河子市北泉镇

附件二：

第二批中国特色小镇名单(276 个)

省区	数量	名 单
北京市	4	怀柔区雁栖镇、大兴区魏善庄镇、顺义区龙湾屯镇、延庆区康庄镇
天津市	3	津南区葛沽镇、蓟州区下营镇、武清区大王古庄镇
河北省	8	衡水市枣强县大营镇、石家庄市鹿泉区铜冶镇、保定市曲阳县羊平镇、邢台市柏乡县龙华镇、承德市宽城满族自治县化皮溜子镇、邢台市清河县王官庄镇、邯郸市肥乡区天台山镇、保定市徐水区大王店镇
山西省	9	运城市稷山县翟店镇、晋中市灵石县静升镇、晋城市高平市神农镇、晋城市泽州县巴公镇、朔州市怀仁县金沙滩镇、朔州市右玉县右卫镇、吕梁市汾阳市贾家庄镇、临汾市曲沃县曲村镇、吕梁市离石区信义镇
内蒙古自治区	9	赤峰市敖汉旗下洼子镇、鄂尔多斯市东胜区罕台镇、乌兰察布市凉城县岱海镇、鄂尔多斯市鄂托克前旗城川镇、兴安盟阿尔山市白狼镇、呼伦贝尔市扎兰屯市柴河镇、乌兰察布市察哈尔右翼后旗土牧尔台镇、通辽市开鲁县东风镇、赤峰市林西县新城子镇
辽宁省	9	沈阳市法库县十间房镇、营口市鲅鱼圈区熊岳镇、阜新市阜蒙县十家子镇、辽阳市灯塔市佟二堡镇、锦州市北镇市沟帮子镇、大连市庄河市王家镇、盘锦市盘山县胡家镇、本溪市桓仁县二棚甸子镇、鞍山市海城市西柳镇
吉林省	6	延边朝鲜族自治州安图县二道白河镇、长春市绿园区合心镇、白山市抚松县松江河镇、四平市铁东区叶赫满族镇、吉林市龙潭区乌拉街满族镇、通化市集安市清河镇
黑龙江省	8	牡丹江市绥芬河市阜宁镇、黑河市五大连池市五大连池镇、牡丹江市穆棱市下城子镇、佳木斯市汤原县香兰镇、哈尔滨市尚志市一面坡镇、鹤岗市萝北县名山镇、大庆市肇源县新站镇、黑河市北安区赵光镇
上海市	6	浦东新区新场镇、闵行区吴泾镇、崇明区东平镇、嘉定区安亭镇、宝山区罗泾镇、奉贤区庄行镇

续表

省区	数量	名　单
江苏省	15	无锡市江阴市新桥镇、徐州市邳州市铁富镇、扬州市广陵区杭集镇、苏州市昆山市陆家镇、镇江市扬中市新坝镇、盐城市盐都区大纵湖镇、苏州市常熟市海虞镇、无锡市惠山区阳山镇、南通市如东县栟茶镇、泰州市兴化市戴南镇、泰州市泰兴市黄桥镇、常州市新北区孟河镇、南通市如皋市搬经镇、无锡市锡山区东港镇、苏州市吴江区七都镇
浙江省	15	嘉兴市嘉善县西塘镇、宁波市江北区慈城镇、湖州市安吉县孝丰镇、绍兴市越城区东浦镇、宁波市宁海县西店镇、宁波市余姚市梁弄镇、金华市义乌市佛堂镇、衢州市衢江区莲花镇、杭州市桐庐县富春江镇、嘉兴市秀洲区王店镇、金华市浦江县郑宅镇、杭州市建德市寿昌镇、台州市仙居县白塔镇、衢州市江山市廿八都镇、台州市三门县健跳镇
安徽省	10	六安市金安区毛坦厂镇、芜湖市繁昌县孙村镇、合肥市肥西县三河镇、马鞍山市当涂县黄池镇、安庆市怀宁县石牌镇、滁州市来安县汊河镇、铜陵市义安区钟鸣镇、阜阳市界首市光武镇、宣城市宁国市港口镇、黄山市休宁县齐云山镇
福建省	9	泉州市石狮市蚶江镇、福州市福清市龙田镇、泉州市晋江市金井镇、莆田市涵江区三江口镇、龙岩市永定区湖坑镇、宁德市福鼎市点头镇、漳州市南靖县书洋镇、南平市武夷山市五夫镇、宁德市福安市穆阳镇
江西省	8	赣州市全南县南迳镇、吉安市吉安县永和镇、抚州市广昌县驿前镇、景德镇市浮梁县瑶里镇、赣州市宁都县小布镇、九江市庐山市海会镇、南昌市湾里区太平镇、宜春市樟树市阁山镇
山东省	15	聊城市东阿县陈集镇、滨州市博兴县吕艺镇、菏泽市郓城县张营镇、烟台市招远市玲珑镇、济宁市曲阜市尼山镇、泰安市岱岳区满庄镇、济南市商河县玉皇庙镇、青岛市平度市南村镇、德州市庆云县尚堂镇、淄博市桓台县起凤镇、日照市岚山区巨峰镇、威海市荣成市虎山镇、莱芜市莱城区雪野镇、临沂市蒙阴县岱崮镇、枣庄市滕州市西岗镇
河南省	11	平顶山市汝州市蟒川镇、南阳市镇平县石佛寺镇、洛阳市孟津县朝阳镇、濮阳市华龙区岳村镇、周口市商水县邓城镇、郑州市巩义市竹林镇、新乡市长垣县恼里镇、安阳市林州市石板岩镇、商丘市永城市芒山镇、三门峡市灵宝市函谷关镇、南阳市邓州市穰东镇

续表

省区	数量	名　单
湖北省	11	荆州市松滋市洈水镇、宜昌市兴山县昭君镇、潜江市熊口镇、仙桃市彭场镇、襄阳市老河口市仙人渡镇、十堰市竹溪县汇湾镇、咸宁市嘉鱼县官桥镇、神农架林区红坪镇、武汉市蔡甸区玉贤镇、天门市岳口镇、恩施土家族苗族自治州利川市谋道镇
湖南省	11	常德市临澧县新安镇、邵阳市邵阳县下花桥镇、娄底市冷水江市禾青镇、长沙市望城区乔口镇、湘西土家族苗族自治州龙山县里耶镇、永州市宁远县湾井镇、株洲市攸县皇图岭镇、湘潭市湘潭县花石镇、岳阳市华容县东山镇、长沙市宁乡县灰汤镇、衡阳市珠晖区茶山坳镇
广东省	14	佛山市南海区西樵镇、广州市番禺区沙湾镇、佛山市顺德区乐从镇、珠海市斗门区斗门镇、江门市蓬江区棠下镇、梅州市丰顺县留隍镇、揭阳市揭东区埔田镇、中山市大涌镇、茂名市电白区沙琅镇、汕头市潮阳区海门镇、湛江市廉江市安铺镇、肇庆市鼎湖区凤凰镇、潮州市湘桥区意溪镇、清远市英德市连江口镇
广西壮族自治区	10	河池市宜州市刘三姐镇、贵港市港南区桥圩镇、贵港市桂平市木乐镇、南宁市横县校椅镇、北海市银海区侨港镇、桂林市兴安县溶江镇、崇左市江州区新和镇、贺州市昭平县黄姚镇、梧州市苍梧县六堡镇、钦州市灵山县陆屋镇
海南省	5	澄迈县福山镇、琼海市博鳌镇、海口市石山镇、琼海市中原镇、文昌市会文镇
重庆市	9	铜梁区安居镇、江津区白沙镇、合川区涞滩镇、南川区大观镇、长寿区长寿湖镇、永川区朱沱镇、垫江县高安镇、酉阳县龙潭镇、大足区龙水镇
四川省	13	成都市郫都区三道堰镇、自贡市自流井区仲权镇、广元市昭化区昭化镇、成都市龙泉驿区洛带镇、眉山市洪雅县柳江镇、甘孜州稻城县香格里拉镇、绵阳市江油市青莲镇、雅安市雨城区多营镇、阿坝州汶川县水磨镇、遂宁市安居区拦江镇、德阳市罗江县金山镇、资阳市安岳县龙台镇、巴中市平昌县驷马镇
贵州省	10	黔西南州贞丰县者相镇、黔东南州黎平县肇兴镇、贵安新区高峰镇、六盘水市水城县玉舍镇、安顺市镇宁县黄果树镇、铜仁市万山区万山镇、贵阳市开阳县龙岗镇、遵义市播州区鸭溪镇、遵义市湄潭县永兴镇、黔南州瓮安县猴场镇

续表

省区	数量	名　单
云南省	10	楚雄州姚安县光禄镇、大理白族自治州剑川县沙溪镇、玉溪市新平县戛洒镇、西双版纳州勐腊县勐仑镇、保山市隆阳区潞江镇、临沧市双江县勐库镇、昭通市彝良县小草坝镇、保山市腾冲市和顺镇、昆明市嵩明县杨林镇、普洱市孟连县勐马镇
西藏自治区	5	阿里地区普兰县巴嘎乡、昌都市芒康县曲孜卡乡、日喀则市吉隆县吉隆镇、拉萨市当雄县羊八井镇、山南市贡嘎县杰德秀镇
陕西省	9	汉中市勉县武侯镇、安康市平利县长安镇、商洛市山阳县漫川关镇、咸阳市长武县亭口镇、宝鸡市扶风县法门镇、宝鸡市凤翔县柳林镇、商洛市镇安县云盖寺镇、延安市黄陵县店头镇、延安市延川县文安驿镇
甘肃省	5	庆阳市华池县南梁镇、天水市麦积区甘泉镇、兰州市永登县苦水镇、嘉峪关市峪泉镇、定西市陇西县首阳镇
青海省	4	海西蒙古族藏族自治州德令哈市柯鲁柯镇、海南藏族自治州共和县龙羊峡镇、西宁市湟源县日月乡、海东市民和县官亭镇
宁夏回族自治区	5	银川市兴庆区掌政镇、银川市永宁县闽宁镇、吴忠市利通区金银滩镇、石嘴山市惠农区红果子镇、吴忠市同心县韦州镇
新疆维吾尔自治区	7	克拉玛依市乌尔禾区乌尔禾镇、吐鲁番市高昌区亚尔镇、伊犁哈萨克自治州新源县那拉提镇、博州精河县托里镇、巴州焉耆县七个星镇、昌吉回族自治州吉木萨尔县北庭镇、阿克苏地区沙雅县古勒巴格镇
新疆生产建设兵团	3	阿拉尔市沙河镇、图木舒克市草湖镇、铁门关市博古其镇

PPP 模式:特色小镇现实选择

所谓“兵马未动,粮草先行”。包括特色小镇在内,所有的基础设施建设、公共服务项目建设以及商业设施建设,都需要大量资金投入。要建设就必须有投资,就涉及投资主体,即由谁来出资建设的问题。

实践发现,除了国家从顶层设计层面、各地方政府从政策层面大力推广特色小镇之外,社会资本的积极参与也是不可或缺的因素。

1. 特色小镇落地进度不快

作为我国新型城镇化建设的重要载体、经济转型和产业结构升级的重要抓手、拉动地方经济增长的重要“引擎”,特色小镇受到国家的高度重视,上升到国家战略的高度。然而,无论特色小镇在我国经济发展中的地位有多么高,关键还是要落地,并产生积极的经济和社会效益。

从笔者的实践和调研情况来看,特色小镇虽然“看起来很美”,各地方政府也在不遗余力地推广,但特色小镇总体落地进度并不快,尤其在部分中西部地区“只听雷声不见下雨”,即地方政府满腔热情,非常有信心推进特色小镇建设,甚至有的地方还签订责任令,立下“军令状”,限定在具体的时间段完成特色小镇的投资建设,怎奈地方政府财政实力有限,而社会资本出于方方面面的原因,实际投资的少,观望的居多,甚至有的特色小镇项目可研、策划做完了二三年之久仍不见社会资本进驻。

2. 特色小镇建设遭遇资金难题

(1)特色小镇投资规模大

特色小镇建设投资规模大,主要涉及特色产业的挖掘和培育、相关产业的导入、各类基础设施和公共设施建设以及拆迁、土地等错综繁杂的事项。统计显示,一个特色小镇往往涉及上千个子项目。

如上所述,一个特色小镇的总投资额通常是 3 年 30 亿 ~ 50 亿元。以我国特色小镇的发源地浙江省为例,浙江省第一批 36 个创建对象平均每个小镇投资 10 亿元,第二批 42 个创建对象,平均每个小镇投资 9.4 亿元;52 个培育对象,平均每个小镇投资 6.4 亿元。再以特色小镇推广较快的江苏省为例。江苏省《关于培育创建江苏特色小镇的实施方案》指出,在主攻产业内谋划一批重点建设项目,高端制造业类特色小镇,原则上 3 年内要完成项目投资 50 亿元,苏北、苏中地区投资额可放宽至标准的 80%。新一代信息技术、创意创业、健康养老、现代农业、旅游风情和历史经典特色小镇,原则上 3 年内要完成项目投资 30 亿元。第一年完成投资不少于总投资额 20%,且投资于特色主导产业的占比不低于 70%。以上投资均不含住宅项目。

自 2016 年以来,各地迅速兴起建设特色小镇的高潮。如江西省政府提出用一年半时间分两批打造 60 个特色小镇;河北省计划未来三年时间打造 100 个特色小镇[1],每个投资达 20 亿元;江苏省镇江市宣布 2017 年将投入 80 亿元打造 8 个特色小镇,等等。

(2)我国经济发展步入缓增长

当下,虽然我国各级地方政府非常重视特色小镇建设,期冀通过特色小镇打造、拉动地方经济增长、解决劳动力就业、提高人民群众的生活质量和水平、改善地方投资环境等。但地方政府面临着诸多困难,其中最大的难题是政府财政压力大,

---

〔1〕 2016 年 8 月,中共河北省委、河北省人民政府《关于建设特色小镇的指导意见》出台,决定在 3 年至 5 年内打造百座特色小镇。特色小镇建设坚持政府引导、企业主体、市场化运作,鼓励以社会资本为主投资建设。特色小镇建设突出历史文化传承,重要的历史遗存和民俗文化将会得到保护和开发。所有特色小镇按 3A 级以上景区标准建设,旅游产业类特色小镇按照 4A 级以上景区标准建设。

没有足够的资金投资建设特色小镇。

具体来说，投资特色小镇建设与运营，对浙江、江苏、上海、广东等工业基础扎实、社会资本尤其是民间资本资金实力雄厚的地方来说，政府财政相对来说压力较小，但也没有达到地方政府有足够财政能力投资建设特色小镇的水平，也需要与社会资本开展合作，借助社会资本的资金建设特色小镇。对部分财政实力相对薄弱的地区尤其是中西部地区而言，政府投入大量资金建设特色小镇显然更不现实。一方面，我国经济发展步入缓增长，地方政府财政压力大；另一方面，我国地方债风险较大[1]，地方债风险成为目前国内金融体系最严重的三大风险之一。2014 年 10 月国务院发布《关于加强地方政府性债务管理的意见》（以下简称“43 号文”），明确指出首要目标为治理政府性债务。“43 号文”对地方债务开启了严监管模式，使地方政府融资能力大幅受限。显然，在我国经济发展步入缓增长、严控地方债风险的背景下，完全由地方政府投资建设特色小镇并不现实，需要借助外部资金的力量。

总之，我国特色小镇推广进度缓慢的根本原因之一是资金不足。拥有充足、持续、稳定的资金来源是保障特色小镇落地和健康发展的前提和保障，资金问题是特色小镇建设的头等大事。在地方政府资金不足的情况下，亟待实现特色小镇建设投资主体的多元化，建立以地方政府为引导、社会资本广泛参与的融资模式。也就是说，需要创新投融资模式，引进资金实力强大的社会资本参与特色小镇投资、建设与运营。

3. PPP 模式是特色小镇建设必然选择

如何既保证经济稳增长，又避免以传统的负债方式筹集资金建设特色小镇以免加大债务风险？PPP 模式成为现实的选择。

---

[1] 财政部公布的数据显示，截至 2018 年 3 月末，地方政府债务余额 166 101 亿元人民币。2018 年 3 月，全国发行地方政府债券 1910 亿元。其中，一般债券 1318 亿元，专项债券 592 亿元；按用途划分，全部是置换债券。1 ~ 3 月累计，全国发行地方政府债券 2195 亿元。其中，一般债券 1426 亿元，专项债券 769 亿元；按用途划分，全部是置换债券。经第十三届全国人民代表大会第一次会议审议批准，2018 年全国地方政府债务限额为 209 974.30 亿元。其中，一般债务限额123 789.22亿元，专项债务限额 86 185.08 亿元。

PPP 在我国并非新鲜事物,其在我国已经有 30 多年的历史。不过,PPP 在我国发展一直较为缓慢,这与我国传统上基础设施建设和社会公用事业以政府融资平台为主导有密切关系。

自 2014 年下半年以来,PPP 被列为国家战略受到中央和地方政府的大力推广。PPP 正式走到“前台”,开始发挥其重要的作用。

PPP 模式即政府与社会资本合作,其能够综合使用财政资金和社会资本,以解决政府基础设施建设和社会公共事业项目建设资金不足的问题。如果在特色小镇建设运营过程中积极引入 PPP 模式,则可以解决地方政府资金缺口问题,大大缓解政府的财政压力。从特色小镇建设的角度而言,PPP 模式应用于特色小镇具有其可行性和必要性。

(1)发挥政府方和社会资本方的优势

PPP 模式下,可以充分发挥政府方和社会资本方的优势。政府方的优势在于宏观规划、出台政策和行使监督职能,而社会资本方的优势在于雄厚的资金、先进的技术和丰富的管理经验,擅长技术和运营管理等微观事务。而特色小镇建设强调的是生产、生活、生态“三生融合”和“产业、文化、旅游、社区”等多种功能于一体,因此不仅需要大量的资金、先进的技术,而且需要宏观策划能力、管控能力和运营能力。特色小镇建设采取 PPP 模式,正好弥补政府在特色小镇建设运营方面的不足。

(2)PPP 模式和特色小镇有着共同的市场化理念

PPP 模式是政府与社会资本在基础设施和公共服务项目领域基于市场化进行的合作。财政部《关于印发政府和社会资本合作模式操作指南(试行)的通知》(财金〔2014〕113 号)对项目识别、准备、采购、执行、移交等各环节操作流程进行了详细说明,“投资规模较大、需求长期稳定、价格调整机制灵活、市场化程度较高的基础设施及公共服务类项目,适宜采用政府和社会资本合作模式。”国家发改委《关于开展政府和社会资本合作的指导意见》(发改投资〔2014〕2724 号)中指出,经营性项目可以通过政府授予经营权,采用 BOT、BOOT 等模式推进;准经营性项目可通过政府授予特许经营权附加部分补贴或直接投资参股等措施,采用 BOT、BOO 等模式推进;非经营性项目可通过政府购买服务,采用BOO、委托运营等市场化模式推进。

"政府引导,企业主体,市场化运作"是特色小镇的原则。显然,特色小镇建设需要市场化操作。市场化要求优质的社会资本参与,即由资金实力雄厚、技术先进、管理经验丰富的社会资本参与特色小镇的规划、设计、投融资、建设、运营。有鉴于此,特色小镇与PPP"携手",开展市场化运作。

(3)解决特色小镇专业人才不足的问题

无论是特色小镇的建设还是运营,均需要大量的专业人才,尤其是规划、技术、财务、金融、运营、管理等方面的专业人才,这样才能确保我国特色小镇科学规范地建设运营,实现国家大力推广特色小镇的初衷。

需要重点说明的是,特色小镇建成后,更为重要的是后期的运营,这是一个长期的过程,也需要专业的运营团队。否则,特色小镇将面临很大的运营风险。

特色小镇大多位于中心城市远郊区,有的甚至位于偏远山区,只是因为具有独特的产业和人文旅游景观,才有必要建设特色小镇。与中心城市相比,特色小镇在吸引和留住人才方面并不具有竞争优势。而在PPP模式下,地方政府和优质的社会资本合作,社会资本在为特色小镇建设解决资金问题的同时,还为小镇发展带来高素质的技术人才、金融人才和运营管理人才队伍,既为小镇的建设解决了人才不足问题,又从根本上为小镇的长期运营问题储备了人才队伍。

特色小镇与 PPP 具有天然一致性

自 2016 年以来,我国特色小镇建设不断升温,全国各地掀起推广特色小镇的热潮。

当前,采取 PPP 模式建设运营特色小镇成为现实的选择。研究发现,特色小镇与 PPP 在诸多方面具有天然的一致性,这充分说明特色小镇 PPP 基础扎实。

1. 特色小镇与 PPP 涉及的诸多领域具有一致性

梳理发现,特色小镇涉及的领域主要有两大类:一类是战略性新兴产业[1],另一类是历史经典产业。以浙江省打造特色小镇为例,浙江省重点培育的 100 个特色小镇,在产业上聚焦信息、环保、健康、旅游、时尚、金融、高端装备制造七大产业,兼顾茶叶、丝绸、黄酒、中药、青瓷、木雕、根雕、石雕、文房等历史经典产业。需要重点指出的是,特色小镇建设中,除了特色产业、文化、旅游、社区外,还需要大量的基础设施建设和公共服务项目建设,这是特色小镇产业、文化、旅游、社区功能的前提和保障。

再来看有关 PPP 的规定,PPP 模式是政府与社会资本之间为合作建设基础设

[1] 战略性新兴产业是以重大技术突破和重大发展需求为基础,对经济社会全局和长远发展具有重大引领带动作用,知识技术密集、物质资源消耗少、成长潜力大、综合效益好的产业。根据战略性新兴产业的特征,立足我国国情和科技、产业基础,现阶段重点培育和发展节能环保、新一代信息技术、生物、高端装备制造、新能源、新材料、新能源汽车等产业。

施和公共服务项目、以特许经营权协议为基础、彼此之间形成的一种伙伴式的合作关系。根据国务院办公厅转发的财政部、发改委、人民银行《关于在公共服务领域推广政府和社会资本合作模式的指导意见》(国办发〔2015〕42 号),PPP 包括能源、交通运输、水利建设、生态建设和环境保护、市政工程、片区开发、农业、林业、科技、保障性安居工程、旅游、医疗卫生、养老、教育、文化、体育、社会保障、政府基础设施和其他 19 个行业。自 2014 年以来,在国家和地方一系列政策的支持下,PPP 得到大力推广,呈现速度快、力度大、范围广的特点,PPP 的应用领域也从之前的高速公路等交通设施领域迅速向污水处理、垃圾处理等市政建设领域拓展。

由此可以发现,特色小镇与 PPP 在诸多领域具有一致性。首先,特色小镇涉及大量的基础设施建设(如道路、供水、供暖、供电、供气、污水处理、垃圾处理等)和公共服务项目建设(如图书馆、文化馆、幼儿园、中小学、博物馆、公园等),而基础设施建设和公共服务项目建设正是适用 PPP 的领域;其次,特色小镇的诸多类型中,有农业、养老、生态、旅游、环保、文化等类型,而这些正是 PPP 的重点行业。

2. 建设运营周期一致

通常情况下,建设一个特色小镇项目至少需要四五年的时间,而运营期则长达二三十年甚至更久。

就 PPP 项目而言,建设期普遍在二三年左右,大型项目如高速公路、铁路等建设时间更长一些,小型项目如污水处理厂,建设期往往只需一年或一年半,而更小型的立体停车项目,建设期只需半年时间。财政部《关于进一步做好政府和社会资本合作项目示范工作的通知》(财金〔2015〕57 号)规定,政府和社会资本合作期限原则上不低于 10 年。财政部《关于印发政府和社会资本合作模式操作指南(试行)的通知》(财金〔2014〕113 号)指出,运用 BOT、TOT、ROT 模式的政府和社会资本合作项目的合同期限一般为 20 ~ 30 年。《基础设施和公用事业特许经营管理办法》规定,“基础设施和公用事业特许经营期限应当根据行业特点、所提供公共产品或服务需求、项目生命周期、投资回收期等综合因素确定,最长不超过 30 年。”由此可知,PPP 项目的合作期限一般为 10 ~ 30 年。

因此,从项目建设运营的周期来看,特色小镇与 PPP 模式具有一致性。

3. 特色小镇与 PPP 均着眼于“供给侧改革”

我国“十三五”规划强调扩大总需求的同时，增大供给侧改革。所谓“供给侧改革”，就是从供给、生产端入手，通过解放生产力，提升竞争力促进经济发展。中央指出，供给侧改革要在适度扩大总需求的同时，着力加强供给侧结构性改革，着力提高供给体系质量和效率，其核心在于提高全要素生产率。在政策手段上，包括简政放权、放松管制、金融改革、国企改革、土地改革、提高创新能力等。

特色小镇是我国供给侧改革的新探索，对我国供给侧改革意义重大。2015 年 12 月底，习近平总书记对浙江“特色小镇”建设做出重要批示：“抓特色小镇、小城镇建设大有可为，对经济转型升级、新型城镇化建设，都具有重要意义，浙江着眼供给侧培育小镇经济的思路，对做好新常态下的经济工作也有启发。”

通过建设特色小镇，可以提高生产效率，提升产品的市场竞争力。从宏观层面讲，投资、出口、消费是拉动经济增长的“三驾马车”，随着国内和国际经济形势的变化，目前拉动我国经济增长的投资和出口都不同程度地受阻，扩大内需则成为拉动经济增长的重要方式。事实上，我国目前不是没有需求或者需求不足，而是随着我国人民生活水平的提高，广大消费者“消费升级”了，然而与之对应的产业没有升级，导致国内供给的产品质量和服务满足不了消费者的需求。在这种情况下，大量“需求外溢”，最明显的是媒体报道的国内消费者海外“扫货”现象，比如在国外的市场、机场、免税店排着长队抢购名牌衣服、化妆品甚至马桶。[1]

PPP 模式也是基础设施和公共服务领域供给侧改革的重要内容。一是我国经济发展进入新常态，以基础设施和公用事业为主要业务方向的 PPP 模式将充分发挥社会资本的资金、技术和管理优势，扩大要素供给，增加公共产品供给，发展壮大新兴产业；二是 PPP 模式已经被提升到国家治理现代化、快速转变政府职能、建立现代财政制度和推进城镇化健康发展等高度，能够提升公共效率，提高公共服务质量；三是 PPP 模式下，社会资本积极进入基础设施和公共事业领域，在交通、市政、环保、医疗、养老、文化等领域投资巨大，产生了大量新兴行业。

---

〔1〕 数据显示，2016 年中国公民出境人数为 1.37 亿人次，中国多年位居全球第一大出境旅游客源国。2016 年中国出境游花费达 1098 亿美元（约 7600 亿元人民币）。

4. 特色小镇与 PPP 均具有投资回报稳定的特点

一方面，特色小镇投资规模大、合作周期长，同时也具有投资回报稳定的特点；另一方面，“盈利不暴利”是 PPP 项目的显著特点。2014 年 9 月，财政部发布《关于推广运用政府和社会资本合作模式有关问题的通知》（财金〔2014〕76 号），明确政府和社会资本合作模式是在基础设施及公共服务领域建立的一种长期合作关系。通常模式是由社会资本承担设计、建设、运营、维护基础设施的大部分工作，并通过“使用者付费”及必要的“政府付费”获得合理投资回报；政府部门负责基础设施及公共服务价格和质量监管，以保证公共利益最大化。

实际上，在 PPP 模式下，社会资本参与特色小镇建设具有盈利的基础。作为一个融合“产业、文化、旅游、社区”功能于一体的产业平台，特色小镇突出优势在于“特色产业”，且这个“特色产业”经过了几十年、数百年甚至上千年的历史积淀和市场考验而留存下来，并经过政府、社会资本和当地公众充分挖掘，具有其独特性、竞争力和持久的生命力。因此，特色小镇未来会持续产生巨大的经济价值，现金流稳定，完全可以满足社会资本的投资回报。此外，中央和各级政府重点推广特色小镇，无论是财政政策、税收政策还是金融政策，政府和金融机构都会给予大力支持，社会资本在投资回报方面会有比较好的前景。

总之，特色小镇建设与 PPP 模式二者相互配合，相互促进，共同发展。

第二篇

项目合作主体法律实务

PPP

特色小镇PPP项目合作主体及其法律关系

PPP模式下,合作的主体主要是政府方与社会资本方,特色小镇PPP也不例外。具体来说,在特色小镇PPP的参与主体中,由政府方与社会资本方密切合作,双方发挥各自的优势,共同打造特色小镇。

1. 合作主体

特色小镇PPP项目的合作主体,一方是政府方,另一方则是社会资本方。代表政府一方的主要是政府授权的实施机构。实践操作中,根据项目行业的不同,主要由地方政府财政部门、交通部门、住建部门、环保部门、水务部门等来具体实施。作为社会资本一方,主要是国企(中央企业和地方国企)、民营企业、外资企业、混合所有制企业以及其他各类投融资主体。(见图2-1)

以某文旅小镇PPP项目为例。项目实施机构为某县文化旅游建设资金管理中心,项目授权出资机构为某县文化旅游投资开发有限公司,社会资本为某文旅集团和建筑公司联合体。再以目前各级地方政府大力推广的康养小镇为例。各级地方政府和各类社会资本就康养小镇建设与运营开展广泛合作,合作双方的主体为:一是地方政府,实践中主要是政府或者政府授权的机构。二是社会资本,按照社会资本企业性质划分,主要是央企、国企、民企、外企、混合所有制企业以及其他各类投融资主体。按照社会资本的行业划分,主要是产业资本和金融资本,其中产业资本主要是医疗、养老类的社会资本,金融资本主要是银行、基金、信托、证券、保险等。

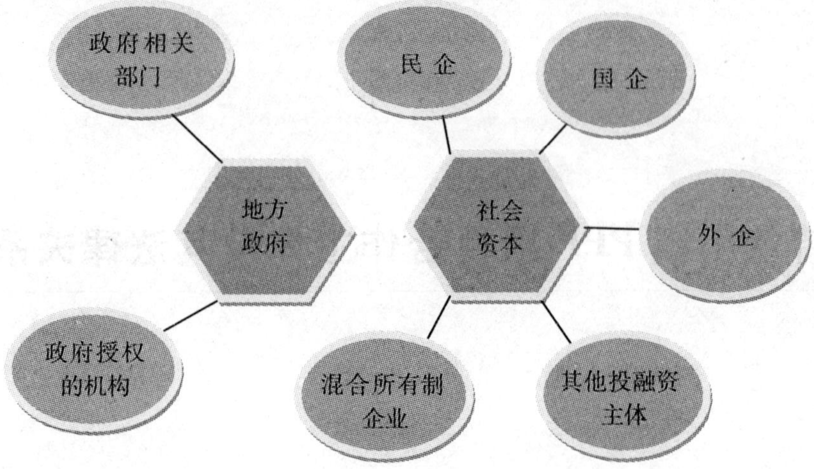

图 2－1　特色小镇 PPP 合作主体

在特色小镇 PPP 项目中，除了政府和社会资本外，围绕项目的设计、投资、融资、建设、运营、维护以及咨询、审计、评估、法律等，还有大量的市场参与者，主要包括金融机构和中介咨询机构（如律师事务所、会计师事务所、评估机构）等。

需要着重指出的是，我国大力推广特色小镇 PPP 的初衷是与社会资本尤其是民间资本开展合作，对此国家政策非常明确。2016 年 3 月，国务院批转国家发改委《关于 2016 年深化经济体制改革重点工作意见的通知》，指出深化养老服务业综合改革试点，全面放开养老服务市场，鼓励民间资本、外商投资进入养老健康领域，提高养老服务质量，推进多种形式的医养结合，增加有效供给。2016 年 12 月，国家发改委发布《关于实施“千企千镇工程” 推进美丽特色小（城）镇建设的通知》，指出“千企千镇工程”是根据“政府引导、企业主体、市场化运作”的新型小（城）镇创建模式，搭建小（城）镇与企业主体有效对接平台，引导社会资本参与美丽特色小（城）镇建设，促进镇企融合发展、共同成长。2017 年 12 月，国家发改委、国土部、环保部、住建部联合发布《关于规范推进特色小镇和特色小城镇建设的若干意见》，指出各地区要以企业为特色小镇和小城镇建设主力军，引导企业有效投资、对标一流、扩大高端供给，激发企业家创造力和人民消费需求。鼓励大中型企业独立或牵头打造特色小镇，培育特色小镇投资运营商，避免项目简单堆砌和碎片化开发。

在 PPP 推广方面，2017 年 11 月，国家发改委《关于鼓励民间资本参与政府和社会资本合作（PPP）项目的指导意见》（发改投资〔2017〕2059 号），规定除国家法律法规明确禁止准入的行业和领域外，一律向民间资本开放，不得以任何名义、任何形式限制民间资本参与 PPP 项目，不断优化营商环境。

此外，国务院《关于鼓励支持和引导个体私营等非公有制经济发展的若干意见》（国发〔2005〕3 号）明确提出，在投资核准、融资服务、财税政策、土地使用等方面，对非公有制企业和其他所有制企业一视同仁，实施同等待遇。

现实情况是，近几年来，在国家和地方一系列 PPP 政策鼓励与支持下，我国 PPP 推广呈风起云涌之势。然而，在众多的 PPP 项目中，社会资本尤其是民间资本参与 PPP 项目的积极性不高，民间资本对于 PPP 项目兴趣不大、热情不高、参与力度不强。[1] 具体原因及解决之道，下文将有详细论述。

2. 特色小镇 PPP 合作主体权利与义务

笔者认为，在特色小镇 PPP 项目中，政府的角色具有多样化的特点。具体来说，作为地方政府，其角色是项目是否适合 PPP 模式和具体采取哪一种 PPP 方式（BOT、TOT、ROT 等）的决定者、项目交易规则的制定者与执行者、项目公共服务的监管者等。而社会资本是项目的投资、融资、建设与运营者，同时社会资本通过建设与运营实现投资回报。（见表 2－1）

---

〔1〕 全国工商联发布的报告显示，2014 年，民企 500 强通过 PPP 等方式进入公共服务及基础设施建设与运营领域的民营企业 500 强共有 58 家，占比 11.6%，有意向进入的企业有 136 家，占比 27.2%。而据行业人士估计，目前全国开展的 PPP 项目中，只有不到 5% 的“社会资本”来自名副其实的民营企业。2018 年 3 月，全国工商联提交了一份名为《关于进一步鼓励民营企业参与 PPP 项目的建议》的提案。提案认为，民营资本在 PPP 领域的市场份额自 2015 年年底以来都呈现出持续下降态势。

表 2－1　特色小镇 PPP 合作主体及职责

序号	参与主体	参与方职责
1	政府	政府部门通常是特色小镇 PPP 项目的发起人，其主要职责是对项目进行规划、可行性分析、选择优质社会资本方、给予社会资本或者 PPP 项目公司某些特许经营权。同时，政府部门对社会资本或者 PPP 项目公司建设运营进行监督。
2	社会资本方	社会资本方以项目建议书的形式发起特色小镇 PPP 项目，社会资本方（包括社会资本联合体）可以和代表政府的平台共同成立 PPP 项目公司，也可以单独成立 PPP 项目公司。社会资本方主要负责项目的建设、投资、运营。
3	PPP 项目公司	通常情况下，特色小镇 PPP 项目需要由社会资本（社会资本和代表政府的平台）成立 PPP 项目公司。PPP 项目公司是 PPP 项目的具体实施者，从政府或授权机构获得建设和经营项目的特许经营权，负责项目从融资、设计、建设和运营直至项目最后的移交等全过程的运作。项目特许期结束，经营权或所有权转移时，PPP 项目公司清算并解散。
4	金融机构	在特色小镇 PPP 项目的资金来源中，社会资本（社会资本和代表政府的平台公司）直接出资（即资本金）比例通常为整个项目的 20%，其余大部分投资来自包括银行在内的金融机构。除资本金外，向特色小镇 PPP 项目提供资金的主要是银行、基金、信托、保险等金融机构。如果属于债权融资，为了保证项目贷款的顺利回收，贷款人通常要求 PPP 项目公司或其参与者提供 PPP 项目收益权质押、履约保函或担保函，从而避免或减少由于开发或运营不善带来的损失。同时，贷款人为了保证贷款的安全性，通常要求 PPP 项目公司质押其在银行的账户，如基本账户、营业收入账户、还款账户等。
5	咨询机构	由于特色小镇 PPP 项目投资规模大、合作周期长、风险大，再加上参与者众多、结构复杂，因此需要专业、具有丰富经验的咨询公司介入，以科学指导项目的运作，从而平衡参与各方的利益，合理分担参与各方的风险。一是为各方提供政策咨询。特色小镇 PPP 项目运作涉及国家经济、产业、行业、土地、税收、金融等各方面的政策。从 2014 年下半年开始，从中央到地方出台的有关 PPP 的法规政策就多达 200 多个。近几年，国家有关特色小镇的政策也频频出台。因此，专业的咨询机构可以帮助特色小镇 PPP 项目参与各方了解政策，并按照政策的要求设计项目框架，从而规避项目的政策风险。二是帮助社会资本方制定融资方案。PPP 模式下，项目的融资职责由 PPP 项目公司承担，而合理的融资方案是确保项目成功的关键。咨询公司有着专业优势和融资经验，帮助 PPP 项目公司设计适合项目特点的最佳融资计划。三是协助各方制定风险分配方案。在 PPP 模式下，项目面临诸多风险（法律政策变更、政府信用、公众反对、不可抗力等），咨询公司对项目全生命期内的风险作出准确专业的判断，制定合理的风险分配方案。

续表

序号	参与主体	参与方职责
6	设计单位	PPP 模式下,除政府、社会资本、金融机构和咨询机构外,项目的建设、运营还需要众多的合作伙伴参与,包括项目设计单位、承包商、供应商、运营商、保险公司等,且每个主体都在 PPP 模式运作过程中发挥着重要的作用,各方的协调配合是特色小镇 PPP 项目成功的保证。
7	承包商	
8	供应商	
9	运营商	
10	保险机构	

3. 政府与社会资本法律地位平等

调研发现,关于 PPP 模式下政府与社会资本之间的法律地位问题,业内还有不同的看法。有的认为政府与社会资本之间是平等的法律关系,有的则认为政府授予社会资本特许经营权,对社会资本进行监督管理,政府处于强势,社会资本处于弱势,法律地位并不平等。不过,目前意见越来越趋于一致,即 PPP 项目合同的法律属性是民事合同,因此,政府与社会资本法律地位是平等的。需要指出的是,虽然 PPP 项目合同的法律属性是民事合同,但在项目的建设和运营过程中,政府仍然有行政监督的权力。

2014 年 12 月,财政部发布《关于规范政府和社会资本合作合同管理工作的通知》(财金〔2014〕156 号),规范 PPP 项目合同管理,确定六大核心原则,包括依法治理、平等合作、维护公益等。在 PPP 模式下,政府与社会资本是基于 PPP 项目合同的平等法律主体,双方法律地位平等、权利义务对等,应在充分协商、互利互惠的基础上订立合同,并依法平等地主张合同权利、履行合同义务。

4. 特色小镇 PPP 项目合作对象

众所周知,PPP 模式适用于基础设施建设和公共服务项目建设。各国和国际组织对 PPP 的理解有广义和狭义之分。广义 PPP 是政府与私人组织之间为合作建设城市基础设施、以特许权协议为基础、彼此之间形成的一种伙伴式的合作关系,而狭义的 PPP 可以理解为一系列项目融资模式的总称,包含 BOT、TOT、ROT、BOO 等多种模式。根据国务院办公厅转发的财政部、国家发改委、人民银行《关于在公共服务领域推广政府和社会资本合作模式的指导意见》(国办发〔2015〕42号),PPP包括能源、交通运输、水利建设、生态建设和环境保护、市政工程、片区开发、农业、林业、科技、保障性安居工程、旅游、医疗卫生、养老、教育、文化、体育、社会保障、政府基础设施和其他19个行业。

那么,特色小镇与PPP到底有哪些结合点呢?换句话说,特色小镇PPP项目合作对象有哪些呢?显然,这是研究和实践操作特色小镇必须要弄清楚的重要问题。

按照住建部等联合发布的《关于开展特色小镇培育工作的通知》精神,要求建设便捷完善的设施服务,基础设施完善,自来水符合卫生标准,生活污水全面收集并达标排放,垃圾无害化处理,道路交通停车设施完善便捷,绿化覆盖率较高,防洪、排涝、消防等各类防灾设施符合标准。公共服务设施完善、服务质量较高,教育、医疗、文化、商业等服务覆盖农村地区。可以明确的是,特色小镇PPP项目主要合作对象为特色小镇基础设施项目和公共服务项目的建设和运营。

以康养小镇PPP项目为例,项目合作对象主要是小镇范围的道路、供水、供电、供暖、供气、污水处理、垃圾处理等基础设施建设和图书馆、文化中心、幼儿园、中小学、博物馆、公园等公共服务设施建设以及康养小镇建成后的运营。

政府和社会资本均应注重契约精神

PPP 业界有一句非常有名的话,"PPP 不是一场婚礼,而是一段婚姻"。对 PPP 模式下的政府和社会资本而言,双方看中的不仅仅是签订 PPP 合同的那场"婚礼",更是未来长期合作的"婚姻"。而作为"婚姻"的重要主角,无论是政府还是社会资本都应该注重契约精神。

所谓契约,又称合约,是双方当事人基于对立合致的意思表示而成立的法律行为。

调研发现,对社会资本而言,在特色小镇 PPP 项目的各类风险中,其考量最多的风险因素之一是地方政府的契约意识和信用程度。社会资本尤其担心未来地方政府换届、重大法规政策调整时损害自身权益。事实上,在此前 PPP 项目实践操作中,由于部分地方政府契约意识不强未履行合同义务从而产生信用问题,直接危害社会资本的切身利益,在社会上造成了不好的影响。以国内某大桥 PPP 项目为例,20 世纪 90 年代,鉴于某市只有一座跨江大桥,为了加快地方经济社会发展,地方政府决定再建一座跨江大桥(以下简称"本项目")。后引入某民间资本以 BOT 方式投资建设本项目,特许经营期为 30 年。本项目建成后,当地政府又投资建设了与本项目形成商业竞争关系的两座新桥。且由于本项目运营的头几年盈利能力大大超出当地政府预期,政府又让 PPP 项目公司投资 1.2 亿元修建了两条与本项目毫无关系的两条路。最后,由于当地市民对于本项目取消收费的呼声很高,某民间资本只得放弃剩余的运营。

1. PPP 的本质要求具有契约精神

从国家大力推广 PPP 的本质来看,契约精神是其重要的内容。

2014 年 12 月,财政部发布《关于规范政府和社会资本合作合同管理工作的通知》(财金〔2014〕156 号),规范 PPP 项目合同管理,确定六大核心原则,包括依法治理、平等合作、维护公益等。其主要内容如下:一是依法治理。在依法治国、依法行政的框架下,充分发挥市场在资源配置中的决定性作用,允许政府和社会资本依法自由选择合作伙伴,充分尊重双方在合同订立和履行过程中的契约自由,依法保护 PPP 项目各参与方的合法权益,共同维护法律权威和公平正义。二是诚实守信。政府和社会资本应在 PPP 项目合同中明确界定双方在项目融资、建设、运营、移交等全生命周期内的权利义务,并在合同管理的全过程中真实表达意思表示,认真恪守合同约定,妥善履行合同义务,依法承担违约责任。

专业人士指出,在公共服务领域推广 PPP 有着重要意义。推广 PPP 是推动政府职能从"国家管理"向"国家治理"的一次转变。从内涵意义上看,"治理"与"管理"相比,更强调不同主体的平等性,更注重"法治"规则、契约精神、市场观念。在公共服务的利益相关方中,作为重要一方的政府始终处于主动地位,为了促进 PPP 模式的更好推广,促进 PPP 项目的顺利开展,这就要求政府树立契约精神,而这一点也事关政府职能的转变,需要政府增强购买公共服务中的责任意识,制定详尽的公共服务产品质量标准,完善招投标程序,健全社会力量参与及退出的科学机制等。

2. 重诺履约是顺利开展 PPP 的前提和保障

重诺履约是顺利开展 PPP 的前提和保障,如果地方政府不注重契约精神,没有足够的履约能力,就无法兑现与社会资本签订的 PPP 项目合同。长此以往就会阻碍 PPP 在我国的大力推广,地方政府形象受损的同时,提高公共服务质量和效率的期望也会成为泡影。

调研发现,由于目前我国在法律层面对地方政府信用没有足够的约束力,导致部分地方政府不注重契约精神,信用缺失,损害了社会资本的利益,从而阻碍了 PPP 在我国的推广。专业人士此前指出,"从国际经验看,重诺履约的市场环境,是顺利开展PPP的前提和保障。与真正的PPP项目相比,过去我国许多政企合作项目都是'形似而神不似',一定程度上在于政府没有作为平等的参与者,缺少'契约精神'。比如,一些地方政府把社会资本'圈进来'之后,对所做承诺兑现不到位。”

因此,未来我国需要加强地方政府的契约精神和契约意识,提高地方政府的履约能力。具体来说,作为PPP模式的积极推动者,地方政府应该在国家法律框架下和相关法规、规章指引下,注重契约精神,在较短时间内建成一批符合地域和行业特点且可推广、可复制的PPP示范项目,形成标准化的操作规则,以利于PPP模式的快速推广。通过PPP模式提供公共服务,政府要从“管理者”变为“监督者、合作者”,更加注重“按合同办事”,更加注重平等协商、公开透明,有助于解决政府职能错位、越位、缺位问题,推动从“国家管理”向“国家治理”转变。

更为重要的是,我国必须创新体制机制,建立一种科学的中长期预算机制,维护重诺履约的市场氛围。具体来说,可以研究建立扣款机制,约束地方政府违约行为,降低地方政府违约风险,促进地方政府规范运作PPP项目,从而保障社会资本的合法权益。

总之,如何从法律法规层面保护社会资本的合法权益,这成为业界急需解决的问题。

如上所述,在PPP模式下,政府与社会资本方是基于PPP项目合同的平等法律主体,双方法律地位平等、权利义务对等,应在充分协商、互利互惠的基础上订立合同,并依法平等地主张合同权利、履行合同义务。因此,作为PPP合同的一方,社会资本方也应该注重契约精神,以保障PPP合同的顺利执行。

实践中发现,部分社会资本方在投资PPP项目的过程中不注重契约精神,比如在工程建设中偷工减料、虚报价格,在项目运营过程中偷排(如污水处理PPP项目)。

不仅如此,部分社会资本在融资环节资本金迟迟不到位,甚至项目资本金采取借贷、明债实债等国家明文禁止的方式获得,为项目本身带来巨大的风险,也违背了社会资本作为资金方的契约精神。针对当前部分PPP项目融资不到位以及社会资本未实际出资或未按规定足额出资,推高项目杠杆率,降低项目公司风险抵御能力的问题,2017 年 11 月,财政部印发了《关于规范政府和社会资本合作(PPP)综合信息平台项目库管理的通知》(财办金〔2017〕92 号),在规范 PPP 项目融资管理方面提出了具体要求:一是要求社会资本按合同约定落实项目债权融资义务,防止项目因融资不能及时足额到位而搁置甚至失败。二是要求政府和社会资本双方均应严格执行国家关于固定资产投资项目资本金管理的有关规定,按时足额缴纳项目资本金,不得以债务性资金充当资本金,防止因资本金"空心化",导致社会资本长期运营责任的"虚化",加剧重建设、轻运营现象。三是要求社会资本的股份不得由第三方代持,遏制当前部分社会资本中选后自行指定其关联企业、子公司、基金等第三方代为履行出资义务,以及部分联合体参与方只承揽项目施工或设计任务、不实际出资入股等不规范操作现象,确保社会资本选择程序的严肃性、公正性,夯实社会资本的投资建设运营责任。

2015 年 9 月,国务院下发《关于调整和完善固定资产投资项目资本金制度的通知》(国发〔2015〕51 号),对固定资产投资项目的资本金比例进行了下调(见表 2-2),城市和交通基础设施项目如城市轨道交通项目由 25% 调整为 20%,港口、沿海及内河航运、机场项目由 30% 调整为 25%,铁路、公路项目由 25% 调整为 20%。房地产开发项目如保障性住房和普通商品住房项目维持 20% 不变,其他项目由 30% 调整为 25%。产能过剩行业项目如钢铁、电解铝项目维持 40% 不变,水泥项目维持 35% 不变,煤炭、电石、铁合金、烧碱、焦炭、黄磷、多晶硅项目维持 30% 不变。其他工业项目:玉米深加工项目由 30% 调整为 20%,化肥(钾肥除外)项目维持 25% 不变,电力等其他项目维持 20% 不变。

表 2-2 固定资产投资项目资本金比例调整情况

项目	分项	资本金比例调整
城市和交通基础设施项目	城市轨道交通项目	从 25% 下调至 20%
	港口、沿海及内河航运、机场项目	从 30% 下调至 25%
	铁路、公路项目	从 25% 下调至 20%
房地产开发项目	保障性住房和普通商品住房项目	维持 20% 不变
	其他项目	从 30% 下调至 25%

续表

项目	分项	资本金比例调整
产能过剩行业项目	钢铁、电解铝项目	维持 40% 不变
	水泥项目	维持 35% 不变
	煤炭、电石、铁合金、烧碱、焦炭、黄磷、多晶硅项目	维持 30% 不变
其他工业项目	玉米深加工项目	从 30% 下调至 20%
	化肥(钾肥除外)项目	维持 25% 不变
	电力等其他项目	维持 20% 不变

资料来源:民生证券研究院整理。

地方政府需防范契约风险

特色小镇 PPP 项目的合作方主要为地方政府和社会资本。对地方政府而言，如何重视契约意识？又该如何树立契约精神？主要应从以下几方面入手：

1. 结合地方经济社会实际，避免盲目上马特色小镇 PPP 项目

实践发现，在国家和地方政府大力推广特色小镇和 PPP 的热潮下，部分地方政府为了拉动地方经济增长甚至为了所谓“面子工程”“政绩工程”，不顾地方经济社会实际情况，一哄而上盲目上马特色小镇 PPP 项目。这样做的结果就是加剧地方债务风险、增加地方财政压力，一旦无法兑现承诺，就会产生政府信用风险，违背政府契约精神。

事实证明，地方政府盲目上马特色小镇 PPP 项目，最终的结果都是项目成为地方财政长期的包袱，增加地方政府潜在的债务风险，这无疑与国家大力推广特色小镇与 PPP 的初衷相悖。

因此，地方政府在推动特色小镇 PPP 项目时，一定要结合地方经济社会实际，如地方经济发展现状、财政实力、人口数量、现实需求等，因地制宜，适时推动特色小镇 PPP 项目。只有经过严格、缜密、科学证论的特色小镇 PPP 项目，才是地方政府最需要的项目，地方政府也最容易履行承诺，特色小镇才能够实现持续、健康、稳定地发展。

2. 严格项目的标准

就特色小镇PPP项目而言，地方政府在进行论证时，一定要严格项目的标准。一是满足特色小镇建设的标准，如核心产业、面积、投资规模、人文和生态功能等，对一些特殊的小镇比如康养小镇还需要考虑周边大中城市的数量、人口规模、养老健康群体需求等。二是满足PPP模式的标准，PPP模式有着严格的标准，地方政府在操作特色小镇PPP项目时，应该严格遵守几个硬性条件和标准：项目属于基础建设或公共服务领域的项目；不得采用建设—移交（BT）方式实施；合作期限（含建设期在内）不得低于10年；不得采用固定回报、明股实债等方式进行变相融资等。

3. 严格项目预算管理，控制和防范财政风险

关于PPP项目的预算管理，国家法规政策有着明确的规定。

2014年11月，国务院发布《关于创新重点领域投融资机制鼓励社会投资的指导意见》（国发〔2014〕60号），提出创新生态环保投资运营机制，推动环境治理市场化。"政府有关部门要严格按照预算管理有关法律法规，完善财政补贴制度，切实控制和防范财政风险。健全PPP模式的法规体系，保障项目顺利运行。鼓励通过PPP方式盘活存量资源，变现资金要用于重点领域建设。"2015年5月，国务院办公厅转发财政部、国家发改委、人民银行联合制定的《关于在公共服务领域推广政府和社会资本合作模式的指导意见》（国办发〔2015〕42号），指出在政府和社会资本合作模式下，政府以运营补贴等作为社会资本提供公共服务的对价，以绩效评价结果作为对价支付依据，并纳入预算管理、财政中期规划和政府财务报告，能够在当代人和后代人之间公平地分担公共资金投入，符合代际公平原则，有效弥补当期财政投入不足，有利于减轻当期财政支出压力，平滑年度间财政支出波动，防范和化解政府性债务风险。

此外，2016年9月，财政部印发《政府和社会资本合作项目财政管理暂行办法》（财金〔2016〕92号），其中"项目财政预算管理"规定，行业主管部门应当根据预算管理要求，将PPP项目合同中约定的政府跨年度财政支出责任纳入中期财政规划，经财政部门审核汇总后，报本级人民政府审核，保障政府在项目全生命周期内的履约能力。具体来说，本级人民政府同意纳入中期财政规划的PPP项目，由行业主管部门按照预算编制程序和要求，将合同中符合预算管理要求的下一年度财政资金收支纳入预算管理[1]，报请财政部门审核后纳入预算草案，经本级政府同意后报本级人民代表大会审议。

鉴于特色小镇 PPP 项目财政预算管理有着完整的法律流程，建议社会资本方在采购结果确认谈判环节，与政府实施机构达成一致，即要求项目的政府跨年度财政支出责任纳入中期财政规划作为签署 PPP 项目合同的前提条件，也可以在 PPP 项目合同中政府义务条款下，要求政府在项目运营期间，逐年向社会资本方提供本级人民代表大会关于 PPP 项目支出的相关决议文件。

4. 财政承受能力论证：坚守 10%红线

大体而言，PPP 项目的回报机制一共有三种：一种是使用者付费，如供水、供电、供气、供暖等完全市场化的项目；另一种是"使用者付费 + 政府可行性缺口补贴"，如污水处理和垃圾处理等准公益性项目；还有一种是政府完全付费，如河道治理、公园等公益性项目。其中后两种付费机制都需要政府财政出资，也就是政府付费。

为保证地方政府的财政支付能力，避免地方政府不切实际地推广 PPP 项目，造成未来支付不足以致损害政府信誉和社会资本的切身利益，国家部委和地方政府不断出台法规政策加以规范。

2015 年 4 月，财政部发布《政府和社会资本合作项目财政承受能力论证指引》（财金〔2015〕21 号，以下简称《指引》），旨在规范 PPP 项目财政支出管理，防控财政风险，有利于保障优质 PPP 项目的财政支付。《指引》称通过论证采用 PPP 模式的项目，各级财政部门应当在编制年度预算和中期财政规划时，将项目财政支出责

---

[1] 行业主管部门应按照预算编制要求，编报 PPP 项目收支预算：一是收支测算。每年 7 月底之前，行业主管部门应按照当年 PPP 项目合同约定，结合本年度预算执行情况、支出绩效评价结果等，测算下一年度应纳入预算的 PPP 项目收支数额。二是支出编制。行业主管部门应将需要从预算中安排的 PPP 项目支出责任，按照相关政府收支分类科目、预算支出标准和要求，列入支出预算。三是收入编制。行业主管部门应将政府在 PPP 项目中获得的收入列入预算。四是报送要求。行业主管部门应将包括所有 PPP 项目全部收支在内的预算，按照统一的时间要求报同级财政部门。财政部门应对行业主管部门报送的 PPP 项目财政收支预算申请进行认真审核，充分考虑绩效评价、价格调整等因素，合理确定预算金额。

任纳入预算统筹安排。其中,地方政府每年全部 PPP 项目从预算中安排的支出责任,占一般公共预算支出比例不应超过 10%,各地可根据实际情况制定具体比例。《指引》要求采用 PPP 模式的项目支出"纳入预算",意味着 PPP 项目的财政支出对地方政府形成了硬约束,有利于打消社会资本的疑虑,从而吸引社会资本投资基础设施项目。此外,财政部《关于进一步做好政府和社会资本合作项目示范工作的通知》(财金〔2015〕57 号)规定:"示范项目所在地财政部门要认真做好示范项目物有所值定性分析和财政承受能力论证,有效控制政府支付责任,合理确定财政补助金额,每一年度全部 PPP 项目需要从预算中安排的支出责任占一般公共预算支出比例应当不超过 10%。"《通知》明确了政府支出责任占年度公共预算支出比例的上限,保证了政府财政支付的能力。

PPP 项目财政承受能力论证具有多方面的作用:一是 10% 的"红线"杜绝了部分地方政府盲目上马特色小镇 PPP 项目后产生支付不能的信用风险。二是引导地方政府将有限的资金用在急需发展的基础设施建设项目和公用事业项目上。就特色小镇而言,地方政府可以将有限的资金用于国家重点推广的文旅小镇、康养小镇、制造小镇、金融小镇、互联网小镇等,从而拉动地方经济增长、解决劳动力就业。三是地方政府能够足额支付特色小镇 PPP 项目社会资本的投资回报,从而提高社会资本投资特色小镇 PPP 项目的积极性。

2017 年 11 月,被称为史上最严的 PPP 规范文件出台,财政部印发《关于规范政府和社会资本合作(PPP)综合信息平台项目库管理的通知》(财办金〔2017〕92 号),统一新项目入库标准,明确不适宜采用 PPP 模式实施、前期准备工作不到位、未建立按效付费机制的项目不得入库,提升入库项目质量。明确下一步政策方向,优先支持通过 PPP 模式盘活存量公共资产,审慎开展政府付费项目,防止财政支出过快增长,突破财政承受能力上限。

5. 地方政府做好成本管理和监测

PPP 项目成本管理是贯穿整个 PPP 项目全生命周期的核心元素。无论对于地方政府还是社会资本方来说都意义重大。

对于地方政府来说,做好特色小镇 PPP 项目成本管理具有多方面的好处:一是可以用少量的资金撬动更大量的社会资本。二是可以缓解地方政府的财政压力，这对当前经济步入缓增长、债务压力加大的地方政府而言尤为重要；对于社会资本来说，做好特色小镇 PPP 项目成本管理，可以降低投资风险，同时可以提高自己的核心竞争力，实现更大的投资回报，从而在竞争激烈的特色小镇 PPP 市场脱颖而出。

2016 年 9 月，财政部印发《政府和社会资本合作项目财政管理暂行办法》（财金〔2016〕92 号），指出行业主管部门应当会同各级财政部门做好项目全生命周期成本监测工作。每年一季度前，项目公司（或社会资本方）应向行业主管部门和财政部门报送上一年度经第三方审计的财务报告及项目建设运营成本说明材料。项目成本信息要通过 PPP 综合信息平台对外公示，接受社会监督。

与此同时，地方政府还应该履行好职责，做好特色小镇 PPP 项目的监测。

财政部《关于规范政府和社会资本合作合同管理工作的通知》（财金〔2014〕156 号）规范了 PPP 项目合同管理，确定六大核心原则，包括依法治理、平等合作、维护公益等。在维护公益方面，建立履约管理、行政监管和社会监督“三位一体”的监管架构，优先保障公共安全和公共利益。PPP 项目合同中除应规定社会资本的绩效监测和质量控制等义务外，还应保证政府合理的监督权和介入权，以加强对社会资本的履约管理。政府还应依法严格履行行政管理职能，建立健全及时有效的项目信息公开和公众监督机制。

上述《政府和社会资本合作项目财政管理暂行办法》（财金〔2016〕92 号）同时指出，PPP 项目合同审核时，应当对照项目实施方案、物有所值评价报告、财政承受能力论证报告及采购文件，检查合同内容是否发生实质性变更，并重点审核合同是否满足相关要求，其中就包括“合同应当综合考虑项目全生命周期内的成本核算范围和成本变动因素，设定项目基准成本。”“项目准备、采购和建设阶段信息公开内容包括 PPP 项目的基础信息和项目采购信息，采购文件，采购成交结果，不涉及国家秘密、商业秘密的项目合同文本，开工及竣工投运日期，政府移交日期等。项目运营阶段信息公开内容包括 PPP 项目的成本监测和绩效评价结果等。”

社会资本加强项目全生命周期成本管理

在特色小镇 PPP 项目中，社会资本的突出优势在于雄厚的资金、先进的技术和丰富的管理经验。当然，在与地方政府签订 PPP 项目合同后，作为合同的相对方，社会资本也必须注重契约精神，履行合同义务，在实现投资回报的同时，提高特色小镇 PPP 项目的质量和效率，实现社会公众利益的最大化。

研究发现，社会资本加强特色小镇 PPP 项目全生命周期成本管理，是其从众多的竞争对手中脱颖而出、履行 PPP 项目合同义务和遵守契约精神的关键之所在。

1. 抓好特色小镇 PPP 项目融资成本

调研发现，目前在我国推广 PPP 项目的过程中，社会资本面临着一个重要的困难即融资成本过高。以西南某省 PPP 项目融资成本为例，在其已经签订的 42 个融资协议中，平均融资成本 5.84%，最低 4.35%，最高 11%。其中：融资成本低于五年期基准利率 4.9%（含，以下基准利率均指五年期基准利率）的项目 12 个，占比 28.57%；4.9% ~6.37%（含，基准利率上浮 30%）的项目 21 个，占比 50%；6.37% ~8%（含）的项目 6 个，占比 14.29%；高于 8% 的项目 3 个，占比 7.14%。这 42 个项目中，由银行业金融机构提供融资的项目 37 个，平均融资成本5.50%。[1]

进一步分析，银行业金融机构融资成本低于非银行业金融机构。而在银行业金融机构中，全国性股份制商业银行的平均融资成本最低，城市商业银行融资成本相对较高；非银行业金融机构中，财务公司融资成本最高。

梳理国家支持特色小镇和 PPP 的政策，主要有国开行、农发行等政策性银行和其他商业银行提供融资支持。比如，2016 年 10 月与 2017 年 1 月，住建部分别与农发行、国开行等政策性银行签署合作协议，为特色小镇建设提供政策性金融支持，《关于加快美丽特色小（城）镇建设的指导意见》提出"鼓励国家开发银行、农业发展银行、农业银行和其他金融机构加大金融支持力度"。截至目前，国家发改委与住建部联合农发行、国开行、光大银行、建设银行等银行先后出台了多个支持特色小镇建设的金融政策文件。据了解，目前各大银行重点支持的项目范围总体上包括了特色小镇的基础设施和公共服务设施建设、配套设施建设和生态环境建设。对于优先支持的特色小镇项目各大银行有所侧重，能够指导地区特色小镇结合自身优势，对接优先金融支持政策。贫困地区的特色小镇建设项目可以优先申请农发行资金支持，住建部公布的第一批特色小镇可以申请国开行和建设银行的信贷政策，对纳入全国小城镇建设项目储备库的优先推荐项目可以优先申请国开行的中长期信贷支持。

需要重点指出的是，除部分现金流稳定的特色小镇 PPP 项目外，一般项目很难争取到政策性贷款，因此需要投资特色小镇 PPP 项目的社会资本通过其他渠道融资，寻求商业银行、基金、信托、保险等金融机构的支持，然而这又大大增加了社会资本的融资成本，同时降低了自身的投资收益。对于社会资本投资特色小镇 PPP 项目融资成本过高的问题，我国正陆续出台以奖代补、金融扶持等支持政策，帮助社会资本解决融资成本过高的困难。

---

〔1〕 其中：国有大型商业银行提供融资的项目 23 个，平均融资成本 4.96%；全国性股份制商业银行提供融资的项目 4 个，平均融资成本 4.75%；城市商业银行提供融资的项目 10 个，平均融资成本 5.93%。由非银行业金融机构提供融资的项目 5 个，平均融资成本 8.34%。其中：基金公司提供融资的项目 2 个，平均融资成本 8.10%；信托公司提供融资的项目 1 个，融资成本 8.50%；证券公司提供融资的项目 1 个，融资成本 6.00%；财务公司提供融资的项目 1 个，融资成本 11.00%。

2. 降低特色小镇PPP项目建设成本

特色小镇PPP项目建设成本主要指的是项目施工现场所耗费的人工费、材料费、施工机械使用费、现场其他直接费及管理费。传统模式下,管理粗放,对建设成本控制不严,预算盈利、结算亏损的现象时有发生。主要表现在:一是人工费超支严重。不按岗位、不按实际需要配备人员,扩大人工费开支。二是材料管理制度不健全。工程造价组成中材料费占整个费用的60%左右。材料管理制度不健全使建设成本大大增加。三是机械设备完好率和利用率低,使用费高。设备的使用、维护、保养不按操作规程办理,造成设备投资浪费。四是合同管理混乱。部分建筑企业合同管理意识淡薄,对购货、分包工程、承包工程等合同不重视,合同管理混乱,企业因此遭受巨大经济损失。而采取PPP模式后,可以促使社会资本从降低投资规模和远期运营的角度降低建设成本。

特色小镇PPP项目在项目建成后,运营期长达数十年,与社会资本的利益密切相关,因此在建设阶段社会资本就要充分考虑未来的运营成本问题。具体来说,社会资本需要采取先进的管理手段控制建设成本:一是从全生命周期角度考虑规划设计方案,按照最优方案施工降低成本、加快工程进度、保证质量和安全,实现工程项目投入少产出大。二是培养管理和技术人员成本控制意识,提高全员控制成本的能力。根据工程特点和进度,合理安排劳动力。三是围绕特色小镇PPP项目成本控制目标对成本费用各项构成进行精细化管理,最大限度降低成本。四是建立健全成本管理监督机制,完善成本控制管理体系。在强化监督的同时,还要做好绩效考核,建立起奖罚分明的制度,真正做到责、权、利相结合。五是推广新工艺和新技术,积极推进技术创新,降低工程建设成本,提高项目效益。

3. 特色小镇PPP项目运营成本

特色小镇PPP项目建成后,随后进入漫长的运营期,少则十多年,多二三十年。因此,项目运营成本的高低直接关系到社会资本的投资回报率,这就要求社会资本采取先进的技术和科学的管理方式,降低运营成本,持续运营好特色小镇PPP项目。以某特色小镇中的“互联网+智慧停车”为例。立体停车成为解决土地空间不足、交通拥堵的重要手段,尤其是文旅类的特色小镇十分需要。智慧停车兼具“互

联网 + ”和“PPP 模式”的特点：一是建立在整个特色小镇互联网平台的互联网信息技术为停车提供技术支持，借助物联网及车联网的发展，实现智慧停车，解决特色小镇停车难的问题，同时提升特色小镇的整体形象；二是停车项目属于城市基础设施建设项目和社会公用事业项目，属于特色小镇 PPP 项目的子项目。智慧停车运营比传统的停车管理更为先进，也更节省成本。某特色小镇“互联网 + 智慧停车”运营成本包括：电器设备动力费用（每年约 12 万元）、运维工人工资福利（9 人共约 27 万元）、设备维修保养费用（每年约 12 万元）等，项目运营总成本每年约 50 万元，其中人工成本占的比例达 54%。通过智能化改造采取智慧付费方式（主要是自助式缴费机缴费、微信及支付宝等互联网方式支付），既解决了部分人工收费方式下立体停车库收费员私吞停车费的问题，又大大降低了项目的运营成本。

4. 降低 PPP 项目全生命周期成本

所谓 PPP 项目的全生命周期（Whole Life Cycle），是指项目从设计、融资、建造、运营、维护至终止移交的完整周期。财政部《关于印发政府和社会资本合作模式操作指南（试行）的通知》（财金〔2014〕113 号）规定，一个完整的 PPP 项目流程可以分为项目的识别、准备、采购、执行、移交五个环节。专家指出，对 PPP 项目全生命周期管理，主要有三个方面的意义：一是促进 PPP 解决政府失灵与市场失灵的问题，从最大程度上解决政府缺资金和缺效率的问题；二是改变过去“重建设轻运营”的弊端，让 PPP 项目各参与方的关注点从基础设施本身转移到公共服务本身；三是改变传统项目设计与建设脱节、建设与运营割裂、分段管理、互不衔接造成的弊端。

因此，对社会资本而言，通过对特色小镇 PPP 项目全生命周期管理，有助于系统、完整整合项目各阶段的工作和资源配置，规避或减少项目投资风险，降低融资、建设与运营成本，从而更好地履行自己的责任与义务。

总之，特色小镇 PPP 项目将投融资、建设、运营、维护等全生命周期整合起来，由社会资本或 PPP 项目公司负责，激励其在特色小镇 PPP 项目全生命周期内统筹规划，严格管理成本。

以某文旅小镇 PPP 项目（以下简称“本项目”）为例。（见案例 2 - 1）

【案例2-1】

一、本项目采用PPP模式的必要性

(一)本项目拥有投资规模较大、需求长期稳定、价格调整机制灵活、市场化程度较高等特点,适宜采用PPP模式。

(二)本项目采用PPP模式与传统政府采购模式相比,投资主体多元化,促成更多的资金来源,在提高政府财政资金利用率的同时,缓解了财政负担。

(三)本项目采用PPP模式选择的社会资本方将具有丰富的建设管理经验,社会资本的全过程参与,一方面优化了项目风险的合理分配,另一方面保证了项目全生命周期的建设效率与运营服务效率。

(四)本项目采用PPP模式,在解决政府融资问题的同时,可以推动本项目社会资本在基础设施建设项目中的发展。

二、采用PPP模式的可行性

(一)政策上可行

除了早先实施的《中华人民共和国政府采购法》、住建部令第126号《市政公用事业特许经营管理办法》等法规政策,2014年以来,财政部和发改委集中发布了一系列规范性文件和操作指引,包括但不限于:国务院办公厅转发财政部、国家发改委、人民银行《关于在公共服务领域推广政府和社会资本合作模式的指导意见》(国办发〔2015〕42号)、财政部《关于推广运用政府和社会资本合作模式有关问题的通知》(财金〔2014〕76号)、财政部《关于印发政府和社会资本合作模式操作指南(试行)的通知》(财金〔2014〕113号)、国家发改委《关于开展政府和社会资本合作的指导意见》(发改投资〔2014〕2724号)、财政部《政府采购竞争性磋商采购方式管理暂行办法》(财库〔2014〕214号)、财政部《政府和社会资本合作项目政府采购管理办法》(财库〔2014〕215号)、《PPP项目合同指南(试行)》(财金〔2014〕156号)、《中华人民共和国政府采购法实施条例》等。上述规范性文件一方面鼓励在公共服务领域推广和运用PPP模式,另一方面也为PPP的规范运作提供指引。

(二)降低全生命周期成本

在项目初始阶段,社会资本与政府共同参与项目的融资和施工等项目建设过程,保证了项目在技术和经济上的可行性,通过社会资本引入先进技术以及政府协调相关部门加快审批手续,缩短前期工作周期,使项目费用降低且有利于降低工程造价。PPP 模式只有当项目已经完成并得到政府批准使用后,项目公司才能开始获得收益,因此 PPP 模式能够消除项目完工风险和资金风险;同时,政府通过绩效考核的方式,奖优罚劣,促使项目公司为了获得较高的绩效而提高运营效率,降低运营维护成本。

综上,本项目采用 PPP 模式可以通过降低建设成本和运营维护成本,来降低项目全生命周期成本。

特色小镇为社会资本带来巨大商机

自2014年下半年以来，从中央到地方大力推广PPP，全国各地迅速掀起PPP的热潮。经过四年来的探索和实践，目前我国PPP取得了明显的成果，同时也为特色小镇采取PPP建设运营积累了丰富的经验。

“特色小镇”与“PPP”成为当下中国经济的热点。

那么，“特色小镇”与“PPP”二者有何辩证关系？答案是：特色小镇建设促进PPP模式发展，PPP模式激发特色小镇活力。在全国上下大力推广特色小镇的热潮下，包括央企、地方国企、外资企业、民营企业以及混合所有制企业在内的众多社会资本看到了特色小镇所蕴藏的巨大市场机遇，并以PPP模式积极参与特色小镇的建设与运营。

1. 特色小镇建设为社会资本带来商机

一方面，我国大力推广特色小镇建设。住建部、国家发改委、财政部联合颁布的《关于开展特色小镇培育工作的通知》（建村〔2016〕147号），明确提出，到2020年，要在全国培育1000个特色小镇。进一步而言，每个特色小镇涉及数以千计的大大小小的投资建设项目，每个特色小镇的总投资额通常是3年30亿~50亿元。根据部分代表性特色小镇投资情况，估计平均一个特色小镇投资额约为60亿元。特色小镇巨大的建设空间将为相关社会资本方带来巨大的市场机会。

另一方面，从社会资本投资的角度讲，我国经济增长放缓，“资产荒”[1]成为一个经济新名词，包括产业资本和金融资本在内，各类社会资本都在积极寻找各类优质的“资产”，而特色小镇大市场无疑为社会资本带来巨大的商机。

以某特色小镇PPP项目为例。（见案例2-2）

【案例2-2】

某特色小镇PPP项目

某市位于我国中部，其东南片区环湖流域总面积×多平方公里，是某市乡村旅游发展总体规划中的“风情水乡”区。境内湿地连绵，岛屿点缀，物产丰富，胜迹众多，现有国家级湿地公园试点×处，省历史文化名镇×个，国家级中国传统古村落×处，省级中国传统古村落×处，4A级景区×家，正在创建4A级景区×家，三星级旅游饭店×家，高星级农家乐×家。此外，还有即将建成的城际高铁、码头群等，联通某市周边地区×家5A级和×家4A级旅游景区。某市环湖流域有甲、乙、丙、丁四个镇，成为一个特色小镇集群（以下简称本项目）。

2017年，某市决定建设本项目。

本项目具有产业、文化、旅游活力和生产、生活、生态魅力以及项目、资金、人才聚焦优势。本项目中四个镇各具特色：甲镇产业完善、交通便利，是省级综合改革试点镇、省中心建制镇和省“扩权强镇”试点镇，域内拥有四大工业集中区；乙镇工业发达、生态良好，是全国小城镇综合开发试点镇、省第一批扩权强镇试点镇，全镇拥有包括上市公司在内的各类企业×家；丙镇文化深厚，为省级中心镇、省级历史文化名镇、省优秀旅游乡镇和省首批宜居小镇、省优秀旅游乡镇；丁镇生态优良，旅游产业较为完善。

本项目以风情水乡为特征，以古镇和湿地为重点，以节庆活动为纽带，以“一廊

---

〔1〕所谓资产荒，并非指没有资产可投，而是收益高的优质资产越来越少。对机构而言，资产荒意味着市场可投的资产覆盖不了资金成本。由于实体经济增速放缓，企业没有好的投资项目，于是将资金交给银行，银行也没有合适的贷款可以发放，又将资金交给专业投资机构，专业投资机构没有好的投资方向，只能购买股票，上市公司市值提高，可以通过股票质押融到更多的资金，这样资金又回到企业家手里。如此周而复始，“资产荒”变得越来越严重。

四特十六节点”[1]为总体格局，建设环湖特色小镇集群。

本项目拟采用PPP模式合作，总投资约×亿元，一期投资额约×亿元，二期投资额约×亿元。由政府方和社会资本方共同出资。政府和社会资本方注资占投资总额的×%，其余资金通过银行贷款等方式解决。此外，项目用地由投资方采用挂牌方式取得，按照土地征收成本价，差价部分由某市政府通过财政予以全额返还。项目区外及区内主干道（道路、桥梁）等基础性和服务性交通设施由某市政府负责解决，也可由某市政府委托投资方联系施工单位组织实施，费用由某市政府承担，或某市政府与投资方协调解决。

本项目建成后，经济和社会效益明显：经济效益方面，第一年可接待人数×万人次，旅游综合收入×亿元，三年后可接待人数×万人次，旅游综合收入×亿元，五年后可接待人数×万人次，旅游综合收入×亿元，利润率×%，并逐年递增；每年赛事活动冠名费、转播费约×亿元，利润率×%；健康养生基地年收入×亿元，利润率×%。项目投资回收期约×年。社会效益方面，本项目的建设大大改善了当地的生产生活环境和招商环境，还可解决万余人就业，大大提高当地居民的收入水平。

2. 社会资本参与特色小镇建设获得投资收益

社会资本之所以对特色小镇充满热情和期待，除了拉动地区经济增长、解决项目所在地劳动力就业、提高当地人民生活水平外，最根本的还是从市场化的角度出发，即追求经济利益、获得投资回报，这也是社会资本作为社会经济主体的需求和市场化机制所决定的。

投资特色小镇项目获得投资回报是吸引各类社会资本的最根本出发点。

（1）特色小镇现金流稳定

特色小镇建设要求生产、生活、生态“三生融合”和产业、文化、旅游、社区“四位一体”，可以说，特色小镇建设运营要求高，与一般意义上的政府公益性项目（如

---

[1] “一廊”是建设环湖湿地生态休闲长廊，“四特”是水乡风情特色小镇、生态文化旅游小镇、民俗特色小镇和工业智造特色小镇，“十六节点”是滨水游步道、水上乐园、主题餐厅、环湖健康养生基地、水乡风情主题酒店、美食街、旅游商品购物中心、抗战纪念馆、庄园农耕文化体验区、户外拓展基地等。

公园、图书馆、河道治理等)不同。进一步而言,特色小镇产业特色突出、机制灵活,具有稳定的现金流,可以满足社会资本的投资回报。

(2)政府大力支持

无论是特色小镇还是 PPP,都已经上升到国家战略。因此,国家从土地、税收、财政、金融等各方面予以大力支持。以 PPP 模式投资特色小镇项目的社会资本,能从特色小镇和 PPP 模式的奖补政策中受益。

3. 社会资本积极介入特色小镇建设运营

事实上,我国"特色小镇"概念提出后,社会资本尤其是民间资本都对投资特色小镇产生了极大的热情,国内多家行业龙头企业都开始涉足特色小镇建设。

调研发现,在积极投资特色小镇的各类社会资本中,房地产企业成为"一道独特的风景"。按照以往的商业模式,房地产开发商大举拿地盖房、卖房赚快钱,但在国家加大对房地产调控的背景下,房地产企业开始转型,重点向健康、养老、金融等方向拓展。而随着国家大力推动"特色小镇",房地产企业将目光瞄准这一全新的领域,华夏幸福、碧桂园、华侨城、绿城等多家房企纷纷试水特色小镇。

公开资料显示,自 2016 年 5 月开始,在短短半年不到的时间已有多家房企发布了自己的特色小镇战略计划。(见表 2－3)

表 2－3　国内部分房企"特色小镇"战略计划

企业	时间	具体内容
绿城	2016 年 5 月	绿城透露要在未来 5～10 年在上海、杭州、北京周边做出 5～10 个农业小镇。其中小镇距离上海、杭州等城市三五十公里,一个小镇需要 3 平方公里土地,其中 2 平方公里是农业,1 平方公里开发建设,形成 3 万人的小镇
华侨城集团	2016 年 5 月	华侨城集团打造文旅小镇概念:华侨城集团分别与成都金牛区政府、大邑县政府、双流区政府以及成都文旅集团签署合作协议,拟投资超千亿元打造天回、安仁、黄龙溪三大名镇。三个项目占地面积分别为 10 平方公里、15 平方公里以及 16.68 平方公里。此外,2016 年 11 月,华侨城与深圳光明新区管委会签署战略合作框架协议,将打造占地约 11 平方公里的绿色生态旅游区"光明小镇",项目计划投资超 500 亿元

续表

企业	时间	具体内容
碧桂园集团	2016 年 10 月	碧桂园集团签下第四个科技小镇项目：与广东省东莞市黄江镇政府签订"科技小镇"合作计划（目前碧桂园集团已有三个科技小镇项目开动，均在广东惠州，分别是惠东稔山科技生态城项目、惠州潼湖创新小镇项目、惠州潼湖科学城项目）。按照碧桂园的战略规划，碧桂园将借由科技小镇全面进军产业地产。碧桂园方面认为，高新企业快速集聚到一二线城市后造成房价高企、交通拥挤、空间狭小，使得企业运营成本不断升高，产业持续发展面临问题。而在紧邻深圳周边打造科技小镇，将有助于解决这些问题
华夏幸福	2016 年 11 月	华夏幸福与南京市溧水区政府达成战略合作，首次向外界宣布了该公司特色小镇战略。该项目为南京空港会展小镇，占地 2 平方公里，建筑面积 50 万平方米，计划打造成为亚洲空港的专业会展中心，按照设想每年将为区域贡献 15 亿元的会展收入。华夏幸福相关人士还指出，华夏幸福将充分发挥已有的 PPP 模式经验，将 PPP 模式引入特色小镇建设
时代地产集团	2016 年 12 月	时代地产集团对外宣布启动"时代未来小镇战略"：未来 5 年内时代地产将从珠三角起步，投资 30 个"未来小镇"项目，总投资金额约 9000 亿元

中介机构是特色小镇 PPP 项目的战略拼图

PPP 模式是一种市场化的投资回报机制，能够充分发挥政府和社会资本的各方优势，在地方政府和社会资本之间建立合作伙伴关系。除此之外，PPP 模式下，还有地方政府和专业中介咨询机构之间建立的委托合同关系、社会资本与金融机构（如银行、基金、信托、证券、保险等）之间建立的融资关系、社会资本与供应商之间建立的买卖合同关系、社会资本与运营机构之间建设的委托运营关系等，通过这些主体明确、关系交互的合作网络体系，能够充分发挥各类主体的动能，这对特色小镇 PPP 项目的健康发展非常有利。

研究发现，要推广特色小镇 PPP 项目，除了地方政府与社会资本之间紧密合作，中介机构对项目的推进和落地也有着重要的作用。换句话说，中介机构是特色小镇 PPP 不可或缺的战略拼图。

1. 中介机构参与特色小镇 PPP 的必要性

（1）特色小镇尚处于起步阶段

从 2016 年下半年开始，特色小镇在我国呈蓬勃发展的态势。从东南沿海的浙江、江苏、上海，到华北地区的北京、河北，再到中部地区的湖北、安徽、江西、河南等地，各地都在积极筹划推进特色小镇建设。国内文旅小镇、康养小镇、金融小镇、互联网小镇、文化小镇等特色小镇找准定位，借势而为，顺势而起。

然而，现实情况是，特色小镇在我国尚处于起步阶段，且是一个非常复杂的系统工程，需要各类主体共同参与形成合力才能建设运营好。进一步而言，特色小镇建设的核心原则是“政府引导、企业主体、市场化运作”，即政府在特色小镇中的职责和功能非常明确，不是以往的“主导”，而是现在的“引导”，这就需要鼓励各类社会资本参与特色小镇的建设和运营，广泛征求各方专家及社会公众的意见。显而易见，第三方专业中介机构在特色小镇建设中将发挥重要的作用。

具体来说，特色小镇建设与运营涉及投融资、建设、运营、管理等多个专业领域，需要专业的法律、金融、财务、技术和管理等方面的知识。而当下我国各级地方政府还缺乏特色小镇建设方面的专业人才和可资借鉴的案例，在特色小镇建设运营上存在不足，急需借助第三方力量的支持。因此，专业的产业咨询、工程咨询、PPP咨询、产业招商等中介服务机构是特色小镇建设不可或缺的战略拼图。

正如业内人士所言，特色小镇的建设和培育工作已经在全国遍地撒种，但是能否让特色小镇遍地开花，还需要各地政府、开发企业、运营商、投资商、规划机构、咨询机构等多方共同协作。

(2)部分地方政府PPP能力建设有待进一步提高

与特色小镇推广类似，PPP在我国的推广也处于起步建设阶段，而PPP模式的运作涉及设计、投资、融资、建设、运营、维护等多个环节。研究发现，PPP项目从发起到落地涉及的流程比较多，一个完整的PPP项目流程可以分为项目的识别、准备、采购、执行、移交五个环节，涉及19个步骤。可以说，整个流程比较复杂，企业花费的时间成本较高。尤其对一些如污水处理、垃圾焚烧处理类的环保类PPP项目而言，还存在“邻避效应”[1]等，风险较大。因此，操作PPP项目需要复杂的法律、金融、财务、技术和管理等方面的专业知识，只有专业化的人才队伍才能科学解决PPP项目中遇到的各种问题。

现实情况是，作为当前操作PPP的重要主角之一，各级地方政府还缺乏专业的

---

〔1〕 邻避效应(Not－In－My－Back－Yard，译为“邻避”，意为“不要建在我家后院”)指居民因担心建设项目对自己的身体健康、环境质量和资产价值等带来诸多负面影响，从而激发嫌恶情结，滋生“不要建在我家后院”的心理及采取强烈甚至高度情绪化的集体反对、抗争行为。

PPP 人才队伍,在 PPP 能力建设上存在不足,属于“摸着石头过河”的探索阶段。

事实上,自从 2014 年下半年我国大力推广 PPP 开始,在一年半时间内 PPP 项目从零发展到上万,存在鱼龙混杂的情况,许多不符合条件的项目也采用 PPP 模式。财政部 PPP 中心数据显示,截至 2016 年 1 月 31 日,各省级财政部门上报 PPP 项目总计 9283 个,在对这 9283 个项目审核后,只有 6997 个项目纳入财政部 PPP 综合信息平台项目库,2286 个 PPP 项目没过审核,占所有 PPP 项目数量比例为 24.6%。

2018 年 4 月,财政部发布《关于进一步加强政府和社会资本合作(PPP)示范项目规范管理的通知》(财金〔2018〕54 号,以下简称《通知》),指出 PPP 示范项目在引导规范运作、带动区域发展、推动行业破冰、推广经验模式等方面发挥了积极作用。但从近期核查情况看,部分示范项目存在进展缓慢、执行走样等问题。为进一步强化示范项目规范管理,更好发挥引领带动作用,《通知》指出:一是对核查存在问题的 173 个示范项目分类进行处置[1]。二是引以为戒,加强项目规范管理,如夯实项目前期工作。按国家有关规定认真履行规划立项、土地管理、国有资产审批等前期工作程序,规范开展物有所值评价和财政承受能力论证。三是切实强化信息公开,接受社会监督,如加强运行情况监测。及时更新 PPP 项目开发目录、财政支出责任、项目采购、项目公司设立、融资到位、建设进度、绩效产出、预算执行等信息,实时监测项目运行情况、合同履行情况和项目公司财务状况,强化风险预警与早期防控。四是建立健全长效管理机制,如开展示范项目定期评估。财政部 PPP 中心应定期组织第三方专业机构、专家等,开展示范项目执行情况评估。评估过程中发现示范项目存在运作不规范、实施情况发生重大变化或信息披露不到位等问题的,应及时调出示范项目名单或清退出项目库。其中,已获得中央财政 PPP 项目以奖代补资金的,由省级财政部门负责追回并及时上缴中央财政。经评估效

---

〔1〕 将不再继续采用 PPP 模式实施的包头市立体交通综合枢纽及综合旅游公路等 30 个项目,调出示范项目名单,并清退出全国 PPP 综合信息平台项目库。将尚未完成社会资本方采购或项目实施发生重大变化的北京市丰台区河西第三水厂等 54 个项目,调出示范项目名单,保留在项目库,继续采用 PPP 模式实施。对于运作模式不规范、采购程序不严谨、签约主体存在瑕疵的 89 个项目,有关省级财政部门会同有关方面抓紧督促整改,于 6 月底前完成。逾期仍不符合相关要求的,调出示范项目名单或清退出项目库。

果良好的示范项目，由财政部 PPP 中心联合省级财政部门加强经验总结与案例推广。

2. 中介机构在特色小镇 PPP 中的重要作用

如上所述，当前我国地方政府还缺乏特色小镇和 PPP 方面的专业人才，因此急需第三方机构的支持，以促进特色小镇和 PPP 在我国的大力发展。在专业中介机构的帮助下，地方政府对特色小镇和 PPP 的理解、认识将更加科学，在实践操作中也会更加顺利，从而有利于特色小镇 PPP 项目的落地。实际上，PPP 中介机构在整个特色小镇 PPP 项目全生命周期[1]中都起着极其重要的作用，自特色小镇 PPP 项目立项开始，PPP 咨询机构就可从投资、财务、法律等方面对项目进行评估，帮助地方政府和社会资本规避各类风险，在促进 PPP 项目落地的同时，保障特色小镇 PPP 项目建设和运维的平稳，这也是地方政府、社会资本、广大公众所愿意看到的。

很显然，特色小镇 PPP 将成为未来我国特色小镇建设的主流模式，我国需要从以下几方面入手：一是加快特色小镇 PPP 研究的进程，形成一套科学的 PPP 产学研一体化智库体系；二是建立 PPP 咨询服务的市场体系，组建专业化的 PPP 咨询机构。据了解，近年来，针对特色小镇与 PPP 的推广，我国各类 PPP 中介机构纷纷成立。咨询公司、资产评估机构、会计师事务所、法律服务机构等均积极参与 PPP 相关业务。2014 年 12 月，我国财政部政府和社会资本合作（PPP）中心正式获批，主要承担 PPP 工作的政策研究、咨询培训、信息统计和国际交流等职责。

3. 中介机构在特色小镇 PPP 发展中获得收益

（1）特色小镇市场高达十万亿元

发挥专业中介机构在特色小镇 PPP 项目建设运营中的“智库”作用，一方面，可以促进我国特色小镇加速落地、健康发展；另一方面，中介服务机构自身也能获得收益，实现自身的发展。对中介咨询机构而言，特色小镇建设领域蕴含着大量的商业机会，市场空间巨大。

---

〔1〕 全生命周期（Whole Life Cycle），是指项目从设计、融资、建造、运营、维护至终止移交的完整周期。

据了解，目前全国各省市自治区中，几乎都已经发布了特色小镇的相关政策，其中四川、云南分别努力用 5 年时间建设 200 个左右特色小镇，浙江、江苏、山东、湖南、广东、广西、河北、新疆、河南、陕西、贵州、海南均拟建 100 个特色小镇。据权威机构统计，我国"十三五"期间拟建特色小镇个数累计约 2000 个，按每个镇 50 亿元投资估算，"十三五"期间全国范围的特色小镇投资将高达十万亿元。

(2)PPP 项目市场高达十万亿元

数据显示，截至 2018 年 1 月末，财政部项目库入库项目共 7446 个，投资额 11.3 万亿元。高达 10 万亿元的 PPP 市场，对 PPP 咨询服务业而言，无疑是一块巨大的市场"蛋糕"。

而随着我国大力推广和实施 PPP，此前一直不温不火的 PPP 咨询服务行业迎来了发展的良机，主要表现在 PPP 咨询业务量增长突飞猛进、服务价格快速上升等。以国内某知名 PPP 咨询机构为例，其在帮助政府、社会资本推进 PPP 项目进程方面发挥了重要作用。截至 2016 年 4 月，该机构已累计服务 PPP 项目近 130 个，取得了优良的成果，既帮助诸多 PPP 项目顺利签约落地(有 20 多个项目入选财政部或省级 PPP 示范项目库)，又实现了自身的发展。

第三篇

项目运作流程法律实务

PPP

第三章

[illegible]

特色小镇 PPP 项目操作流程与运作要点

特色小镇采用 PPP 模式后，具体应该怎样操作？在操作过程中又有哪些重点环节和重要注意事项？对此，地方政府和社会资本都应该完全掌握并熟练操作。

1. PPP“519”流程

2014 年 11 月，财政部发布《关于印发政府和社会资本合作模式操作指南（试行）的通知》（财金〔2014〕113 号），将 PPP 项目操作流程分为 5 个阶段 19 个环节，业内称之为 PPP“519”流程（见图 3－1），《通知》对项目识别、准备、采购、执行、移交等各环节操作流程进行了详细说明，投资规模较大、需求长期稳定、价格调整机制灵活、市场化程度较高的基础设施及公共服务类项目，适宜采用政府和社会资本合作模式。5 个阶段分别为：项目识别、项目准备、项目采购、项目执行和项目移交。具体来说，项目识别阶段包括：项目发起、项目筛选、物有所值评价和财政承受能力论证四个步骤；项目准备阶段包括：管理架构组建、实施方案编制和实施方案审核三个步骤；项目采购阶段包括：资格预审、采购文件编制、响应文件评审、谈判与合同签署四个步骤；项目执行阶段包括：项目公司成立、融资管理、绩效监测与支付和中期评估四个步骤；项目移交阶段包括：移交准备、性能测试、资金交割和绩效评价四个步骤。

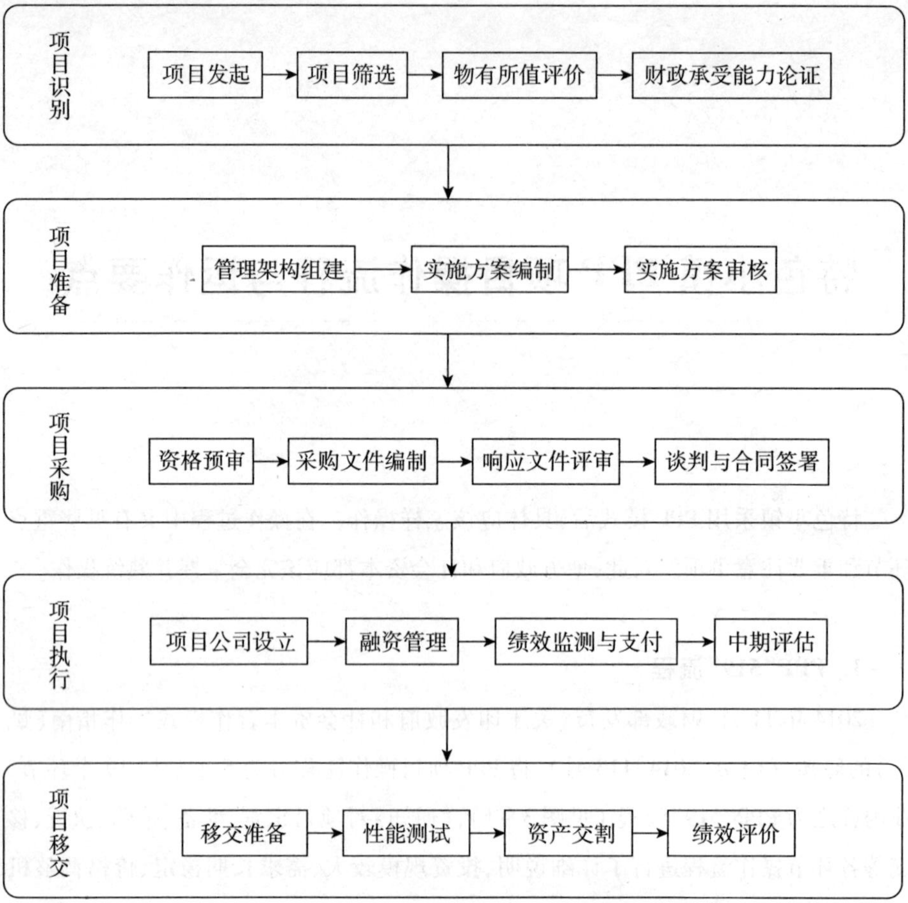

图 3－1 PPP 项目操作流程

2. 需要关注操作流程的几个重点

特色小镇 PPP 项目的合作方是地方政府和社会资本。作为特色小镇 PPP 项目的设计、建设、投资、融资、建设和运营的主体，社会资本（无论是中央企业、地方国企、民营企业、外资企业以及混合所有制企业）都应该全面了解、掌握、吃透我国 PPP 政策，以期准确“切入”PPP 操作流程，抓住市场机会。

（1）项目识别阶段

当项目进入第一个阶段第一个步骤即项目发起，社会资本即可以“切入”，从政府那里获得信息,密切跟踪项目的进展。PPP 项目由政府或者社会资本发起,以政府发起为主。政府发起主要是财政部门负责向交通、住建、环保、能源、教育、医疗、体育健身和文化设施等行业主管部门征集潜在 PPP 项目。行业主管部门可从国民经济和社会发展规划及行业专项规划中的新建、改建项目或存量公共资产中遴选潜在项目。社会资本发起则是以项目建议书的方式向财政部门推荐潜在 PPP 项目。

就特色小镇 PPP 而言,项目识别阶段需要社会资本注意三个重要问题:

1)判断项目是否为 PPP 项目

怎么判断项目是否为 PPP 项目呢?从项目性质来说,必须是基础设施建设或公共服务项目[1],而不能是纯商业项目。当然,对于某些收益不足以覆盖社会资本投资的项目,或者为减轻政府财政支付压力,某些基础设施或公共服务项目可以搭配商业项目,作为对公益或者准公益类项目的补偿。典型的项目如特色小镇内的立体停车库,由于项目收入模式过于单一,收益无法满足社会资本的投资回报,为了减轻政府财政压力,立体停车库项目配套建设洗车房、充电桩、餐厅、超市、LED 广告等商业项目,降低社会资本投资风险,减轻政府财政支付压力,从而促进项目的落地。

2)项目是否适合采用 PPP 模式

一个项目是否适合采用 PPP 模式,在很大程度上取决于项日本身的特点,包括收费的难易程度、技术复杂性、市场需求量等核心元素。按照财政部 PPP 项目库入库指南,入库项目应具有价格调整机制相对灵活、市场化程度相对较高、投资规模相对较大、需求长期稳定等特点,如城市供水、供暖、供气、污水和垃圾处理、保障性安居工程、地下综合管廊、轨道交通、高速公路、教育、医疗和养老等项目。

具体来说,适宜采取 PPP 模式的项目主要特点为:一是项目投资规模大;二是能够实现物有所值,比较传统模式,政府实际支出小且项目建设效率和运营质量提

[1] 基础设施类项目有两类:一类是市政设施,包括供水、供暖、供气、污水处理、垃圾处理及地下综合管廊等;另一类是交通设施,包括公路、铁路、机场、城市轨道交通等。公共服务类项目包括医疗卫生、旅游、教育培训、健康养老、文化、保障性安居工程等。此外,还有其他类 PPP 项目,包括水利、农业、林业、资源环境和生态保护等。

高；三是项目合作期内技术不会有巨大的变化，当项目涉及的设施受快速发展的技术影响时，PPP 合同能做出相应的调节安排；四是市场需求稳定，不受短期快速变化的影响；五是合作期限长，通常在 10～30 年，同时固定资产长期可使用；六是设施及其服务的自然属性在全生命周期内可以定价；七是对建设和运营有高效的风险管理，政府和社会资本之间的风险分配能够清晰地界定和落实。

3）项目已经履行投融资合规程序

按照 2016 年 6 月国资委和财政部《企业国有资产交易监督管理办法》的要求，项目的规划和（预）可研已经获得批准、项目已经正式立项；按财政部《关于印发政府和社会资本合作模式操作指南（试行）的通知》（财金〔2014〕113 号）的要求，项目正在或已经完成实施方案、物有所值评价和财政承受能力论证等相关工作。

（2）项目准备阶段

项目准备阶段包括管理构架组建、实施方案编制和实施方案审核三个步骤。比如，项目实施方案主要包括项目概况、风险分配基本框架、项目运作方式、交易结构、合同体系、监管架构和采购方式选择等。

对社会资本来说，尤其需要注意的是项目投融资结构和回报机制，因为投融资结构直接关系到项目本身的资金来源、融资额度和融资渠道，而回报机制关系到社会资本的投资回报风险。项目准备阶段还有合同体系，主要包括项目合同、股东合同、融资合同、工程承包合同、运营服务合同、原料供应合同、产品采购合同和保险合同等。其中，项目合同是其中最核心的法律文件。

（3）项目采购阶段

在项目采购阶段，主要是政府部门与社会资本按照投标法和 PPP 招投标流程进行谈判。

按照前述财政部〔2014〕113 号文件，PPP 项目采购方式应按照《中华人民共和国政府采购法》及相关规章制度执行，采购方式包括公开招标、竞争性谈判、邀请招标、竞争性磋商和单一来源采购。项目实施机构应根据项目采购需求特点，依法选择适当采购方式。

另外，在项目采购阶段，银行以资金提供方的角色出现，不直接参与 PPP 项目采购的谈判,但也要配合社会资本一起参与采购合同的招投标。

(4)项目执行阶段

项目执行阶段包括:项目公司成立、融资管理、绩效监测与支付和中期评估四个步骤。需要说明的是,PPP 项目公司可以由社会资本成立或地方政府与社会资本共同成立,也可以不成立。此阶段银行重点要关注融资管理,项目融资由社会资本或 PPP 项目公司负责。当项目出现重大经营或财务风险,威胁或侵害债权人也就是银行的利益时,银行可以依据与社会资本或项目公司签订的协议要求改善管理等。重大风险已解除的,银行应停止介入。

(5)项目移交阶段

特色小镇 PPP 项目移交通常指在项目合作期限结束或者项目合同提前终止后,社会资本或者 PPP 项目公司将全部项目设施及相关权益如经营权按照合同约定的条件和程序移交给政府或者政府指定的其他机构。PPP 项目移交一般包括移交准备、性能测试、资产交割和绩效评价四个阶段。

具体来说,项目移交阶段特色小镇 PPP 项目需要移交的内容有:项目设施;项目土地使用权及项目用地相关的其他权利;与项目设施相关的设备、机器、装置、零部件、备品备件以及其他动产;项目实施相关人员;运营维护项目设施所要求的技术和技术信息;与项目设施有关的手册、图纸、文件和资料(书面文件和电子文档);移交项目所需的其他文件。

需要指出的是,在特色小镇 PPP 项目移交前,通常需要对项目的资产状况进行评估并对项目状况能否达到合同约定的移交条件和标准进行测试。实践中,评估和测试工作通常由政府方委托的独立专家或者由政府方和项目公司共同组成的移交工作组负责。项目移交工作组应严格按照性能测试方案和移交标准对移交资产进行性能测试。性能测试后,社会资本或项目公司应将满足性能测试要求的项目资产、知识产权和技术法律文件,连同资产清单移交项目实施机构或政府指定的其他机构,办妥法律过户和管理权移交手续。移交完成后,财政部门(PPP 中心)应组织有关部门对项目产出、成本效益、监管成效、可持续性、PPP 模式应用等进行绩效评价,并按相关规定公开评价结果。评价结果可作为政府开展 PPP 管理工作决策参考依据。

以某 PPP 项目(以下简称"本项目")移交为例。(见案例 3 - 1)

【案例 3 - 1】

本项目运营期满后,项目公司将项目资产及有关资料向实施机构区建设局或区政府指定移交机构移交。

1. 移交范畴

项目前期工作、设计施工、竣工验收、审计决算、保修责任履行、运营维护等相关档案资料文本和管理文件等原件及本项目资产。

2. 移交标准

(1)全部文档资料均真实、完整、清晰;

(2)所有实物资产功能完好、可使用且在移交时能够满足正常使用;

(3)实物资产包括本项目所有建构筑物、设备设施等资产。

3. 移交程序

(1)前提条件:项目合作期满;

(2)项目公司整理核对相关文档资料,编制交接清单;

(3)区建设局或政府指定移交机构与项目公司就所交接文档资料按交接清单逐一核对,确认无误签署交接确认书;

(4)区建设局或政府指定机构在项目公司配合下完成项目现场踏勘验收及项目资产验收;

(5)移交各方各自承担相应产生的费用及自行完成财务处理。

特色小镇 PPP 项目入库标准及流程解读

在实践操作中，地方政府和社会资本对特色小镇 PPP 项目的入库标准和流程十分重视，尤其是金融机构对特色小镇 PPP 项目有没有入库以及入的是国家级 PPP 库还是省级 PPP 库都非常关注。

1. PPP 项目入库的重要性

2015 年 12 月 18 日，财政部下发《关于规范政府和社会资本合作(PPP)综合信息平台运行的通知》(财金〔2015〕166 号)，指出综合信息平台是全国 PPP 项目信息的管理和发布平台。综合信息平台按照项目库、机构库和资料库实行分类管理，项目库用于收集和管理全国各级 PPP 储备项目、执行项目和示范项目信息，包括项目全生命周期各环节的关键信息；机构库用于收集和管理咨询服务机构与专家、社会资本、金融机构等参与方信息；资料库用于收集和管理 PPP 相关政策法规、工作动态、指南手册、培训材料和经典案例等信息。“原则上，国家级和省级示范项目、各地 PPP 年度规划和中期规划项目均需从综合信息平台的项目库中筛选和识别。未纳入综合信息平台项目库的项目，不得列入各地 PPP 项目目录，原则上不得通过财政预算安排支出责任。”

此外，2016 年 10 月 24 日，国家发改委印发《传统基础设施领域实施政府和社会资本合作项目工作导则》，各级发展改革部门要会同有关行业主管部门，建立各地区各行业传统基础设施 PPP 项目库，并统一纳入国家发改委传统基础设施 PPP

项目库,建立贯通各地区各部门的传统基础设施 PPP 项目信息平台。入库情况将作为安排政府投资、确定与调整价格、发行企业债券及享受政府和社会资本合作专项政策的重要依据。

专家分析认为,根据财政部和国家发改委的政策规定,如果 PPP 项目没有入库,那么项目原则上不得通过财政预算安排支出责任,无法使用国家发改委安排的财政拨款(包括中央预算内的投资、专项建设基金、中央专项债券筹集的专项建设基金、其他中央财政建设性基金及其他有关 PPP 项目的专项政策),后期也无法通过发行企业债券募集资金。

2. PPP 项目入库对融资的重要作用

从根本上说,PPP 项目入库情况不同,地方政府的支持和奖励政策不一样,金融机构的融资成本、条件、期限等也不一样。可以说,PPP 项目入库情况与社会资本的投资回报密切相关。

(1)地方政府支持与奖励政策不一样

财政部出台的 PPP 项目奖补政策明确对国家级 PPP 示范项目中的新建项目按照投资额不同给予 300 万~800 万元的项目奖励支持。2015 年 12 月,财政部发布《关于实施政府和社会资本合作项目以奖代补政策的通知》(财金〔2015〕158 号),对中央财政 PPP 示范项目中的新建项目,财政部将在项目完成采购确定社会资本合作方后,按照项目投资规模给予一定奖励。其中,投资规模 3 亿元以下的项目奖励 300 万元,3 亿元(含 3 亿元)至 10 亿元的项目奖励 500 万元,10 亿元以上(含 10 亿元)的项目奖励 800 万元。奖励资金由财政部门统筹用于项目全生命周期过程中的各项财政支出,主要包括项目前期费用补助、运营补贴等。对符合条件、规范实施的转型为 PPP 项目的地方融资平台公司存量项目,财政部将在择优评选后,按照项目转型实际化解地方政府存量债务规模的 2% 给予奖励,奖励资金纳入相关融资平台公司收入统一核算。享受奖励资金支持的存量项目,其地方政府存量债务应通过合同条款明确地转移至项目公司或社会资本合作方,化债安排可行、交易成本合理、社会资本收益适度。中央财政 PPP 示范项目中的存量项目,优先享受奖励资金支持。PPP 项目以奖代补政策自 2016 年起实施,执行期限暂定 3 年。

此外,部分省份也出台政策,对国家级 PPP 示范项目给予几十万元至几百万元的奖励。

(2)金融机构融资政策不一样

在传统投融资模式下,投资建设和运营主体是政府。随着近几年我国大力推广 PPP 模式,投资建设主体和运营主体由地方政府转变为具有资金实力、技术实力和管理能力的社会资本。一个明显的事实是,特色小镇的特点是投资规模大、建设和运营周期长。社会资本投资特色小镇 PPP 项目后,也需要向金融机构融资,但金融机构对特色小镇 PPP 项目的入库情况非常看重。

如果 PPP 项目入省级库和入国家级库,等于有了更高级别的政府信用担保,最直接的好处是项目风险较低,未来融资成本也较低。列入国家级 PPP 示范项目库的 PPP 项目,社会资本更容易获得银行等金融机构资金支持或低利息贷款等。如优质的特色小镇 PPP 项目会获得国开行或者农发行的贴息贷款(2%左右)。

3. 项目库分类及入库标准

财政厅 PPP 中心根据各省直行业主管部门和市县财政部门申报项目的性质及成熟度,分别建立储备项目库(包括意向项目库、备选项目库、推介项目库)、执行项目库和示范项目库。

(1)储备项目库

经省级财政部门审核满足上报要求的,列为储备项目,可进一步细分为意向项目、备选项目、推介项目。

1)意向项目库。指各省直行业主管部门和各级财政部门征集和筛选后上报的 PPP 项目。入库条件:一是新建、改建项目具有初步实施方案,存量项目(指通过前期调研、设计、审批、建设,已经开始运行,但尚未到期结束的项目)具有存量公共资产的历史资料和初步实施方案。二是提交项目产出物说明。三是通过财政部综合信息系统和省财政厅 PPP 中心信息采集系统网上同时申报。

2)备选项目库。指已列入意向项目库,财政厅按照一定条件和程序筛选的推介备选项目。入库条件:一是项目符合城市总体规划和各类专项规划。二是新建项目应按规定程序做好立项、可行性论证等项目前期工作。三是已经委托中介咨询机构编制完成物有所值评价、财政承受能力论证报告。

3)推介项目库。指已列入备选项目库,财政厅按照一定条件和程序筛选并经财政厅公开推介的重大 PPP 项目。入库条件:一是项目投资额较大、落地成功率较高、具有行业代表性。二是同级(省、市、县)财政部门对物有所值评价和财政承受能力出具论证通过的意见。三是同级(省、市、县)政府对正式实施方案出具审核通过的意见或实施方案已报政府审核,已经进入或近期可以进入项目采购阶段。四是已列入年度开发计划。对于已经纳入地方政府性债务管理系统或 2013 年全国政府性债务审计范围的融资平台公司存量项目,转型为 PPP 项目的,将在项目筛选和推介方面给予优先支持。

(2)执行项目库

指已列入推介项目库,并完成正式 PPP 合同签署或已经成立项目公司,进入执行阶段的项目。

(3)示范项目库

通过中央或省级财政部门评审并列为中央或省级示范的项目,列为示范项目。入库条件:一是项目运作程序规范,项目资料齐备。二是项目已经落地签约,运作情况良好。三是项目成熟度和行业可示范程度高。

4. PPP 项目申报程序

(1)各省直行业主管部门和市县财政部门负责本行业、本地区项目的征集、筛选和申报工作。项目材料由各省直行业主管部门和市县财政部门报送至财政厅 PPP 中心,并通过财政部综合信息系统和省财政厅 PPP 中心信息采集系统网上同时申报。

(2)财政厅 PPP 中心会同财政厅相关处室及相关部门,邀请中介机构进行初步筛选,反馈各省直行业主管部门和市县财政部门进一步完善并进行物有所值、财政承受能力、实施方案评审等工作,各省直行业主管部门和市县财政部门经完善和调整后正式行文向财政厅 PPP 中心进行申报。

(3)财厅 PPP 中心牵头,根据项目性质及成熟度提出意见,经财政厅 PPP 工作机制研究后入库并实时更新、定期发布，择优向财政部推荐。

进一步而言，示范项目根据评审级别和筛选条件不同，分为国家级示范项目和省级示范项目，即入国家级库和入省级库（入了国家级库的 PPP 示范项目必然入了省级库，反过来入省级库的不一定入国家级库）。

此外，从 PPP 示范项目评审标准来看，一个 PPP 项目是入省级库还是入国家级库，与项目操作程序的合规性、示范推广意义等密切相关。（见表 3 – 1）

表 3 – 1　PPP 示范项目评审标准

定性评审（主要审查项目的合规性）	定量评审	
具体包括主体合规、客体合规、程序合规三部分内容： 1. PPP 相关参与主体是否适格。 2. 项目的适用领域、运作方式、合作期限是否合规。 3. 项目实施程序是否合规。	项目材料规范性	10%
	项目实施方案	25%
	项目物有所值评价	10%
	项目财政承受能力论证	15%
	项目实施进度	15%
	项目示范推广意义	25%

5. 财政部加强项目库管理

2017 年 11 月，财政部发布《关于规范政府和社会资本合作（PPP）综合信息平台项目库管理的通知》（财办金〔2017〕92 号，业内俗称“92 号文”），“92 号文”总体要求：一是统一认识，及时纠正 PPP 泛化滥用现象，进一步推进 PPP 规范发展；二是分类施策。各级财政部门应按项目所处阶段将项目库分为项目储备清单和项目管理库，将处于识别阶段的项目，纳入项目储备清单，重点进行项目孵化和推介；将处于准备、采购、执行、移交阶段的项目，纳入项目管理库，按照 PPP 相关法律法规和制度要求，实施全生命周期管理，确保规范运作；严格管理，各级财政部门应严格项目管理库入库标准和管理要求，建立健全专人负责、持续跟踪、动态调整的常态化管理机制，及时将条件不符合、操作不规范、信息不完善的项目清理出库，不断提高项目管理库信息质量和管理水平。

“92 号文”严格新项目入库标准，存在下列情形之一的项目，不得入库：一是不适宜采用 PPP 模式实施。包括不属于公共服务领域，政府不负有提供义务的，如商业地产开发、招商引资项目等；因涉及国家安全或重大公共利益等，不适宜由社会资本承担的;仅涉及工程建设,无运营内容的;其他不适宜采用 PPP 模式实施的情形。二是前期准备工作不到位。包括新建、改扩建项目未按规定履行相关立项审批手续的;涉及国有资产权益转移的存量项目未按规定履行相关国有资产审批、评估手续的;未通过物有所值评价和财政承受能力论证的。三是未建立按绩效付费机制。包括通过政府付费或可行性缺口补助方式获得回报,但未建立与项目产出绩效相挂钩的付费机制的;政府付费或可行性缺口补助在项目合作期内未连续、平滑支付,导致某一时期内财政支出压力激增的;项目建设成本不参与绩效考核,或实际与绩效考核结果挂钩部分占比不足 30%,固化政府支出责任的。

同时,"92 号文"集中清理已入库项目,重点是未按规定开展"两个论证"、不宜继续采用 PPP 模式实施、不符合规范运作要求、构成违法违规举债担保、未按规定进行信息公开等。

6. 财政部加强示范项目的管理

2014 年 11 月,财政部《关于政府和社会资本合作示范项目实施有关问题的通知》(财金〔2014〕112 号)第一次提出了"政府和社会资本合作示范项目"的概念,目的是形成可复制、可推广的实施范例,充分发挥示范效应。此后,财政部分别公布了四批 PPP 示范项目名单。

为了对政府和社会资本合作(PPP)项目全流程、全方位规范,财政部下发《关于进一步加强政府和社会资本(PPP)示范项目规范管理的通知》(财金〔2018〕54 号),针对财政部前三批 PPP 示范项目进行分类处置,共有 173 个项目存在问题,共 30 个项目退出示范项目且退出项目库,54 个项目退出示范项目但保留在项目库,89 个项目被要求限期整改。

此次对政府和社会资本合作(PPP)示范项目清理整顿按三种情况处理:对于不再继续采用 PPP 模式的,一年内无进展的项目,直接调出示范并退库。对于尚未落地,包括尚未进行采购和采购后没有落地的项目,调出示范但保留在库。对于运作不规范的,包括未开展财政承受能力论证、未签署合同、未公开信息等的项目,进行限期整改。

此外,为 PPP 项目提供论证、采购、谈判等全过程咨询服务的专家和咨询机构需进行披露。引入咨询服务绩效考核和投诉问责机制,专家和咨询机构也可出库。

物有所值评价和财政承受能力论证

物有所值评价和财政承受能力论证是特色小镇 PPP 操作流程中的两个重要环节。

对于地方政府而言，基础设施建设和公共服务项目是采取传统模式操作还是采取 PPP 模式操作？显然必须满足必要的条件。其中“物有所值评价”和“财政承受能力论证”便是重要的评价标准。

1. 国家法规政策要求 PPP 项目“物有所值”

所谓物有所值(Value for Money, VFM)，是指一个组织运用其可利用资源所能获得的长期最大利益[1]。物有所值评价是国际上普遍采用的一种评价方式，属于由政府提供的公共产品和服务运用 PPP 模式的评估体系，旨在实现公共资源配置利用效率最优化。

研究发现，对于 PPP 项目物有所值，国家从法规政策方面都有严格要求，并且还根据 PPP 的推广情况不断完善:2013 年 11 月，财政部首次提到政府采购将向实现物有所值转变。2014 年 11 月，财政部发布《政府和社会资本合作模式操作指南(试行)》(财金〔2014〕113 号)，对 PPP 项目的设计、融资、建造、运营、维护至终止

[1] 物有所值评价是国际上普遍采用的一种评价，是对传统上由政府提供的公共产品和服务是否可运用政府和社会资本合作模式的评估体系，旨在实现公共资源配置利用效率最优化。

移交的各环节操作流程进行了全方位规范,“财政部门(政府和社会资本合作中心)会同行业主管部门,从定性和定量两方面开展物有所值评价工作。定量评价工作由各地根据实际情况开展。定性评价重点关注项目采用政府和社会资本合作模式与采用政府传统采购模式相比能否增加供给、优化风险分配、提高运营效率、促进创新和公平竞争等。定量评价主要通过对政府和社会资本合作项目全生命周期内政府支出成本现值与公共部门比较值进行比较,计算项目的物有所值量值,判断政府和社会资本合作模式是否降低项目全生命周期成本。”2015 年 12 月 18 日,财政部《关于印发〈PPP 物有所值评价指引(试行)〉的通知》(财金〔2015〕167 号),要求中华人民共和国境内拟采用 PPP 模式实施的项目,应在项目识别或准备阶段开展物有所值评价。“物有所值评价包括定性评价和定量评价。现阶段以定性评价为主,鼓励开展定量评价。定量评价可作为项目全生命周期内风险分配、成本测算和数据收集的重要手段,以及项目决策和绩效评价的参考依据。”

此外,《中华人民共和国预算法》、《中华人民共和国政府采购法》、《关于推广运用政府和社会资本合作模式有关问题的通知》等法律和规范性文件,都明确提出要科学规范地对 PPP 项目进行物有所值评价。

2. 物有所值评价工作流程

根据财政部《关于印发〈PPP 物有所值评价指引(试行)〉的通知》(财金〔2015〕167 号),一个 PPP 项目的物有所值评价工作流程如下。(见图 3－2)

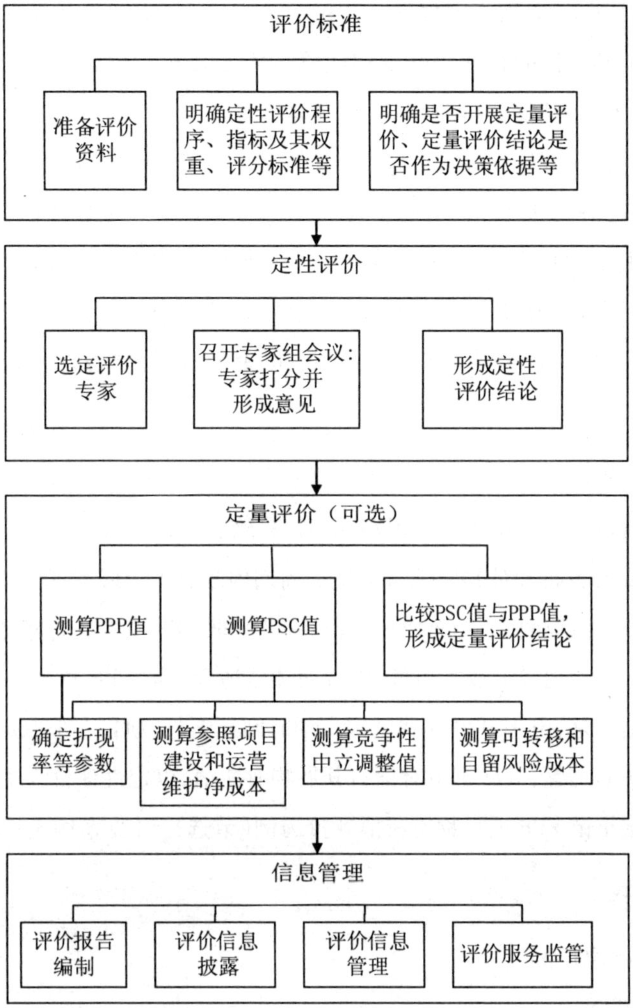

图 3－2　物有所值评价工作流程图

3. 物有所值评价要着眼 PPP 全生命周期

如上所述，PPP 项目物有所值评价分为定性评价和定量评价。

(1) 定性评价

PPP 项目物有所值定性评价指标包括全生命周期整合程度、风险识别与分配、绩效导向与鼓励创新、潜在竞争程度、政府机构能力、可融资性六项基本评价指标。

实践中，“定性评价”采取专家独立打分和专家组会议评审两种评价方法，由政府本级财政部门或其委托的行业主管部门或第三方专业机构组织专家组开展定性评价，选取不少于7名物有所值评价专家，组成专家小组。专家小组至少包括工程技术、金融、项目管理、资产评估、会计和法律等多个领域的专家各一名。在专家独立评分环节，设定18项指标，采用百分制评分法，最后汇总并加权计算总分。基本指标主要有全生命周期整合潜力、风险识别与分配、业绩导向、潜在竞争程度等。项目本级财政部门（或PPP中心）会同行业主管部门根据专家组意见，做出定性评价结论。原则上，评分结果在60分（含）以上的，通过定性评价；否则，未通过定性评价。

(2)定量评价

定量评价可综合运用于项目识别、准备、采购和执行阶段。

定量评价主要通过对PPP项目全生命周期内政府支出成本现值与公共部门比较值进行比较，计算项目的物有所值量值，判断采取PPP模式是否降低项目全生命周期成本。如果相比较后成本更低，则说明项目适合采取PPP模式。

需要指出的是，由于PPP在我国推广的时间还不长，项目在采取定量评价时还存在不少现实的难题，因此当下对项目开展物有所值，以定性评价为主。

以某文旅小镇PPP项目物有所值评价为例（节选）。（见案例3-2）

【案例3-2】

一、区域概况（略）

二、项目概况

（一）项目名称

某文旅小镇PPP项目（以下简称“本项目”）

（二）项目工程建设内容

本项目建设工程具体建设内容包括：景区大门建设、基础设施建设、综合服务区建设、观景台建设、游乐设施建设、设立标志牌以及建成后对生态进行修复。占地面积×亩。

（三）投资估算及资金筹措

本项目总投资估算×万元人民币。拟采用PPP模式下的BOT模式建设，由政府和社会资本共同成立项目公司负责筹集资金完成建设，并负责项目的整体运营与管理。其中政府股权比例为×%，社会资本股权比例为×%。

三、项目建设必要性

本项目拥有投资规模较大、需求长期稳定、价格调整机制灵活、市场化程度较高等特点，适宜采用PPP模式。本项目采用PPP模式与传统政府采购模式相比，投资主体多元化，在提高政府财政资金利用率的同时，缓解了财政负担。本项目采用PPP模式选择的社会资本方将具有丰富的建设管理经验，社会资本的全过程参与，一方面优化了项目风险的合理分配，另一方面保证了项目全生命周期的建设效率与运营服务效率。本项目采用PPP模式，在解决政府融资问题的同时，可以推动本项目社会资本在基础设施建设项目中的发展。

四、物有所值定性分析

（一）政策依据（略）

（二）基本分析指标

分析重点关注项目采用PPP模式与采用政府传统投资和采购模式相比能否增加公共供给、优化风险识别与分配、提高效率、促进创新、潜在竞争程度、政府机构PPP能力、政府采购政策落实潜力等。

1.全生命周期整合能力

主要通过察看项目计划整合全生命周期各环节的情况来评分。采用PPP模式，将项目的设计、建造、融资、运营和维护等全生命周期环节整合起来，通过一个长期合同全部交由社会资本合作方实施，是实现物有所值的重要机理。

2.风险识别与分配

主要通过察看项目识别阶段对项目风险的认识情况来评分。清晰识别和优化分配风险，是物有所值的一个主要驱动因素。在项目识别阶段的物有所值评价工作开始前，着手风险识别工作，有利于在后续工作实现风险分配优化。本项目主要存在六个方面风险，分别是征地拆迁风险、政策风险、人为风险、投资风险、工程风险、不可抗力风险。

按照风险分配优化、风险收益对等和风险可控等原则,综合考虑政府风险管理能力、市场风险管理能力等要素,在政府和社会资本间合理分配项目风险。

3. 提高效率

规范的政府和社会资本合作模式能够将政府的发展规划、市场监管、公共服务职能与社会资本的管理效率、技术创新动力有机结合,减少政府对微观事务的过度参与,提高公共服务的效率与质量。

4. 鼓励创新

通过察看项目产出说明来评分。一般来讲,产出说明应主要规定社会资本合作方应付产出的规格要求,尽可能不对项目的投入和社会资本合作方具体实施等如何交付问题提出要求,从而为社会资本合作方提供创新机会。

5. 潜在竞争程度

主要通过察看项目将引起社会资本(或其联合体)之间竞争的潜力,以及预计在随后的项目准备、采购等阶段是否能够采取促进竞争的措施等来评分。

6. 政府机构PPP能力

主要通过察看政府的PPP理念,以及结合项目具体情况察看相关政府部门及机构的PPP能力等来评分。本项目为特色小镇PPP项目,满足适宜采用PPP模式的特点要求,符合现行的法律法规规章和政策要求。

某县政府各职能部门及管理机构具有PPP理念,项目实施过程中要依法依合同平等合作、风险分担、全生命周期绩效管理,PPP不仅是基础设施及公共服务融资手段,更是转变政府职能,建立现代财政制度的重要手段。

7. 政府采购政策落实潜力

主要通过预计有效落实政府采购政策的潜力,以及预计在随后的项目准备、采购等阶段是否能够进一步采取落实措施等来评分。本项目采购应根据《中华人民共和国政府采购法》及相关规章制度执行,采购方式包括公开招标、竞争性谈判、邀请招标、竞争性磋商和单一来源采购。某县住建局应根据项目采购需求特点,依法选择适当采购方式。

（三）附加分析指标

1. 项目规模

主要依据项目的投资额或资产价值来评分。PPP 项目的准备、论证、采购等前期环节的费用较大，只有项目规模足够大，才能使这些前期费用占项目全生命周期成本的比例处于合理和较低水平。本项目总投资×万元，项目前期勘察费、设计费、可行性研究费、招投标费等工程建设其他费用，共投资估算×万元，占总投资比重为×%，处于项目全生命周期成本较低比例。

2. 项目资产寿命

主要依据项目的资产预期使用寿命来评分。项目的资产使用寿命长，为利用 PPP 模式提高效率和降低全生命周期成本提供了基础条件。

3. 融资可行

主要通过预计项目对金融机构的吸引力来评分。吸引力越大，项目越具有融资可行性，越能够顺利完成融资交割和较快进入建设、运营阶段，实现较快增加基础设施及公共服务供给的可能性就越大。融资可行性分析一般按照项目投资的 30% 自有资金和 70% 的信贷资金考虑一个平均利率，这个平均利息率与基准贷款利率相比较，并结合企业信用、融资渠道等综合因素进行方案分析。

本项目社会资本投资总额×万元，资本性投资为×万元，占比×%。其中：建设投资×万元，自有资金×万元，这部分不计算财务成本利息，信贷融资为×万元；建设期利息按照现行商业银行贷款基准利率 5.65% 计算年财务资金利息×万元，全部由自有资金解决，综合资金利率为×%，略高于存款利率，低于基准贷款利率；铺底流动资金为×万元。本项目实行政府付费模式，具有一定的盈利能力和偿债能力，收益稳定，并能抵抗一定的风险，因此本项目对社会资本投资具有一定吸引力，项目具有融资可行性。

（四）分析方法

物有所值定性分析采用专家评分法，根据本项目实际情况，邀请财务、工程技术、项目管理、财政金融、法律等物有所值评价专家组成 7 人专家组，在专家们分析判断的基础上，通过评分表形成专家意见。

(五)分析意见

本项目物有所值定性分析结果如下:

1. 专家小组定性分析加权平均得分为:×分(超过 60 分,笔者注)

2. 专家小组是否同意项目通过物有所值定性分析:是

3. 专家小组是否同意本项目采用 PPP 模式:是

五、物有所值定量分析

(一)定量分析步骤

物有所值定量分析是在假定采用 PPP 模式与政府传统投资和采购模式的产出绩效相同的前期下,通过对 PPP 项目全生命周期内政府支出成本的净现值(PPP 值)与公共部门比较值(PSC 值)进行比较,判断 PPP 模式能否降低项目全生命周期成本。

物有所值定量分析的主要步骤包括:

1. 根据参照项目计算 PSC 值;

2. 根据影子报价和实际报价计算 PPP 值;

3. 比较 PSC 值和 PPP 值,计算物有所值量值和指数,得出定量分析结论。

(二)PSC 值计算

PSC 值是指政府采用传统采购模式提供与 PPP 项目产出说明要求相同的基础设施及公共服务的全生命周期成本的净现值。

PSC 值 = 初始 PSC 值 + 竞争性中立调整值 + 可转移风险承担成本 + 自留风险承担成本。

1. 参数指标选择

(1)资本结构:政府资本和社会资本的建设成本、资本性收益、运营维护成本、第三方收入、其他成本等计算,应按照出资比例计算,本项目采用 BOT 模式建设,可相应降低项目在运营期内的支付责任。

(2)资本性收益:是指参照项目全生命周期内产生的转让、租赁或处置资产所获的收益。资本性收益应从建设成本中抵减。

(3)折现率选择:依据财政部《政府和社会资本合作项目财政承受能力论证指引》(财金〔2015〕21 号)第十七条"年度折现率应考虑财政补贴支出发生年份,并参照同期地方政府债券收益率合理确定”，结合本项目实际，折现系数参考国债收益率确定。结合市政公用行业情况，本项目折现率选定为×%。

(4)利润率选择：依据财政部《政府和社会资本合作项目财政承受能力论证指引》(财金〔2015〕21号)第十八条“合理利润率应以商业银行中长期贷款利率水平为基准，充分考虑可用性付费、使用量付费、绩效付费的不同情景，结合风险等因素确定”，我国现阶段商业银行长期贷款利率约为7.17%(=基准利率5.65%×[(下限0.7+上限1.84)/2]=5.65%×1.27=7.17%)，根据项目实际，经测试选定项目投资合理利润率为×%。

(5)本项目建设期×年，建设完成后社会资本方特许经营期×年。

(6)政府自留风险承担成本包括政府按比例承担的法律、政策等所支出的成本。

2. 计算初始PSC值

初始PSC值=(建设成本-资本性收益)+(运营成本-第三方收入)+其他成本。

(1)建设成本：本项目建设成本×万元。

(2)资本性收益：本项目按照×%固定资产形成率测算，并参照会计折旧规定项目残值为投资金额的5%，计算为×万元。

(3)运营成本：项目运营期内的管理费用、人工费用、检测维护费用等。项目运营成本参考其他城市同类项目，并根据项目可行性研究报告数据，本项目×年运营期内运营成本合计为×万元。

(4)第三方收入：本项目为特色小镇项目，第三方收入为×元。

(5)其他成本：包括建设期利息、铺底流动资金等，共投资估算×万元。

初始PSC值=(建设成本-资本性收益)+(运营成本-第三方收入)+其他成本=×万元。

3. 竞争性中立调整值

竞争性中立调整值是为了消除政府传统采购模式下公共部门相对社会资本所具有的竞争优势，主要包括政府比社会资本少支出的土地费用、行政审批费用、所得税等有关税费。

4. 风险承担成本

风险承担支出责任是指由政府承担风险带来的财政或有支出。由于项目的风险概率和风险后果值难以预测,因此风险承担成本结合本项目实际,按照自留风险、可转移分担风险进行分类,采用比例法进行测算。

第一类自留风险包括:项目建设期间可能发生的组织机构、施工技术、工程、投资估算、资金、市场、财务等风险,项目公司通过参加商业保险后,大部分风险可以有效转移,风险承担成本按项目建设成本的×%考虑,即×万元,其中自留风险占×%,为×万元。

第二类可转移风险包括:通常风险承担成本不超过项目建设运营成本的×%,可转移风险承担成本占项目全部风险承担成本的比例一般为×%,为×万元。

5. 折现率

经分析本项目折现率选定为×%。

6. 测算结果

经测算,本项目初始 PSC 值、PSC 值计算如下:

初始 PSC 值 = ×万元。

PSC 值 = 初始 PSC 值 + 竞争性中立调整值 + 可转移风险承担成本 + 自留风险承担成本 = ×万元。

(三)PPPs 值计算

1. 影子报价政府建设运营成本

影子报价中政府应承担的建设运营成本包括政府建设成本、政府运营维护成本和政府其他成本。

政府建设运营成本 =(政府建设成本 - 资本性收益)+(政府运营维护成本 - 第三方收入)+ 其他成本。

(1)政府建设成本。包括政府以现金、固定资产或土地使用权等方式对项目设计、建设进行的投资补助。本项目政府投入建设成本为×万元。

(2)资本性收益。政府建设成本按照×%的固定资产形成率测算,资本性收益按照残值率×%,估算为×万元。

(3)政府运营维护成本。包括政府向社会资本支付的运营维护费、财政补贴等。政府运营维护成本可根据社会资本的投资回报预期等进行测算，具体公式如下：

政府运营维护成本=(社会资本建设成本-社会资本额资本性收益+社会资本运营维护成本-第三方收入+社会资本其他成本)×(1+合理利润率)=×万元。

社会资本运营维护采用专业运营公司，费用估算为×万元。

(4)第三方收入。是指项目全生命周期内，因提供项目基础设施及公共服务而从第三方获得的收入(如使用者付费)。

(5)政府其他成本。通常包括政府承担的未纳入建设成本的建设期利息、铺底流动资金等成本。按照政府×%的股权比例，估算×万元。

政府建设运营成本=×万元。

2. 政府自留风险承担成本

政府自留风险承担成本一般包括项目建设期间可能发生的组织机构、施工技术、工程、投资估算、资金、市场、财务等风险，项目公司通过参加商业保险后，大部分风险可以有效转移，风险承担成本按项目建设成本的×%考虑，即×万元，其中自留风险占×%为×万元。

3. 测算结果

经测算本项目PPPs值如下：

PPPs值=影子报价政府建设运营资本+政府自留风险承担成本=(政府建设成本-资本性收益)+(政府运营维护成本-第三方收入)+其他成本=×万元。

4. 计算结果

综合上述PSC值和PPPs值的分析，计算得到项目全生命周期PSC值和PPPs值，并进行分析比较。具体计算结果见下表：

物有所值指标分析表

指标	单位	数值
PSC	万元	×
PPPs	万元	×
物有所值量值	万元	860.78
物有所值指数	%	8.36

5. 物有所值评价结论

根据物有所值评价要求，物有所值评价量值和指数为正的，说明项目适宜采用 PPP 模式，否则不宜采用 PPP 模式。物有所值量值和指数越大，说明 PPP 模式替代传统采购模式实现的价值越大。

本项目费价机制透明合理，物有所值量值和指数均为正，适宜采用 PPP 模式。

4. 加强财政承受能力论证

在本书第二篇中的《地方政府需防范契约风险》一文中对地方政府财政承受能力论证已有相关论述，重点是 PPP 财政承受能力论证旨在规范 PPP 项目财政支出管理，防控财政风险，有利于保障优质 PPP 项目的财政支付。PPP 项目财政承受能力论证的核心内容是地方政府每年全部 PPP 项目从预算中安排的支出责任，占一般公共预算支出比例不应超过 10%，从而保障地方政府将有限的资金用在国家重点推广的各类 PPP 项目上。

从财政部 PPP 项目库财政承受能力情况来看，虽然整体把握，但仍存在隐患。根据财政部公布的数据，总体上来看，财政承受能力 10% 的限额有力控制了各地 PPP 项目的数量、规模，但部分市县支出责任已经超出限额，需引起警惕。

经过对 2018 年 1 月末财政部 PPP 项目库 6400 个、总投资约 10 万亿元的入库项目财政承受能力报告数据进行分析，2015 ~ 2045 年间，需要从一般公共预算中安排的支出责任总额为 9.9 万亿元，年均支出 3 194 亿元。其中，已落地项目 2921 个、总投资 4.9 万亿元，涉及支出责任 4.7 万亿元，占支出责任总额的 47.5%，年均支出 1581 亿元。从地区分布来看，中西部地区支出压力较大。2015 ~ 2045 年间，支出责任总额前五位的分别为湖南8047亿元、河南7086亿元、四川6906亿元、内蒙古6241亿元和云南5896亿元，年均支出分别为260亿元、229亿元、222亿元、201亿元和190亿元，分别占2017年本省一般公共预算支出的3.8%、3.1%、2.6%、4.4%和3.3%。从时间分布来看，各年度支出呈先增后减趋势。现有项目存量2024年支出责任总额将达到峰值，为5891亿元，其后逐年下降。2017年支出责任总额为2101亿元，约占当年地方一般公共预算支出(17.3万亿元)的1.2%。

需要着重指出的是，部分市县支出责任突破了10%限额。

此外，部分财政承受能力报告质量不高、信息不完整，在一定程度上影响了财政承受能力论证的合理性、准确性。一是一些项目从一般公共预算以外渠道列支。292个项目拟从政府性基金预算、车购税补助、国开行贷款、农发行贷款等非一般公共预算渠道安排支出，共计1.1万亿元。个别项目支出责任甚至全部从政府性基金预算列支，有以此规避10%限额约束之嫌。二是一些财政承受能力报告质量不高。有的报告数据来源不明、计算方法错误，同质化严重，测算准确性存疑。一些报告未对本地区全部项目的支出责任进行汇总统计，所用一般公共预算支出预测增长率口径不一致。三是部分项目支出责任信息不完整、更新不及时。下一步，财政部将坚守规范运作的底线，严控财政承受能力10%的红线，重点做好以下工作：一是完善财政承受能力论证制度。优化支出测算公式，细化参数取值方法，确保支出责任统计范围全覆盖。对报告缺失或信息不全的项目，将予以清退。二是加快建立PPP项目财政支出责任监测预警体系。完善项目库功能，实现支出责任数据的多点录入、实时更新和自动提取。对支出占比7%～10%的地区进行风险提示，对超过10%限额的地区暂停新项目入库。三是加大监督管理力度。严格财政承受能力报告审核，认真做好项目支出责任汇总，确保数据准确填报、及时更新。加强咨询机构库管理，对编制财政承受能力报告存在重大失误的咨询机构予以及时清退。

第四篇

项目合同法律实务

PPP

第四章

特色小镇 PPP 合同是一个综合法律体系

在市场经济体制下，政府与社会资本商谈合作，双方商谈的最终结果和未来项目投资、融资、建设、运营、绩效考核、投资回报、移交等的依据都需要以法律文体的形式体现，用法律的形式履行义务，享受权利。

因此，政府和社会资本对特色小镇 PPP 合同都极为关注，PPP 模式的法律文本体系是业界研究的重点内容之一。

1. 规范 PPP 项目合同管理

PPP 项目合同是约束政府和社会资本之间权利义务关系的法律文本。PPP 项目的设计、投资、融资、建设和运营期长达二三十年，因此在项目全生命周期内，科学、合理、公平的 PPP 合同对政府和社会资本而言都具有相当重要的意义。

2014 年 12 月，财政部发布《关于规范政府和社会资本合作合同管理工作的通知》(财金〔2014〕156 号，以下简称《通知》)，规范 PPP 项目合同管理，确定六大核心原则，包括依法治理、平等合作、维护公益等。《通知》要坚持公平效率，在 PPP 项目合同中要始终贯彻物有所值原则，在风险分担和利益分配方面兼顾公平与效率。既要通过在政府和社会资本之间合理分配项目风险，实现公共服务供给效率和资金使用效益的提升，又要在设置合作期限、方式和投资回报机制时，统筹考虑社会资本方的合理收益预期、政府方的财政承受能力以及使用者的支付能力，防止任何一方因此过分受损或超额获益。

此外,PPP 项目合同要兼顾灵活,鉴于 PPP 项目的生命周期通常较长,在合同订立时既要充分考虑项目全生命周期内的实际需求,保证合同内容的完整性和相对稳定性,也要合理设置一些关于期限变更(展期和提前终止)、内容变更(产出标准调整、价格调整等)、主体变更(合同转让)的灵活调整机制,为未来可能长达 20~30 年的合同执行期预留调整和变更空间。

2. 特色小镇 PPP 合同是一个综合的法律体系

在 PPP 模式中,合作的双方主要是政府和社会资本,但这只是 PPP 项目的合作主体,除此之外,围绕 PPP 项目的设计、投资、融资、建设、运营、维护以及咨询、审计、评估、法律等,还有大量的市场参与者。因此,特色小镇 PPP 合同是一个综合的法律体系。在这个法律体系中,特色小镇 PPP 项目各参与方通过签订一系列合同来确立和调整彼此之间的权利义务关系。

(1)PPP 合同法律体系的重要性

PPP 合同法律体系是操作 PPP 项目的核心因素,根据 PPP 项目的合作主体以及设计、投资、融资、建设、运营和维护流程,PPP 合同体系主要由各个基本合同构成,基本合同通常包括 PPP 项目合同、股东协议、融资合同、工程总承包合同、运营合同、保险合同和咨询合同等基本合同。

具体来说,一个特色小镇 PPP 合同体系主要包括《PPP 项目合同》、股东协议、履约合同(包括工程承包合同、运营服务合同、原料供应合同等)、融资合同和保险合同等。在 PPP 项目合同体系中,各个合同之间并非完全独立,互不影响,而是紧密合作、互相贯通的,合同之间存在一定的"传导关系"。

以某特色小镇 PPP 合同体系框架为例。(见图 4-1)

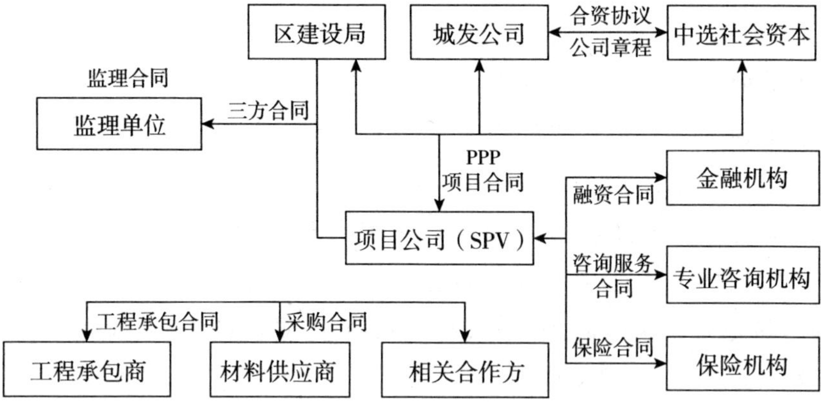

图 4－1　某特色小镇 PPP 合同体系框架

(2)特色小镇 PPP 项目合同

PPP 项目合同是整个 PPP 合同体系的核心。PPP 项目合同主要是指政府和社会资本之间签订的合作合同，是其他合同产生的基础，也是整个 PPP 项目合同体系的基础和核心。如果将 PPP 合同体系比喻成一台运转良好的机器，那么，PPP 项目合同无疑是一根关键的“转动轴”，其余基本合同则是围绕“转动轴”运转的“零部件”。

2014 年 12 月，财政部印发《PPP 项目合同指南（试行）》，指出 PPP 项目合同“是指政府方（政府或政府授权机构）与社会资本方（社会资本或项目公司）依法就 PPP 项目合作所订立的合同”。2014 年 12 月国家发改委印发的《政府和社会资本合作项目通用合同指南》第一章“总则”规定：PPP 项目合同“是指政府主体和社会资本依据《中华人民共和国合同法》及其他法律法规就政府和社会资本合作项目的实施所订立的合同文件”。PPP 项目合同中项目实施机构通常是政府委派的单位如住建、财政、城管、水务等。而社会资本通常是中央企业、地方国企、民营企业、外资企业以及其他混合所有制企业。PPP 项目合同的目的是在项目实施机构与社会资本之间合理分配项目风险，明确各自的权利义务关系，保障双方能够依据合同约定主张权利和履行义务，从而确保 PPP 项目在全生命周期内的顺利实施。

特色小镇 PPP 项目具有投资规模大、合作周期长的特点，一般情况下，特色小镇 PPP 项目会成立 PPP 项目公司。

大体而言,特色小镇 PPP 项目合同主要包括十几个部分,分别为:总则部分(具体包括合同相关术语的定义和解释、合同签订的背景和目的、声明和保证、合同生效条件、合同体系构成等)、合同主体(合同参与各方,包括政府、社会资本)、项目合同各主体资格、各主体的主要权利和义务。特色小镇 PPP 项目合同还包括项目合作内容、合同期限、排他性约定及合作的履约保证、风险分配等。不仅如此,特色小镇 PPP 项目合同关键内容还有项目前期工作、收入和回报、工程建设、运营和服务、项目移交、不可抗力和法律变更、项目应急处置、临时接管和提前终止、违约处理、合同解除以及争议解决等。

以特色小镇 PPP 项目提前终止为例。在 PPP 项目运作中,政府或者项目公司违约将导致项目合同实施遇阻,如果违约方在预定期限内无法补救,则合同相对方有权提前终止 PPP 项目合同。当政府方违约时,项目公司可根据合同约定主张提前终止 PPP 项目合同。此时,政府方要承担项目回购义务并给予项目公司适当补偿。当 PPP 项目公司违约而导致项目提前终止时,PPP 项目公司应承担相应的违约责任。

需要指出的是,有的 PPP 项目不成立项目公司,由社会资本直接投资、建设和运营。有的 PPP 项目则根据具体情况成立专门的 PPP 项目公司,以 PPP 项目公司的名义与政府签订 PPP 项目合同。PPP 项目公司又分为两种:一种是社会资本(包括社会资本联合体)单独成立 PPP 项目公司,另一种是代表政府的公司与社会资本(包括社会资本联合体)共同成立 PPP 项目公司。

实践中,特色小镇 PPP 项目都会成立 PPP 项目公司,究其原因,主要是特色小镇 PPP 项目投资规模大,合作周期长,地方政府从项目税收和项目监管的角度考虑,会要求成立 PPP 项目公司。当然,如果特色小镇 PPP 项目成立项目公司,社会资本更倾向于与政府共同成立,主要是社会资本认为有政府的参与,政府与社会资本形成利益共同体,这样项目行政审批程序更为便捷,对项目落地更为有利。不仅如此,在特色小镇 PPP 项目政府付费(包括财政补贴)方面,社会资本的保障更大,投资风险更小。

(3)股东协议

如果在特色小镇PPP项目操作过程中成立PPP项目公司,就涉及股东协议。股东协议由PPP项目公司的股东(政府、社会资本)签订,用以在股东之间建立长期、有约束力的合约关系。

股东协议的主要内容包括:前提条件、项目公司的设立和融资、项目公司的经营范围、股东权利、履行PPP项目合同的股东承诺、股东的商业计划、股权转让、股东会、董事会、监事会组成及其职权范围、股息分配、违约、终止及终止后处理机制、不可抗力、适用法律和争议解决等。

(4)项目融资贷款合同

研究发现,相较于PPP合同,PPP项目融资也是一个合同体系。PPP项目融资合同体系侧重于社会资本的融资,这涉及资本层面事宜。

融资合同体系是PPP模式中一个极为重要的体系,它重点涉及社会资本与第三方银行等金融机构。通常情况下,社会资本融资能力的强弱和融资额的大小,直接关系到政府的信任和支持力度,甚至决定政府合作的意向。在实践操作中,政府方面通常要求社会资本以完成融资交割为PPP合同生效的前置条件。[1]

如上所述,PPP项目融资贷款合同是整个PPP合同框架下的一个小的"合同体系",除社会资本或PPP项目公司与金融机构(如银行、基金、信托、保险等)贷款方签订的融资贷款合同外,还包括:担保人(主要为社会资本的股东方、PPP项目公司)就项目贷款与金融机构贷款方签订的担保合同、PPP项目公司以项目未来收益权作质押与金融机构贷款方签订的质押合同(由于PPP项目尤其是BOT类项目,在贷款初期由于项目未开工建设并未形成实际资产,考虑到贷款的安全性,金融机构往往要求社会资本或项目公司以项目的未来收益权作为质押)、以项目融资为标

---

〔1〕 建设部公布的城市污水处理特许经营协议(示范文本GF-2006-2504)指出,协议文本规定"融资完成"指社会资本与贷款人签署并递交所需的有效融资文件(包括满足或放弃该融资文件要求的获得首笔资金的每一前提条件),用以证明社会资本为本项目获得举债融资所需的全部交易办理完毕,同时社会资本应一并收到本协议和融资文件可能要求的股权投资人的认股书(或股权出资)。"融资文件"指与项目的融资或再融资相关的贷款协议、保函、外汇套期保值协议和其他文件。但不包括:(1)与股权投资人的认购书或股权出资相关的任何文件,或(2)与提供履约保函和维护保函相关的文件。

的的第三方机构与金融机构贷款方签订的担保合同等多个合同。

需要重点说明的是，项目贷款合同是最主要的融资合同，从法律角度上项目贷款合同是主合同，抵押、质押等合同则是从合同。[1] 项目贷款合同主要内容包括：借款说明、利息和利率、贷款的发放、提款、还款、支付、担保、声明与保证、借款方的权利和义务、贷款方的权利和义务、违约、适用法及其变更、继承与转让。具体来说，融资合同核心内容包括：借款说明，明确借款额度、借款用途、主要还款来源及借款起止日期；利息和利率，明确计息利率、计息周期与计息方式；明确提款条件、首次提款日期及后续提款条件、提款手续，可以提前提款的条件情形及具体流程；明确还款方式及还款日期；明确借款具体用途、借款人最后的还款日期与支付途径、预留款的扣留，以及其他特殊支付情况的约定；要求借款人提供还款担保证明文件；明确违约行为的认定、违约责任承担方式、违约行为处理；分别约定借款人和汇款人是否可以进行权利义务的转让。

(5)特色小镇 PPP 履约合同

PPP 履约合同主要包括工程设计合同、工程承包合同、原材料供应合同、运营服务合同，这些合同是 PPP 项目合同进入实质操作阶段后，社会资本或 PPP 项目公司根据项目建设和运营的需要而与相关方签订实施的一系列合同。

1)工程设计合同

工程设计合同是基于项目建设需要，由社会资本或 PPP 项目公司与设计院、技术设计单位签订的合同。

2)工程承包合同

如果社会资本或 PPP 项目公司本身具有工程建设资质，则多数情况下，特色小镇建设类的工作都是由社会资本或 PPP 项目公司完成。

需要重点指出的是，如果是中选社会资本负责工程建设，那么需要 PPP 项目公司与社会资本签订工程承包合同。而如果中标社会资本或 PPP 项目公司本身不具

---

[1] 根据合同相互间的主从关系，可以将合同分为主合同与从合同。所谓主合同，是指不需要其他合同的存在即可独立存在的合同。例如，对于保证合同而言，设立主债务的合同就是主合同。从合同是指必须以他种合同的存在为前提，自身不能独立存在的合同。例如，保证合同相对于主债务合同而言为从合同。由于从合同要依赖主合同的存在而存在，所以从合同又被称为“附属合同”。

备自行设计、建设项目的资质,通常会将全部或部分工程设计、采购、建设工作委托给具有相应资质的工程承包商。此时,社会资本与 PPP 项目公司需要与具有资质的工程承包商签订工程总承包合同或工程分包合同,以完成项目的建设,至于是签订工程总承包合同还是分包合同,则依据不同的情况而定。工程承包合同内容主要包括工程概况、承包范围、工期、质量标准、合同价款、合同文件的范围等基本内容。多数情况下,PPP 项目合同对工程承包合同有约定,不允许社会资本或 PPP 项目公司对工程进行转包。

3)原材料供应合同

特色小镇 PPP 项目主要适用于基础设施建设和公共事业建设,工程建设特点明显。因此,PPP 项目投资与原材料供应、设备供应密切相关。对于一个特色小镇 PPP 项目而言,原材料如交通基建中的钢筋、水泥,污水处理中的土建、风机设备以及运营中的药剂在整个工程建设和运营成本中所占的比例都比较大,受价格波动和市场供求等影响也很大。为了防控原材料供应风险,社会资本或 PPP 项目公司通常会与原材料的主要供应商签订长期原材料供应合同,协商并约定一个长期稳定的原材料价格,以降低自身的风险。

在原材料供应合同中,一般会包括以下条款:交货地点和供货期限、供货要求和价格、质量标准和验收、结算和支付、合同双方的权利义务、违约责任、不可抗力、争议解决等。

4)运营服务合同

与传统的 EPC、BT 模式相比,PPP 模式的一个突出特点是其具有经营管理的功能。而 PPP 模式的经营管理功能正是国家大力发展 PPP 模式的初衷之一。从某种程度上讲,政府之所以选择与综合实力强的社会资本合作,一方面是因为政府财政压力大,另一方面是因为社会资本具有突出的技术实力和管理能力,能够提高 PPP 项目的运营效率,而在这方面地方政府是无法相比的。反过来,从社会资本的角度讲,其本身也可以通过发挥自己在技术和管理上的优势参与 PPP 项目,实现投资收益。

实践发现,相比其他专业的运营服务公司,部分社会资本在经营管理上并不占优势。因此,社会资本需要引进更具运营实力的运营公司与自己合作,从而达到提高运营效率、降低运营成本和增加利润的目的，这就要求社会资本或 PPP 项目公司将 PPP 项目全部或者部分运营业务外包给有经验的专业运营商，并与其签订运营服务合同。

具体来说，特色小镇 PPP 项目运营服务合同是社会资本或 PPP 项目公司与负责运营维护工作的主体约定项目运营维护中相关问题的合同。运营服务合同的主要内容包括：总则、协议的应用、权利授予、工作交接、设施的运营维护、运营费及款项拨付、运营监管、双方的权利和义务、违约、协议的终止、不可抗力、争议解决和其他。

运营服务合同的核心内容包括：明确合作期的具体起始时间，起始点时间的确定方法，并明确可能导致运营期变更的因素及导致变更时的调整方法与补偿机制；明确运营的地域范围、业务范围，明确权利的转让是否需要政府的同意与相关文件，约定转让方式、转让内容、转让价格、转让程序等；确定付费机制（可行性缺口补助等）；约定服务内容、服务标准、服务质量等；合同各方共同确定设备的初始状态，并明确设备可能产生的变化，约定设备运行与维护的工作内容和标准，设置管理制度，组建服务机构与人员配置；协议终止及提前终止，约定协议终止日期及终止前的偿债要求和移交要求，对于提前终止，双方应约定可以提出协议终止的事由、触发机制及终止程序，并约定终止后的移交；对违约行为进行情形界定，约定违约责任承担方式及处理方法，并规定运营方为减小损失扩大应尽的义务；约定争议情形的界定与解决方式；约定可以认定为不可抗力的情形、不可抗力事件发生期间双方权利与义务、不可抗力事件的处理和导致的变更及由此产生的相关费用和责任的承担。

需要说明的是，如果社会资本或 PPP 项目公司与专业运营服务公司合作，政府与社会资本所签订的 PPP 项目合同一般会约定 PPP 项目运营维护事务的外包需要事先取得政府方的同意，且社会资本的运营和维护义务并不会因为将运营维护事务外包而豁免。

5）保险合同

PPP 项目的突出特点是投资规模大、生命周期长，社会资本或 PPP 项目公司在全生命周期内面临各种各样的风险，这就需要社会资本以及其他相关参与方在

PPP 项目的融资、建设、运营等不同阶段不同类型的风险分别进行投保以分担风险。具体来说,PPP 项目的保险主要包括货物运输险、建筑工程险、第三人责任险等。

6)中介咨询服务合同

毋庸置疑,特色小镇 PPP 在我国仍然处于起步推广阶段,从特色小镇与 PPP 法律法规政策体系的健全,地方政府对特色小镇 PPP 认识和操作水平,以及广大社会资本的能力来看,我国的特色小镇 PPP 还有很长的路要走,这就需要有第三方专业中介机构的大力配合与支持。

实践中,地方政府或社会资本与专业中介咨询服务机构签订法律、投资、财务等方面的咨询服务合同,中介咨询公司对项目的部分或全过程进行可行性分析、财务分析、实施方案的论证等,以保证项目高效正确地推进。中介咨询服务合同的主要内容包括:委托事项、甲乙双方的义务、协议期限、代理费与支付、协议的违约和解除、合同争议的解决方式及其他。

某特色小镇PPP项目合同主要内容解析

以下是一例特色小镇PPP项目(以下简称本项目)。项目地点位于湖北省,入选财政部第四批PPP示范项目,PPP项目合同体系主要内容如下:

1. PPP项目合同体系

本项目合同体系如图4-2。

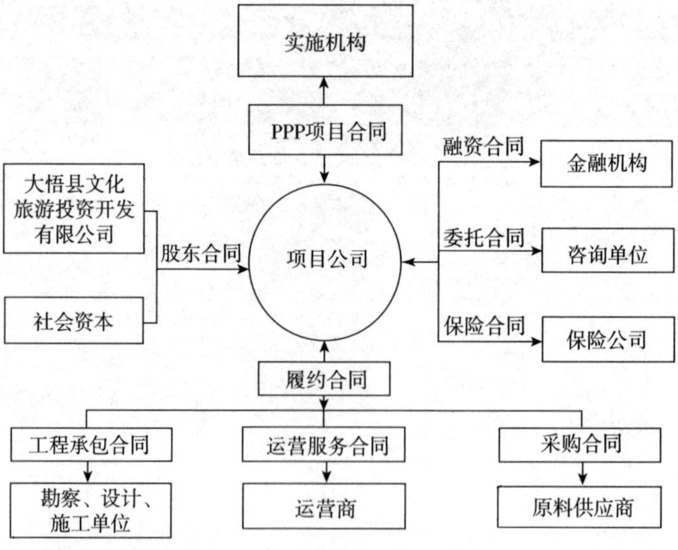

图4-2　本项目合同体系

2. 本项目主要协议

梳理发现,本项目主要协议有《PPP项目合同》、合资协议、项目公司章程等。

其中,PPP项目合同是PPP项目的核心合同,用于约定政府(或政府指定的实施机构)与社会资本双方的项目合作内容和基本权利义务。

PPP项目合同的签订方式有两种:第一种是政府指定的项目实施机构(通常是政府交通、住建、财务、环保、水务、文化等部门)与中标社会资本签订PPP项目合同。待PPP项目公司成立后,项目公司书面确认对PPP项目合同的权利义务予以承继。第二种是政府指定的项目实施机构与PPP项目公司签订PPP项目合同。

本项目采用第一种方式,由项目实施机构与社会资本方签订PPP项目合同,项目公司成立后,项目公司书面确认对PPP项目合同的权利义务予以承继。

3. PPP项目合同主要边界条件

(1)合作期限

本项目合作期限为×年(含建设期×年,运营期×年),自《PPP项目合同》正式生效之日起开始计算。

(2)权利范围

政府授权项目公司的经营范围为本项目的运营维护权和收益权。

(3) 建设进度

本项目分×年建设。最终的建设进度以正式签订的《PPP项目合同》中的规定为准。在项目建设过程中,政府应加快各项前期手续的办理,便于项目公司加快建设。

(4) 投标保证金

投标人应以银行出具的保函形式缴纳投标保证金。按照规定,投标保证金的数额不得超过招标项目估算价的×%,本项目的投标保证金为×万元。

(5)建设期履约保证金

投标人应以银行出具的保函形式缴纳建设期履约保证金。按照规定,建设期和运营期履约保证金的数额不得超过中标金额的 ×%，本项目建设期保证金为 × 万元，履约保证金的提交时间为正式签署 PPP 项目合同的同时。

(6)运营维护保证金

投标人应以银行出具的保函形式缴纳运营维护履约保证金。按照规定，建设期和运营期履约保证金的数额不得超过中标金额的 ×%，本项目运营维护保证金为 × 万元，履约保证金的提交时间为项目获得商业运营许可的同时。

(7)移交维修保证金

投标人应以银行出具的保函形式缴纳移交维修保证金。按照规定，履约保证金的数额不得超过中标金额的 ×%，本项目移交维修保证金为 × 万元，移交维修保证金的提交时间为最后一个经营年开始前。

(8)一般补偿

一般补偿是指合作期内由于特定的事件导致项目公司经营成本或资本性支出增加，政府据实给予项目公司的补偿。

特定事件包括政府方提出或导致的事件(如服务标准提高等)、政治不可抗力(国家征用、没收和重大法律变更等)。

一般补偿的方式可选择直接现金补偿或延长经营期等方式。政府有权选择任意一种补偿方式，并可根据导致一般补偿的特定事件及届时项目实际情况具体确定及调整。

(9)合同终止

《PPP 项目合同》终止分为提前终止及合作期届满终止。在合作期内，如果发生不可抗力、项目公司违约事件或政府违约事件，守约方均可向对方提出协议终止意向并就此进行协商。若双方在一定时间内协商一致，则双方应继续履行《PPP 项目合同》规定的各自义务，否则守约方可以向对方提出协议终止通知，进行项目移交程序，提前终止《PPP 项目合同》。

《PPP 项目合同》届满终止，双方在本合同项下不再有进一步的义务，但到期应付的款项除外；本合同的终止不影响本合同中争议解决条款和任何在本合同终止后仍然有效的其他条款的效力。

(10)项目设施的移交

本项目设施先由特色小镇 PPP 项目公司投资建设,竣工验收合格后,委托项目公司管理运营维护,获得投资回报与运营收益,运营维护期满后无偿移交。

(11)保险

特色小镇 PPP 项目公司应在项目建设期和运营期间购买适用保险,以避免、转移由于不可抗力的发生给项目造成的损失。项目公司应将实施机构列为保单第一受益人。

建设期间可供选择的险种包括:货物运输相关保险、项目财产险、建筑工程一切险、安装工程一切险、第三者责任险、施工机具综合保险、雇主责任险等。

运营期间可供选择的险种包括:财产一切险、机器故障损坏险、第三者责任险等。

(12)争议解决方式

本项目甲(项目实施机构)、乙(社会资本方)双方在履行合同时发生争议,可以和解或者要求相关部门调解。当事人不愿和解、调解或者和解、调解不成的,双方应向某县仲裁委员会申请仲裁解决争议。

(13)《PPP 项目合同》主要条款

《PPP 项目合同》主要条款包括的内容:引言、定义和解释;项目的范围和期限;生效日期和前提条件;项目设施场地;项目的建设;项目的运营;项目的维护;股权变更限制;付费机制;履约担保;政府承诺;保险;法律变更;不可抗力;政府监督和介入;违约、提前终止及终止后处理机制;项目的移交;适用法律及争议解决;合同附件。此外,在《PPP 项目合同》中通常还会包括其他一些条款,例如,著作权和知识产权、环境保护、声明与保证、通知、合同可分割、合同修订等条款规定。

4.《PPP 项目合同》主要权利义务划分

《PPP 项目合同》主要权利义务如表 4 - 1 所示。

表 4-1 某特色小镇 PPP 项目实施机构与社会资本权利义务

主体	权利义务
实施机构	1. 有权在项目工程建设期要求项目公司提交建设相关文件(包括但不限于施工文件、建设进度和质量控制报告等)并对项目设施的建设进行监督,如发现存在违约情况,有权根据《PPP 项目合同》进行违约处理; 2. 有权在本项目运营期要求项目公司提交运营记录并进入项目设施监督项目设施的运营和维护,如发现存在违约情况,有权根据《PPP 项目合同》进行违约处理; 3. 在项目公司严重违约时,有权提前收回相关权利,终止《PPP 项目合同》,并按照《PPP 项目合同》约定,要求项目公司提前移交项目资产,向项目公司支付相应收购金; 4. 在本项目建成后按照《PPP 项目合同》规定及时支付款项。
项目公司	项目公司在项目实施机构的指导和监督下,自觉接受相关部门的行业管理和运营财务、安全等综合监管。 1. 按照确定的建设规模、内容和标准组织实施,确保项目质量,按期投入运营使用; 2. 负责项目建设和运营资金的筹措到位,争取金融机构贷款,并按期还本付息; 3. 专门成立项目管理团队架构,优化项目投资、运营结构,提供成熟的运营管理机制,保证项目的正常运转和高效服务; 4. 按规定办理项目建设和运营所需的相关手续; 5. 建立财经管理制度和安全生产、服务管理等规章制度,做到服务管理安全规范、财务管理账目清楚、收支有据; 6. 有权申请享受政府各类政策性优惠、政府补贴、资金补助、社会捐赠等; 7. 对项目设施要加强日常维修维护,保证资产的完好使用,未经同意,不得擅自装修改造房屋建筑,不得擅自处置设备设施; 8. 因运营需要对项目进行装修改造的,须向项目实施机构提交书面报告,说明装修改造的必要性和可行性、具体内容、设计方案、工程预算等,经项目实施机构会同相关部门批准同意后,在不改变现有建筑框架结构和建筑风格、不降低服务标准和质量的前提下,对现有设施进行调整、装修、改造; 9. 在政府严重违约时,有权要求提前终止《PPP 项目合同》,并根据《PPP 项目合同》约定要求政府回购股权并给以相应补偿。

5. 项目公司设立

某县实施机构代表政府与社会投资人组建项目公司,项目公司负责融资、建设和项目设施的运营维护。政府按照设施使用的绩效考核情况分期支付补贴,合作期满后项目设施无偿移交给政府指定机构。项目公司的组织形式为有限责任公司。

(1)项目公司的融资

项目公司负责项目的融资工作。对于项目实际所需资金超过项目总投资费用的部分,由社会资本负责解决。

(2)项目公司的权利和义务

项目公司的权利和义务见表4-2。

表4-2 某特色小镇 PPP 项目公司权利和义务

序号	权利	义务
1	要求代表政府方的国有公司和社会资本按照资本金出资比例提供担保的权利;	按照合同约定完成本工程的报批、前期工作、招标采购(不含施工总承包合同范围内的招标采购)、建设管理及运营服务和管理;
2	全面履行项目公司的建设、运营的职责。	以股东投入资本金完成投融资;
3		完成本项目所需的政府部门的各项批准、申报,保证本项目通过报批、审查及验收;
4		及时向项目实施机构及有关部门汇报工程实施过程的重大问题;
5		按照有关规定接受有关部门的管理、监督和协调;
6		遵守某省、某县制定的相关管理办法和细则的规定;
7		按照项目公司章程规定,健全完善法人治理结构,履行建设单位法人职责,承担相应义务。

6. 项目公司的运作管理

项目公司具体负责本项目的投融资、建设管理、运营管理工作,项目公司应始终遵守一切有关的法律、行政法规和部门规章以及其他规范性文件的规定，项目公司应经常取得与本项目有关的法律、行政法规和部门规章以及其他规范性文件有关的一切必要的资料。

项目公司应保证签订的与本工程有关的公司章程、合同、工程文件、投融资文件等文件符合国家有关法律、法规的规定，并与本方案不相抵触。

7. 项目公司的财务运作及监管

在项目建设过程中，项目公司所融资金只能用于特色小镇 PPP 项目，不得用于与其无关的经济活动。贷款资金的提取应本着必须、合理的原则。

8. 项目公司的股权转让

财政部《PPP 项目合同指南（试行）》（财金〔2014〕156 号）中关于股权变更的锁定期限制，常见的锁定期为运营期 2 年内不允许发生股权变更。为了降低股权变更带来的风险，本项目公司股东在运营期满 5 年之前，不得转让其在项目公司中的全部或部分股权；运营期满 5 年之后，经过县政府书面同意，项目公司的股东才可以转让其在项目公司中的全部或部分股权，但受让方应该满足本项目 PPP 项目合同约定的技术能力、财务信用、运营经验等基本条件，并以书面形式明确承继股东在本项目的权利及义务。

特色小镇 PPP 合同的争议解决

严格来说,各级地方政府和各类社会资本之间就特色小镇 PPP 项目开展合作,其初衷都是通过友好合作实现各自的目的。一方面,地方政府通过引进优质社会资本,建设生产、生活、生态“三生融合”和产业、文化、旅游、社区“四位一体”的特色小镇,从而缓解政府财政压力,拉动地方经济增长,解决地方劳动力就业,提高人民生产生活水平,实现社会公众的利益最大化;另一方面,社会资本(包括银行、基金、信托、证券、保险等金融机构)通过投资特色小镇 PPP 项目,可以充分发挥自己的资金、技术和管理等优势,实现长期、稳定的投资收益。

正是借助特色小镇 PPP 平台,无论是地方政府、社会资本还是社会公众都实现了各自的目的,也得到了实惠。然而,地方政府与社会资本合作特色小镇 PPP 项目,表面上“看起来很美”,实践操作过程却十分复杂,会遇到方方面面的困难,需要克服各种各样的风险。设计领域、融资领域、建设领域、运营领域等,几乎在特色小镇 PPP 项目的 5 个阶段 19 个环节的全生命周期里,都需要地方政府和社会资本谨慎操作,一旦操作不慎,就可能会产生合同争议。而如果这种合同争议不能得到妥善解决,PPP 项目将遭遇很大的风险甚至失败。事实上,我国此前就有不少 PPP 项目因遭遇各种问题,地方政府与社会资本没能处理好合同争议而导致项目失败,产生了巨大的经济损失,造成了不良的社会影响。

1. 特色小镇 PPP 合同争议不可避免

2014 年 12 月 30 日，财政部发布的《关于规范政府和社会资本合作合同管理工作的通知》(财金〔2014〕156 号)规定:PPP 模式是在基础设施和公共服务领域政府和社会资本基于合同建立的一种合作关系，因此“按合同办事”是 PPP 模式的精神实质。政府与社会资本是基于 PPP 项目合同的平等法律主体，双方法律地位平等、权利义务对等，应在充分协商、互利互惠的基础上订立合同，并依法平等地主张合同权利、履行合同义务。

然而，从本质上讲，PPP 是一种投融资模式，说到底，是一种涉及地方政府、社会资本、金融机构和社会公众之间的商业行为，其具备商业的特点，符合商业的规律。从商业的角度讲，合同是对合作各方权利的保护、义务的约束。换句话说，合作各方在执行商业合同的过程中，不可避免地发生争议，特色小镇 PPP 合同也不例外。

2. PPP 项目争议解决规定

就 PPP 项目争议解决，我国财政部和国家发改委均给出了争议解决的方式，规定可将相关争议提交仲裁或诉讼。

(1)财政部对 PPP 合同的争议解决规定

财政部《PPP 项目合同指南(试行)》(财金〔2014〕156 号)第二十节“适用法律及争议解决”规定，在适用法律方面，在一般的商业合同中，合同各方可以选择合同的管辖法律(即准据法)。但在 PPP 项目合同中，由于政府方是合同当事人之一，同时 PPP 项目属于基础设施和公共服务领域，涉及社会公共利益，因此在管辖法律的选择上应坚持属地原则，即在我国境内实施的 PPP 项目的合同通常应适用我国法律并按照我国法律进行解释;在争议解决方面，由于 PPP 项目涉及的参与方众多、利益关系复杂且项目期限较长，因此在 PPP 项目所涉合同中，通常都会规定争议解决条款，就如何解决各方在合同签订后可能产生的合同纠纷进行明确的约定。争议解决条款中一般以仲裁或者诉讼作为最终的争议解决方式，并且通常会在最终争议解决方式前设置其他的争议解决机制，以期在无须仲裁或者诉讼的情况下快速解决争议，或达成一个暂时具有约束力、但可在之后的仲裁或诉讼中重新审议的临时解决办法。争议解决方式通常需要双方根据项目的具体情况进行灵活选择。上述《指南》列举了友好协商、专家裁决、仲裁三种PPP项目常见的争议解决方式。

财政部于2014年12月31日发布的《政府和社会资本合作项目政府采购管理办法》(财库〔2014〕215号)规定:"项目实施机构和中标、成交社会资本在PPP项目合同履行中发生争议且无法协商一致的,可以依法申请仲裁或者提起民事诉讼。"

(2)国家发改委对PPP合同的争议解决规定

国家发改委发布的《政府和社会资本合作项目通用合同指南》(2014年版)第十四章"争议解决",规定争议解决方式有以下几种:一是协商。通常情况下,项目合同各方应在一方发出争议通知指明争议事项后,首先争取通过友好协商的方式解决争议。协商条款的编写应包括基本协商原则、协商程序、参与协商人员及约定的协商期限。若在约定期限内无法通过协商方式解决问题,则采用调解、仲裁或诉讼方式处理争议。二是调解。项目合同可约定采用调解方式解决争议,并明确调解委员会的组成、职权、议事原则,调解程序,费用的承担主体等内容。三是仲裁或诉讼。协商或调解不能解决的争议,合同各方可约定采用仲裁或诉讼方式解决。采用仲裁方式的,应明确仲裁事项、仲裁机构。此外,诉讼或仲裁期间项目各方对合同无争议的部分应继续履行;除法律规定或另有约定外,任何一方不得以发生争议为由,停止项目运营服务、停止项目运营支持服务或采取其他影响公共利益的措施。

3. 特色小镇PPP合同争议解决

一旦地方政府和社会资本就特色小镇PPP合同发生争议如何协调和解决?如上所述,关于PPP合同争议的解决方式,主要有协调、调解、仲裁、诉讼等。目前比较常见的方式为仲裁或者诉讼。如建设部《城市污水处理特许经营协议》(示范文本GF-2006-2504)对"争议解决"规定为:双方同意,如在执行本协议时产生争议或歧义,双方应通过协商努力解决这种争议,如不能解决,双方同意按下述第____种方式解决。(注:只能选择一种方式)

(1)任何一方应将该争议提交中国国际经济贸易仲裁委员会由其根据其届时有效的仲裁规则在(注:可在北京、上海、深圳中选择)进行仲裁;

(2)任何一方应就该争议向人民法院提起诉讼。

以某特色小镇PPP项目为例,项目合同中约定:"甲(某县政府授权实施机构,笔者注)乙(中选社会资本,笔者注)双方在履行合同时发生争议,可以和解或者要求相关部门调解。当事人不愿和解、调解或者和解、调解不成的,双方应向某县仲裁委员会申请仲裁解决争议。"

4. 特色小镇PPP项目争议仲裁

在一般的合同争议解决机制中,仲裁因其便捷高效的特性而被普遍运用。

现实情况是,在特色小镇PPP项目合作过程中,如果社会资本与地方政府因各种原因发生争议(常见的争议情况是建设工程质量、运营效果、价格调整等),在无法达成调解的情况下,地方政府或社会资本该如何向对方提起仲裁要求呢?又该怎样做好充分的准备工作呢?

以社会资本提起仲裁为例,社会资本如果向地方政府提起仲裁,通常情况下需要收集以下几方面的证据。

(1)特色小镇PPP项目合同及其约定

特色小镇PPP项目合同是维系地方政府和社会资本合作双方权利义务关系的重要法律保障。进一步而言,特色小镇PPP项目合同是其他合同(工程总承包合同、融资合同、保险合同、运营合同等)产生的基础,其目的是明确地方政府和社会资本之间各自的权利义务关系,在地方政府与社会资本之间合理分配项目风险,从而确保特色小镇PPP项目在全生命周期内顺利开展。

(2)政府授权书

按照财政部《关于印发政府和社会资本合作模式操作指南(试行)的通知》(财金〔2014〕113号),政府或其指定的有关职能部门或事业单位可作为项目实施机构,负责项目准备、采购、监管和移交等工作。国家发改委《关于开展政府和社会资本合作的指导意见》(发改投资〔2014〕2724号)要求明确实施主体。按照地方政府的相关要求,明确相应的行业管理部门、事业单位、行业运营公司或其他相关机构,作为政府授权的项目实施机构,在授权范围内负责 PPP 项目的前期评估论证、实施方案编制、合作伙伴选择、项目合同签订、项目组织实施以及合作期满移交等工作。项目实施机构需得到地方政府的授权才能具体操作特色小镇 PPP 项目的各项事宜。

作为社会资本,在操作特色小镇 PPP 项目时,一般会要求地方政府出具授权书,明确实施机构代理签约的权限,有的授权范围还包括项目的招投标等。以山东某特色小镇 PPP 项目政府授权书为例,由项目所在地某县人民政府出具的授权书内容显示,某县人民政府授权政府方出资代表与中选社会资本方共同成立项目公司(SPV),项目公司负责实施采用 PPP 模式运作的公共服务及基础设施子项。项目公司注册资本为 20 000 万元,其中政府方出资代表出资 1000 万元占项目公司 5% 的股权,中选社会资本方出资 19 000 万元占项目公司 95% 的股权,政府方出资代表参与分红。

再以某特色小镇 PPP 项目政府授权书为例。(见案例 4-1)

【案例 4-1】

某特色小镇 PPP 项目政府授权书

致:________(以下简称“贵司”)

兹授权某市住建局与贵司开展特色小镇 PPP 项目合作。授权某市住建局的范围为:

一、在某市范围内,进行项目的投资、立项、规划、设计、建设、运营、决算,与贵司签署《某特色小镇 PPP 项目合同书》,并负责合同的履行,支付合同价款等。

二、与贵司签订相应的(房屋/国有土地使用权)抵押合同。

授权期限:自本授权签署之日起至 PPP 项目合同履行完毕之日止。

某市人民政府

(盖章)

年　月　日

(3)地方人大通过的财政预算

PPP 项目回报机制主要有三种:使用者付费、政府付费和“政府付费 + 可行性缺口补贴”。通常情况下,如果 PPP 项目涉及后两者,则付费需要列入政府财政预算,要报人大批准,社会资本可要求实施机构提供项目立项和人大批准列入政府财政预算的文件(如果涉及 PPP 项目融资,贷款机构也会要求有地方人大批准的财政预算)。

(4)政府的招投标程序

财政部《关于印发政府和社会资本合作模式操作指南(试行)的通知》(财金〔2014〕113 号)规定,在 PPP 项目采购方式的选择上,项目采购应根据《中华人民共和国政府采购法》及相关规章制度执行,采购方式包括公开招标、竞争性谈判、邀请招标、竞争性磋商和单一来源采购。项目实施机构应根据项目采购需求特点,依法选择适当采购方式。社会资本可收集招投标程序的相关证据,从而证明项目来源于地方政府。

此外,与地方政府达成 PPP 项目合作的社会资本平时还应留意与政府交往的各类材料,如政府向社会资本出具的承诺函(通常是承诺对社会资本的付款义务)、项目结算审核(如政府下属的财政部门向社会资本出具的付款凭证、财政部门与社会资本的结算审核凭据)等。

5. 特色小镇 PPP 项目争议诉讼

实践发现,当下我国就 PPP 项目合同的争议解决中,有相当一部分是通过诉讼解决的。比如,被称为“国内首例外商直投 PPP 项目失败案例”的某水务 PPP 项目就是通过诉讼途径解决的。

笔者认为,与仲裁方式相比,诉讼方式无论是经济成本还是时间成本都非常高,是争议的最终解决方式。

如果地方政府与社会资本就特色小镇 PPP 项目产生争议,最好的方式是协商解决,一是经济成本和时间成本都比较低,二是能够稳定项目本身的建设和运营,三是能够降低不利的社会影响。

第五篇

风险管控法律实务

PPP

特色小镇 PPP 项目风险种类

当前,我国正大力推广特色小镇,且多数特色小镇采取 PPP 模式操作。从实践来看,无论是地方政府还是社会资本,都对特色小镇 PPP 热切期待。

然而,热潮之下,特色小镇 PPP 项目推广进度并不尽如人意,尤其是落地率并不高,重要的原因是当下特色小镇 PPP 推广存在多种风险,主要表现在以下方面:

1. 法律和政策变更

在 PPP 项目深入推进的过程中,由于国家法律和政策变更而影响项目的实施被称为法律和政策变更风险,具体表现在由于国家颁布、修订、重新诠释法律而导致原有的 PPP 项目合法性及合同的有效性发生变化,直接给特色小镇 PPP 项目的建设和运营带来不利影响,严重的情况甚至导致项目终止和失败,给投资特色小镇 PPP 项目的社会资本带来巨大损失。

2. 地方政府信用缺失

调研发现,在社会资本投资特色小镇 PPP 项目时,政府信用往往是社会资本关注的核心之一。从社会资本的角度讲,项目本身的行业前景、盈收预测、财务回报等都是可以通过专业的方式和工具测算出来的,虽然这种测算结果与真实的情况有一定的偏差,但偏差也不会过于偏颇。因为这种测算是基于行业的真实情况和专业的方法得来的。然而地方政府的信用则很难把握。社会资本虽然花费巨大的人力物力获得项目的特许经营权，但对政府承诺能否及时兑现仍然充满顾虑。

事实上，此前我国一些失败的 PPP 项目案例中，就有很多由于政府违背承诺导致社会资本投资失败利益受损。分析发现，地方政府信用缺失主要表现在几个方面：一是为加快当地基础设施建设，不顾地方现实情况和政府财政实力盲目上马项目，这种情况在特色小镇的建设中比较明显。为引进社会资本，部分地方政府对社会资本做出脱离实际的承诺。特色小镇一旦建成进入运营阶段，政府没有能力兑现承诺或者兑现缩水，损失社会资本的利益。二是部分地方政府换届后，新一届政府领导对上一届政府的政策"新官不买旧账"，使得社会资本利益受损。而正是因为部分地方政府信用缺失，契约意识淡薄，社会资本在投资特色小镇 PPP 项目时顾虑重重。

3. 政府决策失误

严格来说，无论是特色小镇还是 PPP，都是近几年才大力推广的。从 2014 年下半年开始，我国从中央到地方大力推广 PPP，此后 PPP 在我国呈风起云涌之势；从 2015 年上半年开始，"特色小镇"一词才真正进入公众的视野，此后在各方的推动下日趋火热且呈方兴未艾之势。然而，总的来说，特色小镇与 PPP 在我国推广的时间并不长，还存在方方面面的不足，尤其是缺乏政府顶层设计的安排和实际操作经验。从地方政府的角度而言，目前部分地方政府还缺乏熟悉特色小镇和 PPP 政策以及具有特色小镇 PPP 项目运作经验和专业能力的人才队伍，导致特色小镇 PPP 项目决策程序不规范、不透明、不公开，最严重的情况是决策失误，这无疑对未来中选社会资本的设计、投资、融资、建设、运营和维护留下诸多风险。以某污水处理项目为例，由于地方政府对 PPP 模式的理解程度有限，尤其是对 PPP 模式"利益共享、风险共担"的本质认识不够，为了尽快引进社会资本，在对污水处理市场价格不甚了解的情况下，地方政府与社会资本签订了远远高于市场价格的污水处理价格，后来在运营过程中，一是政府财政压力大无力承担，二是广大使用者反映强烈（污水处理 PPP 项目多数采取"使用者付费 + 可行性缺口补贴"的合作模式），于是地方政府在充分了解了污水处理的市场价格后又重新要求谈判降低价格。这样的例子在国内不在少数。

4. 融资风险

PPP 模式与传统的由政府主导的基础设施建设和公共服务项目建设运作模式不同，一个根本的区别在于融资主体不同。由政府主导的模式融资主体为地方政府（往往是地方政府融资平台），而 PPP 模式的融资主体为社会资本或政府与社会资本共同成立的 PPP 项目公司。特色小镇 PPP 项目大都是基建设施项目和社会公用事业项目，通常情况下，投资规模在三五十亿，超大的项目更是高达数百亿。对社会资本来说，即使像中央企业、地方国企、民营龙头企业和上市公司，基于特色小镇 PPP 项目庞大的投资规模，完全利用自有资金不太现实，因此需要向银行等金融机构融资。而目前我国 PPP 发展存在融资结构不合理、金融市场不健全、融资成本过高、融资渠道不畅等困难，容易引起融资风险。

具体来说，如果在融资期内中选社会资本未能按照 PPP 合同约定顺利完成融资，将会被取消资格并没收投标保证金，这也意味着社会资本前期所付出的大量成本（时间成本和资金成本）付诸东流。不仅如此，社会资本自身的信誉也将受损，进一步影响社会资本在当地或同行业内开拓业务，因此社会资本十分关注融资风险，多数情况下将项目融资作为投资特色小镇 PPP 项目的首要考量因素。

5. 市场收益不足

所谓特色小镇 PPP 项目市场收益不足，主要是指项目建设完成后运营的收益不能收回投资或实现预期收益。社会资本市场收益不足，既有客观的市场原因，也有社会资本自身在运营过程中经验不足、技术能力不强、管理不科学等导致的成本过高。从调研的情况来看，PPP 项目市场收益不足多是因为客观方面的原因。比如，某跨海大桥 PPP 项目在建成未满两年时，相隔仅五十公里左右的地方又开工建设一座新的跨海大桥，与某跨海大桥形成商业竞争，社会资本收益下降。

6. 公众反对

特色小镇 PPP 项目主要涉及基础设施建设和公用事业项目建设，且合作主体主要是各级地方政府和各类社会资本（包括金融机构），除此之外，项目与广大社会公众的切身利益密切相关。从更高层次讲，建设特色小镇 PPP 项目的最终目的是为广大人民群众提供更优质的生产生活环境，维护人民群众的切身利益是政府推广特色小镇 PPP 项目的初衷。

实践发现，虽然建设运营特色小镇 PPP 项目对拉动地方经济建设、解决劳动力就业、改善人民群众生产生活环境（特色小镇建设需要生产、生活、生态“三生融合”）等方面具有多方面的作用，但是在实际推广落地的过程中，还是面临不少现实的问题，其中的问题之一便是公众反对。

既然特色小镇 PPP 项目的落地无论对地方政府、社会资本还是广大公众都有诸多利好，为什么公众会反对呢？究其原因，主要是特色小镇是一个经济区域，特色小镇 PPP 项目主要涉及基础设施建设（如道路）和公用事业项目建设（如污水处理厂），具体会涉及土地、环保等。

公众反对风险主要指在 PPP 项目建设、运营过程中，由于各种原因导致公众利益得不到保护或受损，从而引起公众反对，最终导致社会资本投资受损。

从笔者多年的实践来看，公众反对 PPP 项目的原因主要有两个大的方面：(1)各方对项目拆迁、征地补偿款有较大争议，引起公众不满，从而拒绝拆迁，阻拦项目推进等。(2)项目中有污水处理、垃圾焚烧发电等项目，这里面涉及环境污染，一般都会受到当地公众反对和阻拦，这便是所谓的“邻避效应”[1]。近年来，由于污水处理、垃圾焚烧发电项目引发当地群众集体抗议的事件时有发生。面对公众的集体诉求，仅靠社会资本单方面的力量根本无法解决。因此，对一些 PPP 项目尤其是涉及公众敏感性强的项目，社会资本都非常谨慎，最主要的是担心在付出大量人力物力投资项目后，最后却深陷公众的反对，结果项目失败利益受损。

7. 不可抗力

我国合同法规定，不可抗力是指不能预见、不能避免并不能克服的客观情况。不可抗力是指合同一方在签订合同前无法合理防范，情况发生时又无法回避或克

---

[1] 邻避效应（Not－In－My－Back－Yard，音译为“邻避”，意为“不要建在我家后院”）指居民或当地单位因担心建设项目（如垃圾场、核电厂、殡仪馆等邻避设施）对身体健康、环境质量和资产价值等带来诸多负面影响，从而激发人们的嫌恶情结，滋生“不要建在我家后院”的心理，及采取的强烈和坚决的、有时高度情绪化的集体反对甚至抗争行为。

服的事件或情况。合同法规定,因不可抗力不能履行合同的,根据不可抗力的影响,部分或者全部免除责任,但法律另有规定的除外。当事人迟延履行后发生不可抗力的,不能免除责任。

法律中对不可抗力的规定,具体来说包括:自然灾害。这类不可抗力事件是由自然原因引起的,如水灾、旱灾、火灾、风灾、地震等。关于社会事件是否成为不可抗力事件,现在仍有很大争议,各国立法也不一致。我国法律原则认为社会事件可以构成不可抗力,只不过就构成不可抗力的社会事件的范围,却很难达成一致意见。

特色小镇 PPP 项目风险识别

在特色小镇 PPP 项目操作的过程中,无论对地方政府还是社会资本,都需要承担项目的各类风险。因此,对项目的风险识别相当重要。

大体而言,特色小镇 PPP 项目风险可分为项目外部环境风险、项目内部环境风险和项目其他风险。

1. 项目外部环境风险

特色小镇 PPP 项目外部环境风险又分为项目宏观环境风险和项目微观环境风险。

具体来说,项目宏观环境风险主要包括国家法律法规风险、政府财政政策风险、国家货币政策风险和国家产业政策风险等。项目微观环境风险包括三类:一是与政府部分监管审批相关的风险,主要是政府对项目规划、监管和审批等方面的风险;二是产业链相关风险,指与项目存在产业链关系,来源于项目上游或下游的风险,如基础设施建设中的原材料(钢材、水泥等)价格上涨,污水处理厂的设备价格上涨等;三是其他外部直接风险,主要包括商业竞争风险,如污水处理厂建成后,又在本区域新建污水处理厂,则面临商业竞争的风险。

2. 项目内部环境风险

特色小镇 PPP 项目内部环境与项目本身所拥有的客观物质条件、社会资本或

PPP 项目公司资金实力等密切相关。如果项目本身所拥有的客观物质条件好,比如特色小镇尤其是文旅类、康养类的特色小镇位于经济发达的大城市周边,生态环境优美,硬件设施好,交通便捷。此外,如果特色小镇 PPP 项目投资主体为大型央企、龙头民企和上市公司,项目的内部环境风险也较小。

3. 项目其他风险

特色小镇 PPP 项目其他风险主要包括项目征收风险和不可抗力风险。

下面,以某特色小镇 PPP 项目风险识别为例。(见表 5－1)

表 5－1　某特色小镇 PPP 项目风险识别表

一级分类	二级分类	三级分类	四级分类	风险描述
项目外部环境风险	宏观环境风险	法律法规风险	法律法规风险	法律法规、规章、规范性文件的修订或变更,比如城市规划、土地利用、环境保护等相关法律法规、规章、规范性文件的修订或变更,对项目投资和运营成本不利的风险。
		财税政策风险	财税政策风险	国家和地方税收及收费政策变更所产生的风险。
		货币政策风险	利率水平风险	存贷款基准利率和市场利率水平以及国债利率水平波动等引发的风险。
			通货膨胀风险	整体物价水平上升以及货币购买力下降导致成本上升风险。
		产业政策风险	产业政策风险	国家对产业结构和产业布局进行调整可能产生的风险。
	微观环境风险	产业链相关风险	物资供应风险	项目工程建设及运营中的能源、原材料等供应量及供应及时程度的不确定性以及价格波动所带来的风险。
			市场需求风险	宏观经济、经济社会发展、人口规模变化产生项目市场需求变动风险。

续表

一级分类	二级分类	三级分类	四级分类	风险描述
项目外部环境风险	微观环境风险	监管审批相关风险	行业政策风险	国家针对项目所在行业制定的法律法规、规章、规范性文件以及行业相关规范标准的变更所产生的风险。如污水排放标准提高，导致运营成本提高等。
			许可审批风险	行政或行业主管部门对项目有关报批事项是否作出审批以及审批是否延误等不确定所引起的风险。主要包括项目建造过程中的许可审批风险，以及运营过程中产出物的价格许可审批风险。
			规划选址风险	因项目规划、选址可能引发的公众反对风险。
		其他直接外部风险	供给竞争风险	项目产出的供给竞争现状发生变化，主要包括行业其他竞争者进入，产生其他替代品等。
			自然环境风险	项目所在地自然条件的不确定性所反映的风险。
			公众利益风险	公众利益无法得到保护引起公众反对所造成的风险。
项目内部环境风险		建造周期风险	土地取得风险	项目土地征收、土地取得过程中存在不确定性，土地取得成本波动，以及土地取得时间拖延等带来的风险。
			配套设施风险	项目所需配套设施不能及时到位以及与项目不匹配等引发的风险。
			地质勘察风险	项目所在地地质条件的不确定性对项目建设和运营造成的风险。
			工程预算风险	工程概预算编制不准确、工程招标前的相关测算不准确等带来的风险。
			工程招标风险	工程招投标程序不公正、不公平、不透明，招标项目信息不及时、不公开、不透明，市场参与主体违规投标等带来的风险。

续表

一级分类	二级分类	三级分类	四级分类	风险描述
项目内部环境风险		建造周期风险	工程建造风险	工程设计、技术、施工风险，以及工程进度、工程质量、安全事故、工程成本等风险。
			施工条件风险	为项目提供的水、电、道路条件的变化风险，以及其他施工所需条件的变化所导致的风险。包括施工过程中项目工地被污染和对相邻土地的污染风险。
			项目融资风险	金融和资本市场不健全、融资结构不合理、融资成本过高、融资渠道不畅等引起的风险，以及未能在预期条件下融到所需资金的风险。
		运营周期风险	运营条件风险	主要指项目运营所需条件的不确定性带来的风险。
			运营维护风险	主要指项目运营和维护过程中经验不足、能力不高以及组织协调能力差等导致劳动关系风险、职业健康与安全风险以及项目产出不达标风险。
			项目管理风险	主要包括财务管理以及管理成本超支等风险。
			环境保护风险	主要包括运营过程产生的环保风险以及项目产出物带来的环保风险。
		项目移交周期风险	项目移交风险	因运营期项目运营和维护不力等造成合作期限届满时，项目状况达不到移交条件引起的风险。
项目其他风险		项目征收风险	主要指因公共利益的需要项目被征收的风险。	
		不可抗力风险	主要是指不能预见、不能避免并不能克服的客观情况导致的项目风险。	
		其他风险	除以上列举的其他风险。	

加强特色小镇 PPP 项目风险管控

虽然在国家的大力推广和各类社会资本的积极参与下,我国特色小镇 PPP 取得了长足的进展,但总体来说,特色小镇 PPP 仍处于起步阶段,还存在制约特色小镇 PPP 发展的各类因素,比如法律法规体系不健全、专业人才匮乏、典型的可复制性的案例较少等,尤其是还存在各种不确定性的风险。

因此,当下需加强特色小镇 PPP 风险管控,这对未来我国科学发展特色小镇 PPP 意义重大。

1. 法律和政策变更风险防范

为了防范法律和政策变更给特色小镇 PPP 项目的正常建设和运营带来不利影响,实践中采取的防范措施主要是地方政府与社会资本在 PPP 项目合同中作出明确约定,如现金补偿、延长特许经营期限、提前终止等。

2. 政府信用风险防范

对于政府信用风险防范,社会资本应该从几个方面入手:一方面,作为社会资本,在投资特色小镇 PPP 项目时,在前期尽职调查阶段,就要对政府的财政实力、信用状况、合同履约情况等进行详细周密的调研,有时需要委托专业的第三方机构进行调研,从而为科学投资特色小镇 PPP 项目奠定坚实的基础,以免留下风险隐患。从以往失败的教训来看,往往是社会资本要么急于拿下项目,要么缺乏政府信用方面的风险意识，结果在投入巨量资金后，因为政府诚信意识差，社会资本利益受损。另一方面，作为地方政府，一定要重视契约精神，打造重诺履约的市场环境。此外，对地方政府违约行为，国家还可以研究建立扣款机制，保障社会资本的合法权益。

3. 融资风险防范

在 PPP 模式下，项目融资责任和风险完全由社会资本或 PPP 项目公司（社会资本占大股，地方政府往往只占 10% 左右的股份）来承担。因此，对是否介入一个特色小镇 PPP 项目，社会资本需要慎之又慎，应该有充分的考查和评估，最为重要的是要有充足的资金（包括自有资金和向金融机构融资）作为保障，以满足项目的建设、运营和维护。否则，社会资本投资后一旦资金链断裂陷入资金泥潭，就面临不能履行 PPP 合同的风险，自身的经济利益会受到很大的损害。

实践中，有许多社会资本为了急于占领市场，在没有对自身的投资和融资实力充分评估的情况下匆匆签订 PPP 项目合同。而一旦进入真正的建设和运营阶段，需要投入大量真金白银的时候，又面临融资成本高、融资渠道不畅等困难，导致项目停滞，社会资本前期的大量投资打水漂，这样的例子不胜枚举。

4. 收益不足风险防范

社会资本投入巨资投资建设特色小镇，最关心的问题之一便是投资回报。项目如果收益不足、没有收益甚至长期亏损，不仅社会资本面临着巨大的压力，作为地方政府压力也不会太小。毕竟对社会资本和地方政府来说，都不愿意看到项目失败。

具体来说，特色小镇 PPP 项目的收益主要有四类：一是门票模式。这种模式常见于文旅特色小镇，重点是旅游景区门票、旅游项目类的收费。二是综合收益模式。这种模式常见于文旅特色小镇、农业特色小镇、康养小镇等。主要有旅游景区门票、餐饮收入、住宿收入、演艺收入以及其他消费收入等。三是产业收入模式。这种模式常见于战略新兴产业和历史经典产业小镇，以产业收入为主。四是资本运作模式。相对来说，资本运作模式更为复杂。这种模式多数用于社会资本通过对特色小镇资本运作实现投资回报。此外，部分特色小镇还融入了房地产的概念，包括养老、度假、别墅等，可以实现特色小镇前期部分资金回笼。

虽然特色小镇 PPP 项目收益更为多元，但由于特色小镇 PPP 项目投资规模大，仍然存在收益不足的风险。因此，为了防范特色小镇 PPP 项目收益不足的风险，社会资本在与地方政府签订 PPP 项目合同时，需要对收费条款（主要包括项目收费对象、收费模式、计价及计量标准等）进行详细的约定。

需要重点指出的是，对社会资本来说，在价格调整方面应注意：一是在定价机制方面，地方政府应提供合理的收益水平；二是在价格调整机制方面，应降低市场因素对收益的影响。由于 PPP 项目合作周期长达二三十年，期间利率、汇率、原材料价格等都在发生变化，因此公共产品或服务的价格也必须做出相应调整，这样才能降低社会资本收益不足的风险，提高社会资本参与特色小镇 PPP 项目的积极性。

5. 公众反对风险防范

分析发现，公众之所以反对 PPP 项目，是由多方面原因造成的，既有项目自身特点如环保的因素，又有公众和政府对征地拆迁补偿不一致的因素，更多的则是项目信息不透明、社会公众对项目本身有疑虑。

因此，在公众反对的风险防范上：一是，地方政府前期要进行大量宣传，做到信息公开透明，并与公众反复沟通；二是，项目在建设中，建设方要严格遵守各项生产、环保制度，维护当地社区环境和周边自然环境；三是，项目在运营过程中，借鉴日本等地的先进经验，邀请社会公众到企业参观，了解企业技术、工艺和排污情况，从而打消公众疑虑。

6. 不可抗力风险防范

对于不可抗力风险的防范，社会资本在与政府签订特色小镇 PPP 项目合同时，应明确不可抗力的定义和范围，以及不可抗力的处理程序，这对地方政府和社会资本而言都比较公平。在实践中，主要是由社会资本和地方政府在特色小镇 PPP 项目合同中约定不可抗力的范围及争议解决方式。

以某污水处理 PPP 项目为例。关于“不可抗力”，甲方（项目实施机构，笔者注）与乙方（社会资本，笔者注）在《PPP 项目合同》中约定：

(1)不可抗力

不可抗力是指在签订本协议时不能合理预见的、不能克服和不能避免的事件或情形。以满足上述条件为前提,不可抗力包括但不限于:

①雷电、地震、火山爆发、滑坡、水灾、暴雨、海啸、台风、龙卷风或旱灾;

②流行病、瘟疫爆发;

③战争行为、入侵、武装冲突或外敌行为、封锁或军事力量的使用,暴乱或恐怖行为;

④全国性、地区性、城市性或行业性罢工;

⑤由于不能归因于甲方、乙方的原因引起的污水处理工程供电中断。

(2)积极补救不可抗力的义务

①尽快向对方通告事件或情况的发生,对事件或情况的预计持续时间和其在本协议项下履行义务的可能影响作出估计;

②作出一切合理努力以继续履行其在本协议项下的义务;

③尽快采取行动纠正或补救造成免于履行义务的事件或情况;

④作出一切合理努力以减轻或限制对对方造成的损害;

⑤将其根据上述②③和④采取的行动或行动计划定期通告对方,并在导致它免于履行义务的事件或情况不再存在时立即通知对方。

(3)不可抗力的处理程序

不可抗力事件发生后,双方应本着诚信平等的原则,立即就此等不可抗力事件进行协商。

①如果双方在____日内达成一致意见,继续履行在本协议项下的义务,则甲方应按照合同规定向乙方进行补偿;

②如果双方不能够在上述____日期限内达成一致意见,则任何一方可送达终止通知。

(4)费用

发生不可抗力事件时,任何一方必须各自承担由于不可抗力事件造成的支出和费用。乙方因不可抗力造成的损失,应由保险获得补偿,甲方可依不可抗力造成的时间损失给予延期并相应延长特许经营期。

(5)不可抗力造成的终止

如果任何不可抗力事件阻止一方履行其义务的时间自该不可抗力发生日起连续超过____个工作日,双方应协商继续履行本协议的条件和重新履行本协议的时间。如果自不可抗力发生后____个工作日之内双方不能就继续履行的条件和时间达成一致意见,并且该不可抗力事件如果不能一致解决将会对项目的顺利进行造成实质性影响时,任何一方均可以按合同规定书面通知另一方终止本协议。

7. 特色小镇 PPP 项目的风险分配

"风险共担,利益共享"是 PPP 模式的重要原则,特色小镇 PPP 项目同样适用。

具体在 PPP 项目的风险分配上,财政部《关于印发政府和社会资本合作模式操作指南(试行)的通知》(财金〔2014〕113 号)作了规定:按照风险分配优化、风险收益对等和风险可控等原则,综合考虑政府风险管理能力、项目回报机制和市场风险管理能力等要素,在政府和社会资本间合理分配项目风险。原则上,项目设计、建造、财务和运营维护等商业风险由社会资本承担,法律、政策和最低需求等风险由政府承担,不可抗力等风险由政府和社会资本合理共担。

PPP 项目的风险防范需要科学的风险分配机制。以下通过风险矩阵说明 PPP 项目的风险分配原则。(见表 5-2)

表 5-2 PPP 项目风险矩阵

风险因素		政府	社会资本	共同分担
设计建设			√	
融资			√	
运营维护			√	
市场需求				√
不可抗力				√
移交			√	
法律变更	政府可控的	√		
	政府不可控的			√
系统性金融风险				√

案例:特色小镇 PPP 项目风险分配

下面是一例康养小镇 PPP 项目(以下简称“本项目”)风险分配案例。(见案例 5-1)

【案例 5-1】

本项目位于我国东南某市,拟打造成休闲养生、医养结合、养博会展、生态宜居和旅游度假的胜地,通过跨界整合、创新模式、综合开发,为旅游者提供丰富多彩的体验式景观环境,为居者提供滨水、依山、观海、近城的生态宜居环境,为长者提供全生命周期的持续照料服务,为健康产业集群提供全方位的平台。

本项目静态总投资约×亿元,总占地面积约×平方公里。本项目中,某市人民政府授权出资代表某市公有资产投资经营公司与社会资本共同组建项目公司,其中政府方占股比例为×%,社会资本方占股比例为×%。本项目合作期共×年(含建设期,建设期为×月),自本项目完工验收日或者本项目实施机构与项目公司双方书面确认的其他日期起次日进入运营期,运营期限为×年。

本项目所在地某地方政府与中选社会资本就项目风险分配达成以下一致意见。

1. 风险分配基本原则

(1)风险分配优化原则

为了使本项目实现“双赢”或“多赢”的局面,降低风险发生和风险控制成本,合理分配项目风险是保障本项目顺利进行的充分条件。

地方政府和社会资本之间实现最优风险分配，需要根据每个参与方对风险的承担能力与控制能力来划分，一般对风险最有控制力的一方承担相应风险。

(2)风险收益对等原则

风险分配的结果可以使双方对自己的行为持谨慎态度。

在风险分配时，遵循风险与收益对等原则，从而使本项目对所有参与方都有吸引力。在项目风险分配过程中，政企双方既关注合同主体对风险管理成本和风险损失的承担，又尊重其获得与风险相匹配的收益水平的权利。

(3)风险可控原则

一般情况下，PPP项目实施周期较长，一些政企双方都无法预料的风险变化可能会出现，导致风险发生概率上升或财务损失增加。

在风险分配时，本项目应根据参与方的资金、技术、管理能力等因素设定风险损失承担的上限，避免由某一方承担超过其承受能力的风险。

2. 项目风险要素

风险的识别与合理分配是成功运用PPP模式的关键。本项目的主要风险有项目审批风险、设计风险、资金风险、融资风险、工程建设风险、运营风险、移交风险、政治和政策风险、不可抗力风险等。

3. 风险分配流程

本项目分配流程见图5－1。

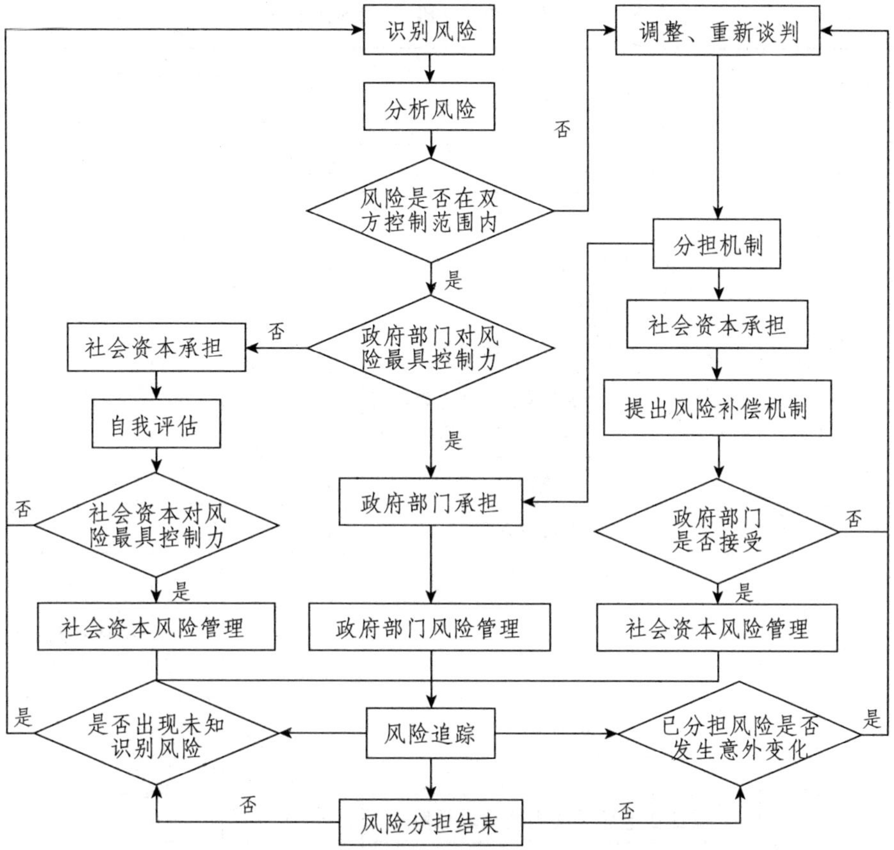

图 5-1　某康养小镇 PPP 项目风险分配流程

4. 风险分配框架

按照风险分配优化、风险收益对等和风险可控等原则,综合考虑本项目中政府风险管理能力、项目回报机制和社会资本市场风险管理能力等要素,在政府和社会资本间合理分配项目风险。原则上,本项目融资、建造和运营维护等商业风险主要由社会资本承担,法律、政策等风险主要由政府承担,不可抗力等风险由政府和社会资本合理共担。政府和社会资本合理分配本项目风险,具体风险分配方式见表 5-3。

表5-3 某康养小镇PPP项目风险分配框架

风险因素分组	风险因素	政府	社会资本	共同承担	备注
项目审批	项目未通过立项审批	√			
	设计审批风险	√			
	施工准备手续、竣工验收工作导致的审批风险		√		政府方原因除外
设计	政府部门要求改变项目功能性要求	√			
	合同实施时,项目公司提出一个比较经济的施工方案,致使项目功能性要求改变		√		
	设计缺陷	√			
融资	政府方资金未及时到位	√			
	社会资本资金未及时到位		√		
	融资未及时到位		√		项目审批手续不全除外
	因社会资本方原因导致的项目融资成本增加		√		
建设	项目征地拆迁及土地获取风险	√			
	项目建设内容及规模调减		√		
	投资控制风险		√		政府要求设计变更原因除外
	工程完工时间延后		√		非社会资本原因除外
	安全施工及技术、质量风险		√		政府方原因除外
	分包商/供应商的违约		√		
	在基础工程施工时,项目用地范围内发现文物	√			
	缺陷与隐蔽缺陷		√		
	工程竣工验收未达标		√		政府方原因除外

续表

风险因素分组	风险因素	政府	社会资本	共同承担	备注
运营	责任期内的质量缺陷		√		
	维护成本高于预期		√		政府方原因除外
	经营收入严重低于预期		√		
	由于恐怖袭击、特殊灾害等事件而受到影响			√	
	政府方原因导致迟延支付可行性缺口补助	√			
移交	移交的资产不达标		√		
	合作期满后,本项目仍可以继续工作且符合移交标准,但已经不能满足即时的新要求	√			
	资产征用	√			
政治和政府政策	国家、省、市出台新的行业政策、标准,进而导致设计发生改变			√	
	区本级出台新的行业政策、标准,进而导致设计发生改变	√			
	税收政策的变化			√	
	对当地政府主管部门授予项目公司的运营维护权进行追索	√			
不可抗力	不可抗力			√	

下面是一例文旅小镇 PPP 项目(以下简称“本项目”)风险分配案例。(见案例 5-2)

【案例 5-2】

本项目位于我国华中某县,拟打造成文化、旅游、养老养生和旅游度假之地。项目投资估算总额约×亿元。本项目的兴建和运营将对本区域的经济和社会发展产生非常积极的影响,每年能为×万游客提供旅游服务。

本项目的社会效益主要体现在:一是整合某地区域旅游资源,对某县生态文化旅游和经济发展起到重大推动作用;二是促进某地整体开发,美化城市环境,完善城市功能,提高人民生活水平和生活质量;三是促进第三产业发展,增加就业岗位,提高区域居民的收入,帮助贫困人口脱贫。

本项目实施过程中,相关各参与方将复杂、难以控制的风险在各方之间进行合理分配,可以有效降低项目总体风险程度,确保项目成功实施。

本项目具体风险分配框架见表5-4。

表5-4　某文旅小镇PPP项目风险分配框架

一级分类	二级分类	三级分类	四级分类	政府方	社会资本方	共同承担
项目外部环境风险	宏观环境风险	法律法规风险	法律法规风险			√
		财税政策风险	财税政策风险			√
		货币政策风险	利率水平风险			√
			通货膨胀风险			√
		产业政策风险	产业政策风险	√		
	微观环境风险	产业链相关风险	物资供应风险		√	
			市场需求风险		√	
		监管审批相关风险	行业政策风险	√		
			许可审批风险	√		
			规划选址风险	√		
		其他直接外部风险	供给竞争风险		√	
			自然环境风险		√	
			公众利益风险		√	
项目内部环境风险		建造周期风险	土地取得风险			√
			配套设施风险	√		
			地质勘察风险		√	
			工程预算风险		√	

续表

一级分类	二级分类	三级分类	四级分类	政府方	社会资本方	共同承担
项目内部环境风险		建造周期风险	工程招标风险		√	
			工程建造风险		√	
			施工条件风险		√	
			项目融资风险		√	
		运营周期风险	运营条件风险		√	
			运营维护风险		√	
			项目管理风险		√	
			环境保护风险		√	
		项目移交周期风险	项目移交风险			√
项目其他风险			项目征收风险	√		
			不可抗力风险			√
			其他风险			√
政府执行 PPP 合同可能产生的风险			政府信用风险	√		
			不当干预风险	√		
社会资本执行 PPP 合同可能产生的风险			投资主体变动风险		√	
			社会资本信用风险		√	

第六篇

项目融资法律实务

PPP

特色小镇 PPP 项目落地挑战:融资难

一方面,中央和地方政府大力推广特色小镇 PPP;另一方面,包括中央企业、地方国企、民营企业、外资企业和混合所有制企业在内的各类社会资本积极参与特色小镇 PPP,政府与社会资本合作可以说是"双赢"甚至"多赢"之举。

然而,从调研的实际情况来看,我国特色小镇 PPP 推进的速度并不快,部分地方面临"雷声大雨点小"的尴尬。

那么,为什么国家重点推广的特色小镇 PPP 落地情况并不理想?笔者认为,一个非常重要的原因便是社会资本面临融资难。正如专业人士所言,PPP 就像一场足球赛,上半场通过科学规范、充分竞争的方式选择一个最有能力的社会资本,下半场最关键的要解决融资的问题。分析指出,在社会资本青睐特色小镇 PPP 项目的背后,明显存在自有资金不足、融资成本高、融资渠道不畅等现实问题。

"钱紧"成为当下操作特色小镇 PPP 项目行业人士的口头禅。

1. 特色小镇 PPP 项目投资规模大

如上所述,我国特色小镇投资规模大,特色小镇建设涉及各类基础设施和公共设施建设,以及拆迁、土地等错综繁杂的事项,一个特色小镇往往涉及上千个项目。通常情况下,一个特色小镇的总投资额为 3 年 30 亿 ~ 50 亿元。严格来说,数十亿元的投资对大型央企、地方国企、民营龙头企业和外资企业来说难度不大,但我国特色小镇建设的目标数以千计。2016 年 7 月,住建部、国家发改委、财政部联合颁布《关于开展特色小镇培育工作的通知》(建村〔2016〕147 号),明确提出,到 2020 年,要在全国培育 1000 个特色小镇。因此,所有的特色小镇都由央企、地方国企、民营龙头企业和外资企业投资建设并不现实,还需要广大的社会资本共同参与。退一步讲,即使投资主体确实为前述几类企业,在投资大量的特色小镇 PPP 项目时,其也需要对外融资,需要借助金融机构的力量。

2. 银行存在资金错配

基于我国金融和资本市场还不成熟,目前,特色小镇 PPP 项目中社会资本主要的融资方式仍以间接融资即以向银行贷款为主。然而,银行贷款融资方式难以满足投资大、经营期长且收益不高的 PPP 项目尤其是特色小镇 PPP 项目的资金需求。

对于包括特色小镇在内的 PPP 项目合作期限,财政部《关于进一步做好政府和社会资本合作项目示范工作的通知》(财金〔2015〕57 号)规定,政府和社会资本合作期限原则上不低于 10 年。财政部《关于印发政府和社会资本合作模式操作指南(试行)的通知》(财金〔2014〕113 号)指出,运用 BOT、TOT、ROT 模式的政府和社会资本合作项目的合同期限一般为 20 ~ 30 年。此外,国家发改委等发布的《基础设施和公用事业特许经营管理办法》规定,"基础设施和公用事业特许经营期限应当根据行业特点、所提供公共产品或服务需求、项目生命周期、投资回收期等综合因素确定,最长不超过 30 年"。由此可以得知,我国 PPP 项目的合作期限为 10 ~ 30 年。

具体来说,我国商业银行主要是以中短期贷款为主,贷款期限一般为 3 ~ 5 年。在这种情况下,PPP 项目向银行贷款,银行存在资金错配的风险,即商业银行能提供的贷款产品与 PPP 项目在周期上不匹配。在宏观环境、经济形势和国家银根政策不变的情况下,商业银行尚可用短期流量资金来填补长期投入,一旦前几个条件发生变化,银行风险就会暴露。进一步而言,商业银行很少有贷款期限长达 30 年的,需要社会资本以其他方式高息融资,这无疑大大增加了社会资本的融资成本,降低了自身的投资收益。

不仅如此,出于自身风控因素考虑,银行贷款往往需要社会资本或者 PPP 项目公司提供担保、抵押、质押等。

2015 年 6 月,有媒体报道《银行怎么看 PPP 项目:需满足 20 多项条件才给贷款》，真实反映了 PPP 项目社会资本融资难。报道称，一份来自某国有商业银行的贷款审批意见书显示，针对 PPP 的不同模式，银行有不同的贷款要求。一个 PPP 项目想要顺利获得银行贷款，需要满足包括所处区域、还款来源、资产负债率、实收资本以及现金流等在内的 20 多项条件。

在具体办理 PPP 项目融资贷款时，首先根据项目所处区域不同安排不同级别的办理方式。比如，项目位于直辖市、省会城市、计划单列市的，可直接办理。项目位于地级市的，则有两种情况：对于还款来源是以政府支付为主的，要综合考虑地方财政收入、GDP、地方政府负债率等因素，地方财政一般预算内收入须在 15 亿元（含）以上，且 GDP 在 200 亿元（含）以上；对于还款来源是以使用者付费为主的，除上述条件外，还追加了地方社会商品零售总额需在 80 亿元（含）以上。而对于项目位于县域地区的，地区条件需要满足地方财政一般预算内收入 10 亿元（含）以上，且 GDP 100 亿元（含）以上。

对于贷款主体银行的条件更为严格，要求 PPP 项目公司为在该银行信用评级 10 级（A）及以上的大中型企业客户，资产负债率不高于 75%，实收资本在 3000 万元及以上。其他条件则包括：借款人的经营期限或存续期限应长于贷款期限，在该银行开立基本结算账户或一般存款账户等。对于 PPP 项目本身，银行的基本要求是符合国家法规政策的要求。比如，要求符合财政部、发改委等相关部委的相关制度规定，符合国家产业、土地、环保等政策，符合土地利用总体规划、城乡规划、土地利用年度计划等规定。按规定履行了项目的合法管理程序，并取得相应的批准（审批、核准、备案）文件。

此外，银行对于 PPP 项目的收益条件有严格规定，如城市基础设施和公共服务项目需要经营性现金流稳定，项目使用者付费及政府付费获得的收入要能全额覆盖贷款本息。不仅如此，PPP 项目涉及使用付费者的，如果项目未通过价格听证机制，应追加有效抵押担保方式；若项目在完工后无法通过价格听证的，应立即停止放款，同时要求客户立即偿还贷款本息和有关费用。

银行上述贷款意见书中对政府 GDP 规模、项目公司资产负债率、经营性现金流、付费机制以及价格听证机制等关键性的要求，对一般的社会资本来说无疑过于苛刻，这反过来也反映出银行对 PPP 项目融资的观望态度和高度的风险意识。

特色小镇建设亟待金融和财政助力

如前所述,虽然我国各级政府大力推广特色小镇 PPP,各类社会资本也充满了期待,部分社会资本尤其是央企、地方国企、民营龙头企业甚至将特色小镇作为公司的下一个“主战场”,成立专门的特色小镇投资部门,组织专业的特色小镇人才队伍,但实际上真正落地的项目并不多。

所谓“兵马未动,粮草先行”,要打造特色小镇,资金问题是摆在地方政府和社会资本面前的头等大事。因此,在我国大力推广特色小镇的当下,亟待资金助力。

1. 特色小镇建设的资金渠道

研究发现,当下我国特色小镇建设资金渠道主要有五种,分别为政府资金、社会资本、政策性资金、开发性金融和商业金融。

要大力推广特色小镇建设,必须充分认识并发挥好上述五种资金渠道的不同作用:一是政府资金的“引导作用”,比如国家发改委等部门给予符合条件的特色小镇项目专项资金支持,中央财政对建设较好的特色小镇发放适当奖励等。二是社会资本的“主体作用”,特色小镇建设的理念是“政府引导、企业主体、市场化运作”,此处的“企业主体”主要是针对社会资本(中央企业、地方国企、民营企业、外资企业和各种混合所有制企业)。事实上,目前我国大力推广的特色小镇投资主体,仍然以各类社会资本尤其是央企、地方国企和民营龙头企业为主。然而,社会资本参与特色小镇建设,也需要资金支持:一方面需要政府的财政资金支持,另一方面自身也要拓宽投融资渠道，采取各种行之有效的投融资方式（就社会资本的投融资方式，下文《特色小镇PPP投融资方式》有专门论述）。三是政策性资金的"助推作用"，如中国农业发展银行将特色小镇建设作为信贷支持的重点领域，开辟办贷绿色通道，对相关项目优先受理、优先审批，提供中长期、低息贷款。四是开发性金融"特殊作用"，为特色小镇建设提供长期大额资金。五是商业金融的"促进作用"，除政策性资金、开发性金融外的各类商业银行应配合地方政府做好引进企业、发展特色产业等工作，并根据特色小镇实际需求和建设进度，推出特色信贷融资产品。

2. 财政金融政策助力社会资本投资特色小镇建设

目前，我国特色小镇项目许多采取PPP模式。而PPP模式下社会资本急需财政金融的大力支持。

以康养小镇PPP项目为例，项目盈利普遍不高。通常情况下，为吸引社会资本积极参与康养小镇PPP项目，政府需要提供各种支持，如前期费用补贴、可行性缺口补贴等财政补贴以及给予税收优惠等。

更为重要的是，在金融方面，国家对康养小镇PPP项目应该给予政策性支持。例如，2015年3月，国家发改委、国家开发银行联合印发《关于推进开发性金融支持政府和社会资本合作有关工作的通知》（发改投资〔2015〕445号），对发挥开发性金融积极作用、推进PPP项目顺利实施等工作提出具体要求。开发银行在监管政策允许范围内，给予PPP项目差异化信贷政策，一是加强信贷规模的统筹调配，优先保障PPP项目的融资需求；二是对符合条件的PPP项目，贷款期限最长可达30年，贷款利率可适当优惠；三是建立绿色通道，加快PPP项目贷款审批；四是贯彻国务院《关于创新重点领域投融资机制鼓励社会投资的指导意见》关于"支持开展排污权、收费权、集体林权、特许经营权、购买服务协议预期收益、集体土地承包经营权质押贷款等担保创新类贷款业务"的要求，积极创新PPP项目的信贷服务。

2016年10月，国家发改委发布《关于加快美丽特色小（城）镇建设的指导意见》（发改规划〔2016〕2125号），鼓励政府利用财政资金撬动社会资金，共同发起设立特色小镇建设基金；鼓励国家开发银行、农业发展银行、农业银行以及其他金融机构加大金融支持力度;鼓励有条件的小城镇通过发行债券等多种方式拓宽融资渠道。

2016年10月,住建部、农发行联合发布《关于推进政策性金融支持小城镇建设的通知》(建村〔2016〕220号),《通知》充分阐述了政策性金融在小镇建设中的作用,并在支持范围、贷款项目库、项目管理等方面做出了明确的要求。《通知》指出小城镇是新型城镇化的重要载体,是促进城乡协调发展最直接最有效的途径。各地要充分认识培育特色小镇和推动小城镇建设工作的重要意义,发挥政策性信贷资金对小城镇建设发展的重要作用,做好中长期政策性贷款的申请和使用,不断加大小城镇建设的信贷支持力度,切实利用政策性金融支持,全面推动小城镇建设发展。

2016年12月,国家发改委发布了《关于实施"千企千镇工程"推进美丽特色小(城)镇建设的通知》(发改规划〔2016〕2604号),要求完善支持政策。"千企千镇工程"的典型地区和企业,可优先享受有关部门关于特色小(城)镇建设的各项支持政策,优先纳入有关部门开展的新型城镇化领域试点示范。国家开发银行、中国光大银行将通过多元化金融产品及模式对典型地区和企业给予融资支持,鼓励引导其他金融机构积极参与。国家开发银行、中国光大银行各地分行要把特色小(城)镇建设作为推进新型城镇化建设的突破口,对带头实施"千企千镇工程"的企业等市场主体和特色小(城)镇重点帮扶,优先支持。

2017年1月,国家发改委联合国家开发银行出台《关于开发性金融支持特色小(城)镇建设促进脱贫攻坚的意见》(发改规划〔2017〕102号),指出要坚持规划引导、金融支持。根据各地发展实际,精准定位、规划先行,科学布局特色小(城)镇生产、生活、生态空间。通过配套系统性融资规划,合理配置金融资源,为特色小(城)镇建设提供金融支持,着力增强贫困地区自我发展能力,推动区域持续健康发展。开发银行要加大对特许经营、政府购买服务等模式的信贷支持力度,特别是通过探索多种类型的PPP模式,引入大型企业参与投资,引导社会资本广泛参与。

2017年1月,住建部、国家开发银行联合发布《关于推进开发性金融支持小城镇建设的通知》(建村〔2017〕27号),指出小城镇建设任务艰巨,资金需求量大,迫切需要综合运用财政、金融政策,引导金融机构加大支持力度。开发性金融支持是推动小城镇建设的重要手段,是落实供给侧结构性改革的重要举措。《通知》指出重点支持内容为:一是支持以农村人口就地城镇化、提升小城镇公共服务水平和提高承载能力为目的的设施建设;二是支持促进小城镇产业发展的配套设施建设;三是支持促进小城镇宜居环境塑造和传统文化传承的工程建设。

此外,商业银行也在政策上积极支持特色小镇建设。

2017年4月,住建部、中国建设银行发布《关于推进商业金融支持小城镇建设的通知》(建村〔2017〕81号),指出基于当前小城镇建设任务重、项目多、资金缺口大等现状,迫切需要通过商业金融支持特色小镇建设。一是加大信贷支持力度,中国建设银行将统筹安排年度信贷投放总量,加大对小城镇建设的信贷支持力度。对纳入全国小城镇建设项目储备库的推荐项目,予以优先受理、优先评审和优先投放贷款。二是做好综合融资服务,充分发挥中国建设银行集团全牌照优势,帮助小城镇所在县(市)人民政府、参与建设的企业做好融资规划,提供小城镇专项贷款产品。根据小城镇建设投资主体和项目特点,因地制宜提供债券融资、股权投资、基金、信托、融资租赁、保险资金等综合融资服务。三是创新金融服务模式,中国建设银行将在现有政策法规内积极开展金融创新。探索开展特许经营权、景区门票收费权、知识产权、碳排放权质押等新型贷款抵质押方式。探索与创业投资基金、股权基金等开展投贷联动,支持创业型企业发展。

据了解,住建部与建设银行总行签署《共同推进小城镇建设战略合作框架协议》,建立部行工作会商制度,为小城镇建设创造良好的政策环境和融资环境。分析发现,此次商业金融支持特色小镇建设,主要涵盖了从基建投资〔1〕到具体工程建设〔2〕再到运营管理〔3〕三个层面的投融资事项。

---

〔1〕 基建投资主要包括:道路、供水、电力、燃气、热力等基础设施建设;企业厂房、仓库、孵化基地等生产设施建设;学校、医院、体育场馆、公园、小镇客厅等公共设施建设;居民拆迁安置、园林绿化等居住环境改善设施建设;河湖水系治理、建筑节能改造、新能源利用、污水和垃圾处理等生态环境保护设施建设。

〔2〕 具体工程建设主要包括:街巷空间、建筑风貌等综合环境整治工程建设;传统街区保护和修缮、非物质遗产活化等传统文化保护工程建设;双创平台、展览展示、服务平台、人才交流等促进特色产业发展的配套工程建设。

〔3〕 运营管理主要包括:基础设施改扩建、运营维护融资;运营管理企业的经营周转融资;优质企业生产投资、经营周转、并购重组等融资。

在中央和各相关部委出台财政金融政策支持特色小镇建设的同时，各地方政府也结合本地实际情况出台政策支持特色小镇建设，如江苏省《关于培育创建江苏特色小镇的指导意见》明确对特色小镇建设的专项支持政策，创新特色小镇建设投融资机制，激发市场主体活力，推进政府和社会资本合作，鼓励利用财政资金撬动社会资金，共同发起设立特色小镇建设基金。鼓励金融机构加大金融支持力度。支持特色小镇发行企业债券、项目收益债券、专项债券或集合债券用于公用设施项目建设。[1] 又如，福建省《关于开展特色小镇规划建设的指导意见》指出，特色小镇范围内符合条件的项目，将优先支持特色小镇向国家开发银行、中国农业发展银行等政策性银行争取长期低息的融资贷款。鼓励特色小镇完善生活污水处理设施和生活垃圾处理收运设施建设，省级财政给予"以奖代补"资金倾斜支持。此外，中国人民银行杭州中心支行、浙江省特色小镇规划建设工作联席会议办公室联合下发《关于金融支持浙江省特色小镇建设的指导意见》（杭银发〔2015〕207 号），拓宽融资渠道，支持特色小镇项目建设。

---

〔1〕 江苏省《关于培育创建江苏特色小镇的实施方案》指出，要强化财政扶持，对纳入省级创建名单的特色小镇，在创建期间及验收命名后累计 3 年内，每年考核合格后给予 200 万元奖补资金。将列入省级创建名单的特色小镇符合要求的项目，纳入相关引导资金补助范围。鼓励和引导政府投融资平台和财政出资的投资基金，加大对特色小镇基础设施和产业示范项目支持力度。在融资支持方面，支持设立特色小镇产业投资基金。创建期间，支持特色小镇发行企业债券、项目收益债券、专项债券或集合债券等各类债权融资工具用于特色小镇公用设施项目建设。支持特色小镇范围内符合条件的项目申请国家专项建设基金、省级战略性新兴产业发展专项资金、省级现代服务业发展专项资金和省 PPP 融资支持基金等。将通过多元化融资产品及模式对省级特色小镇给予融资支持。省级层面组织特色小镇与各类金融机构和社会资本开展战略合作，推进差别化投融资创新，帮助协调解决重点难点问题。

特色小镇 PPP 项目投融资方式

对特色小镇的建设和运营而言，首先需要明确的是资金来源，即由政府出资还是由社会资本出资？很显然，在我国经济发展步入缓增长、地方政府财政压力较大的背景下，完全依靠地方政府投资建设特色小镇并不现实。当前，我国特色小镇建设和运营投融资应以各类社会资本为主体。实际上，从国家政策来看，已经明确特色小镇的建设应以社会资本为主体，政府的主要职能是为特色小镇建设提供规划引导。

笔者认为，资金实力强大的社会资本以自有资金投资特色小镇 PPP 项目，同时也需要外部资金的支持，而且从项目建设到运营的全生命周期内都需要资金的帮助。概括来说，特色小镇 PPP 项目建设融资方式主要有如下几种。

1. 银行信贷方式

现实情况是，目前我国金融和资本市场还不成熟，社会资本投资特色小镇 PPP 项目主要依靠银行业金融机构的支持。

以某文旅小镇 PPP 项目（以下简称“本项目”）为例，项目资金来源为：根据国务院《关于调整和完善固定资产投资项目资本金制度的通知》（国发〔2015〕51 号），本项目属于文化旅游产业，最低资本金比例要求为 20%。本项目设定资本金比例为项目总投资的 20%，即 5 亿元，政府方出资代表和社会资本按股权比例以现金形式出资，在建设期内随项目建设进度实缴到位。本项目资本金以外的部分（即债务资金部分),通过银行贷款解决。融资主体为项目公司,社会资本股东须落实融资资金。本项目融资贷款的偿还方式假设为等额本息方式偿还,贷款利息按中国人民银行最新发布的金融机构人民币 5 年以上贷款基准利率上浮 40% 进行计算,即 6.86%,偿还期为 10 年,从运营期开始偿还。

据了解,为支持我国特色小镇建设,国家政策性、开发性金融机构以及商业银行以贷款、基金等灵活多样的方式给予社会资本资金扶持。以某政策性银行支持特色小镇为例,其信贷主要支持三种类型的样板小镇:一是资源整合型,即依托资源禀赋优势和历史文化传承,立足传承与创新,实现生产要素的最佳组合和生产关系的优化布局;二是产业集聚型,即依托高端要素集聚和产业转型升级,以最优的政策培育最具竞争力的核心产业,围绕单个产业打造完整的产业生态圈,培育具有行业竞争力的"单打冠军";三是"互联网+"型,即依托互联网的溢出效应,以高新技术和高端人才为引领,推动技术、项目、资金等各类创新要素快速汇聚,培育以互联网产业为特色的新一代信息技术产业和以科技金融为重点的现代科技服务业。

2. 发行债券方式

根据我国现行债券规则,满足发行条件的企业、政府与社会资本成立的 PPP 项目公司既可以在银行间交易市场发行永(可)续票据、中期票据、短期融资债券等债券融资,还可以经国家发改委核准发行企业债和项目收益债,还可以在证券交易所公开或非公开发行公司债。

可以说,发行债券是政府和社会资本直接融资的一种有效金融工具。

从近几年我国推广的 PPP 项目来看,已经有污水处理、垃圾处理、环境治理等领域的企业发行债券融资。与此同时,随着国内债券产品不断涌现,加速了 PPP 项目的落地。进一步而言,目前我国推广的特色小镇,多数采取的是 PPP 模式。因此,发行债券成为社会资本加快投资特色小镇 PPP 项目的重要金融工具。

3. 基金方式

通过金融创新,设立各种类型的基金是推动我国特色小镇建设的重要方式。

研究发现,在支持特色小镇建设的各类基金中,主要有产业投资基金、政府引导基金,进一步细化还有PPP产业基金等。各种类型的基金无疑是特色小镇PPP项目的重要融资工具。

统计显示,自2014年以来,我国多地纷纷成立PPP产业基金。2015年9月,财政部联合中国建设银行等10家机构共同发起设立中国政府和社会资本合作(PPP)融资支持基金。基金总规模1800亿元,将作为社会资本方重点支持公共服务领域PPP项目发展,提高项目融资的可获得性。2015年12月,财政部下发《关于财政资金注资政府投资基金支持产业发展的指导意见》(财建〔2015〕1062号),规范设立运作支持产业的政府投资基金,财政资金注资设立政府投资基金支持产业,要坚持市场化运作、专业化管理,以实现基金良性运营。

2016年10月,由中国开发性金融促进会等单位牵头发起的"中国特色小镇投资基金"正式启动。投资基金采取母子基金的结构,母基金总规模为500亿元人民币,未来带动的总投资规模预计将超过5000亿元,主要投资于养生养老、休闲旅游、文化体育、创客空间、特色农业等各类特色小镇。

在地方层面,自2015年以来,我国特色小镇的发源地浙江省积极推动各级政府设立产业基金,吸引带动社会资本增加投入。数据显示,截至2016年10月,浙江政府产业基金累计撬动社会资本3790.77亿元投入实体经济。与此同时,浙江积极推进该省产业基金及区域基金与相关市县合作,设立与特色小镇建设相关的子基金,有力地支持了特色小镇建设。此外,江苏、北京、广东等地也非常注重发挥政府基金对特色小镇的助推作用,如北京市设立总规模100亿元的小城镇发展基金,引导全市42个重点小城镇打造成旅游休闲、商务会议、园区经济等五类特色小镇。

需要说明的是,在各类PPP基金中,商业银行是重要的出资主体。反过来,商业银行参与PPP可以借助基金模式尤其是产业投资基金模式。

在各地不断涌现的PPP产业投资基金中,根据基金发起人的不同分成三种模式。

第一种模式是由省级政府层面出资成立引导基金,再以此吸引包括商业银行在内的金融机构资金,合作成立产业基金母基金。各地申报的PPP项目经过金融机构审核后,由地方财政做劣后级,母基金做优先级。比如,2014年12月,河南省政府与建设银行、交通银行、浦发银行签署"河南省新型产业投资基金"战略合作协议,具体可细分为"建信豫资城镇化建设发展基金"、"交银豫资产业投资基金"和"浦银豫资城市运营发展基金"。

第二种模式是商业银行等金融机构联合地方国企发起成立有限合伙基金,一般由金融机构做 LP 优先级,地方国企或平台公司做 LP 的次级,金融机构指定的股权投资管理人做 GP。这种模式下整个融资结构是以金融机构为主导的。比如,2015 年 2 月,兴业基金管理有限公司与厦门市轨道交通集团签署了厦门城市发展产业基金合作框架协议,基金总规模达 100 亿元,将投资于厦门轨道交通工程等项目。

第三种模式是有建设运营能力的实业资本发起成立的产业投资基金,该实业资本在与政府达成框架协议后,通过联合银行等金融机构成立有限合伙基金,对接项目。

4. 资产证券化方式

资产证券化是通过在资本市场和货币市场发行证券筹资的一种直接融资方式,对特色小镇 PPP 项目而言,是指以项目基础资产未来所产生的现金流为偿付支持,通过结构化设计进行信用增级,在此基础上发行资产支持证券的过程。(关于资产证券化方式,下文《特色小镇 PPP 资产证券化》将详细论述。)

特色小镇 PPP 项目资产证券化

所谓资产证券化,是指通过在资本市场和货币市场发行证券筹资的一种直接融资方式[1],是以项目基础资产未来所产生的现金流为偿付支持,通过结构化设计进行信用增级,在此基础上发行资产支持证券的过程。资产证券化在一些国家运用非常普遍。

分析认为,针对特色小镇 PPP 项目融资难的问题,应大力发展 PPP 项目资产证券化,将 PPP 项目资产证券化打造成加速特色小镇 PPP 项目落地的重要引擎。

1. PPP 资产证券化的特点

研究发现,资产证券化常见资产主要有四大类:一是金融机构信贷资产,二是企业债权资产,三是企业收益权资产,四是企业不动产。

作为一种新型的类固收产品,与普通资产证券化相比,PPP 项目资产证券化特点明显:

一是从收益来看,PPP 项目资产证券化需要进行结构化设计,是一种类固收产品,其优先级收益相对稳定,次级享有浮动收益,中间级收益居中。

二是从期限来看,目前发行的收费收益权资产证券化产品的期限一般为 5 ~ 10

---

〔1〕 据统计,国内发行的资产支持证券(ABS)总规模 2014 年为 3300 亿元,2015 年为 6100 亿元,2016 年为 8400 亿元。数据显示,截至 2017 年 12 月 31 日,累计共有 118 家机构备案确认 1125 只资产支持专项计划,总发行规模超过 16 000 亿元。

年，而包括特色小镇 PPP 在内的 PPP 项目的合作期限为 10～30 年。因此，为了解决特色小镇 PPP 项目合作需求、匹配 PPP 项目期限以及增强产品对投资者的吸引力，PPP 项目资产支持证券期限也可达 10～30 年。

三是从基础资产范围来看，PPP 项目资产证券化可供选择的基础资产较为广泛，主要是供水、供电、供气、供暖等经营性项目和污水处理、垃圾处理等准经营性项目。

四是从现金流来看，PPP 项目涵盖了交通、市政、环境保护、医疗和养老服务设施等项目，这些项目收费机制比较透明，一般都具有稳定的现金流，为今后的资产证券化提供了可能。就特色小镇 PPP 项目而言，其主要类型有文旅、康养、制造、互联网、基金等小镇，建设内容涵盖基础设施建设和公共服务项目建设，这些项目收费机制比较透明，现金流稳定，适合进行资产证券化。

五是从风险来看，包括特色小镇在内的多数 PPP 项目安全性都比较高，只要政府和社会资本能够按照风险分配优化、风险收益对等和风险可控等原则合理分配风险，特色小镇 PPP 项目整体属于较为安全的资产，投资者风险相对较低。

专业分析指出，能够被证券化的基础资产必须是能够产生持续、稳定的现金流。显然，与普通的资产证券化相比，PPP 项目资产证券化有其特别之处，其以 PPP 项目未来所产生的现金流为基础资产。

而从特色小镇 PPP 项目来看，其基础资产符合资产证券化的要求。以特色小镇建设内容所涵盖的基础设施项目和公共服务项目（供电、供水、供暖、供气、污水和垃圾处理、医疗和养老服务设施等）为例，这些基础资产都呈现受众面较广、收费机制透明、价格稳定和现金流稳定的特点。

2. 我国 PPP 资产证券化不断加速

近年来，我国 PPP 资产证券化不断加速。无论是从国家政策支持还是实际落地情况来看，我国 PPP 项目资产证券化都取得了明显的成果。

（1）国家政策支持 PPP 资产证券化

2014 年 11 月，国务院发布《关于创新重点领域投融资机制鼓励社会投资的指导意见》（国发〔2014〕60 号），提出“推动铁路、公路、机场等交通项目建设企业应收账款证券化”。2016 年 7 月，中共中央、国务院印发《关于深化投融资体制改革的意见》指出，“依托多层次资本市场体系，拓宽投资项目融资渠道，支持有真实经济活动支撑的资产证券化，盘活存量资产，优化金融资源配置，更好地服务投资兴业。”

2016 年 12 月，国家发改委、证监会联合发布《关于推进传统基础设施领域政府和社会资本合作（PPP）项目资产证券化相关工作的通知》（发改投资〔2016〕2698 号），鼓励 PPP 项目进行资产证券化，明确要求项目已经正常运营 2 年以上，并已产生持续、稳定的现金流。

2017 年 2 月，中国证券投资基金业协会发布《关于 PPP 项目资产证券化产品实施专人专岗备案的通知》。针对符合上述 2698 号文要求的 PPP 项目资产证券化产品，中国证券投资基金业协会将在依据《资产支持专项计划备案管理办法》的备案标准不放松的前提下即报即审，提升备案效率。与此同时，上海证券交易所、深圳证券交易所均发布了《关于推进传统基础设施领域政府和社会资本合作（PPP）项目资产证券化业务的通知》，提出对于符合 2698 号文的优质 PPP 项目资产证券化产品实行“5 +3”（5 个工作日提出反馈意见，收到反馈后 3 个工作日明确是否符合挂牌要求）的即报即审措施，提升挂牌效率。

2017 年 6 月，财政部、中国人民银行、中国证监会联合发布《关于规范开展政府和社会资本合作项目资产证券化有关事宜的通知》（财金〔2017〕55 号），鼓励项目公司开展资产证券化优化融资安排。在项目运营阶段，项目公司作为发起人（原始权益人），可以按照使用者付费、政府付费、可行性缺口补助等不同类型，以能够给项目带来现金流的收益权、合同债权作为基础资产，发行资产证券化产品。探索项目公司股东开展资产证券化盘活存量资产。除 PPP 合同对项目公司股东的股权转让质押等权利有限制性约定外，在项目建成运营 2 年后，项目公司的股东可以以能够带来现金流的股权作为基础资产，发行资产证券化产品，盘活存量股权资产，提高资产流动性。支持项目公司其他相关主体开展资产证券化。在项目运营阶段，为项目公司提供融资支持的各类债权人，以及为项目公司提供建设支持的承包商等企业作为发起人（原始权益人），可以合同债权、收益权等作为基础资产，按监管规定发行资产证券化产品，盘活存量资产，多渠道筹集资金，支持 PPP 项目建设实施。

(2)PPP 资产证券化项目开始落地

在国家政策和各方面的努力下,我国 PPP 资产证券化项目开始落地。

2017 年 3 月,我国首批四个 PPP 项目资产证券化产品落地,分别为“华夏幸福固安工业园区新型城镇化 PPP 项目供热收费收益权资产支持专项计划〔1〕”(总规模 7.06 亿元)、“首创股份污水处理 PPP 项目收费收益权资产支持专项计划”(总规模 5.3 亿元)、“中信建投—网新建投庆春路隧道 PPP 项目资产支持专项计划〔2〕”(总规模为 14.32 亿元)和“广晟东江环保虎门绿源 PPP 项目资产支持专项计划”(总规模 3.2 亿元),这标志着业界一直期盼的 PPP 资产证券化正式落地。

2018 年年初,中央国债登记结算有限责任公司研发中心发布《2017 年资产证券化发展报告》。报告显示,2017 年,我国资产证券化市场延续快速发展势头,发行规模超过 1 万亿元,市场存量突破 2 万亿元,创新品种层出不穷,参与主体更加多元。报告同时指出,2017 年,多部委发文推动 PPP 资产证券化业务开展,PPP 资产证券化发展迅猛。

可以预见,未来随着我国资产证券化政策的不断完善和 PPP 项目资产证券化操作经验的日益成熟,资产证券化将为我国包括特色小镇 PPP 在内的 PPP 推广发挥重要的作用。

---

〔1〕 作为首批 PPP 项目资产证券化中唯一一单园区 PPP 项目资产支持专项计划,此次获批的华夏幸福固安 PPP 资产支持专项计划发行人为华夏幸福基业股份有限公司(以下简称华夏幸福)下属全资子公司固安九通基业公用事业有限公司,拟发行规模 7.06 亿元。其中,优先级资产支持证券募集规模为 6.7 亿元,分为 1 年至 6 年期 6 档,均获中诚信证券评估有限公司给予的 AAA 评级;次级资产支持证券规模 0.36 亿元,期限为 6 年,由九通基业投资有限公司(华夏幸福全资子公司、原始权益人固安九通基业公用事业有限公司控股股东)全额认购。作为国内领先的产业新城运营商,华夏幸福作为本交易差额支付承诺人和保证人,其提供的不可撤销的差额补足承诺可为本专项计划优先级资产支持证券本息的偿付提供较强的保障。

〔2〕 由中信建投证券股份有限公司担任计划管理人,由兴业银行、浙商银行、南京银行三家银行作为投资机构完成认购,其中优先 A 档资产支持证券,期限 14 年,评级 AAA,赎回或回购周期为 2 年,规模 7 亿元,利率 4.05%;优先 B 档资产支持证券,期限 14 年,评级 AAA,赎回或回购周期为 3 年,规模 4 亿元,利率 4.15%。杭州庆春路隧道 BOT 项目是浙江省、杭州市首个引进社会资本采用 BOT 模式建设的大型城市基础设施项目,于 2006 年启动建设,2010 年如期建成投入运营。

特许经营权收益权可质押的法律意义

一直以来,有关PPP项目特许经营权收益权的质押都是我国PPP融资领域的一大重点,也是一大难点,同时也是业内人士争议的焦点。

1. 质押权的法律界定

所谓质押,是指债务人或第三人向债权人移转某项财产的占有权,并由后者掌握该项财产,以作为前者履行某种支付金钱或履约责任的担保。当这种责任履行完毕时,质押的财产必须予以归还。债务人不履行责任时,债权人有权依法将质物折价或者拍卖,并对所得价款优先受偿。

从法律角度讲,作为担保物权的质权,具有从属性、不可分性、物上代位性和优先受偿性的特点。具体而言,质权的从属性是指质权从属于其所担保的债权;质权的不可分性是指质物的全部价值担保债权的全部。质物部分灭失的,未灭失的部分仍然担保全部债权,而不能相应地缩减质权担保的范围。质权的物上代位性是指质权的效力及于质权标的的代位物上。例如,《担保法》第七十三条规定:"质权因质物灭失而消灭。因灭失所得的赔偿金,应当作为出质财产。"质权的客体是质物,质物灭失后,质权也就丧失了其所指向的对象。质权的优先受偿性是指质权人于债务人不履行债务时,得以质权标的的价值优先受偿其受质权担保的债权。

我国法律规定,可以出质的权利类型包括汇票、本票、支票、债券、存款单、仓单、提单;依法可以转让的股份、股票;依法可以转让的商标专用权,专利权、著作权中的财产权;依法可以转让的债权;公路桥梁、公路隧道或者公路渡口等不动产收益。

2. 收益权质押是特色小镇 PPP 项目融资工具

PPP 项目大都是基础设施建设项目和社会公共事业项目,特点是工程量大,投入资金多。然而,相比单体的 PPP 项目如市政道路、污水处理和垃圾处理厂、文化、医疗、养老机构等,特色小镇规模更大(一般在 30 亿~50 亿元)、子项目更多(主要有市政道路、污水处理和垃圾处理厂、医疗、养老机构、图书馆、学校、公园等,有的特色小镇子项目甚至上千),即使是资金实力强大的社会资本,投资特色小镇 PPP 项目也需要向银行等金融机构融资。也就是说,为解决自身资金的不足,社会资本通常需要借助金融机构的力量才能完成 PPP 项目的建设、运营。因此,社会资本或 PPP 项目公司需要与银行等金融机构签订贷款合同。

需要指出的是,由于特色小镇 PPP 在我国还处于起步阶段,法律、法规、政策还不健全,实践经验还不足,因此银行参与特色小镇 PPP 面临多方面的风险:一是法律和政策风险,二是市场风险,三是信用风险。具体来说,传统融资模式下,银行与政府合作基础设施建设项目和社会公共事业项目,融资主体为政府融资平台,还款来源有地方财政兜底、土地抵押担保,此外还有政府的信用担保。但在 PPP 模式下,融资主体变成社会资本或者 PPP 项目公司,融资风险由政府转移到社会资本或者 PPP 项目公司,而社会资本无论在信用还是在兜底方面都不能与政府相比。因此,银行必须重新设计风险评估体系。

在实践操作中,银行业金融机构根据自身风控的需要,除要求社会资本或 PPP 项目公司与金融机构签订融资贷款合同外,还要求担保人(主要为社会资本的股东方和 PPP 项目公司)就项目贷款与金融机构贷款方签订担保合同,以及 PPP 项目公司以项目未来收益权作为质押等。

以某特色小镇 PPP 项目(以下简称“本项目”)合同为例。(见案例 6-1)

【案例 6-1】

甲(地方政府授权的实施机构,笔者注)、乙(中标社会资本,笔者注)双方就项目贷款的条款约定，当以下先决条件满足时，双方开始履行本项目合同项下义务：

(1)融资交割完成；

(2)甲方付款条件获得人大决议通过；

(3)依法清产核资、产权界定、资产评估、产权登记，并获本市人民政府相关部门批准；

(4)按约定交割完资产与资金，须担保、质押等文件依适用法律获得批准；

(5)已经取得依法应当取得的其他批准文件。

而就本项目融资，甲、乙双方约定：

PPP项目公司注册资本×亿元，其他资金通过项目融资解决。本项目融资×亿元，在与多家银行进行磋商后，最终确定向某国有商业银行融资。此外，为保证项目还贷资金来源，项目公司作出承诺：

一是将其与某市政府签订的本项目项下特许经营权收益权质押给贷款银行；

二是在建设期内将建设、采购及安装总承包商提供的履约担保合同中的权益质押给贷款银行，双方签订《权益质押合同》；

三是在项目投产后将项目的固定资产(包括土地使用权、机器设备等)质押给贷款银行，双方签订《房地产抵押合同》及《机器设备质押合同》，并在相关部门办理登记备案手续。

实事求是地说，各类社会资本投资一个特色小镇PPP项目，在对外融资前，特色小镇PPP项目建设尚未形成实际固定资产(如BOT项目)，因此很难提供足额的财产抵押和保证，在这种情况下，特色小镇PPP项目特许经营权收益权的质押便成为社会资本或PPP项目公司融资的重要工具。

3. 国家政策支持特许经营权收益权质押贷款

国务院《关于创新重点领域投融资机制鼓励社会投资的指导意见》(国发〔2014〕60号)，指出探索创新信贷服务，支持开展排污权、收费权、集体林权、特许经营权、购买服务协议预期收益、集体土地承包经营权质押贷款等担保创新类贷款业务。探索利用工程供水、供热、发电、污水垃圾处理等预期收益质押贷款，允许利用相关收益作为还款来源。鼓励金融机构对民间资本举办的社会事业提供融资支持。可以说，国务院 60 号文对特许经营权收益权质押贷款以及供水、供热、发电、污水垃圾处理（均属于 PPP 领域行业）等预期收益质押贷款给予了明确规定。

2015 年 3 月，国家发改委和国家开发银行联合发布《关于推进开发性金融支持政府和社会资本合作有关工作的通知》（发改投资〔2015〕445 号），明确开发银行在监管政策允许范围内，给予 PPP 项目差异化信贷政策，其中之一便要求贯彻国务院《关于创新重点领域投融资机制鼓励社会投资的指导意见》关于“支持开展排污权、收费权、集体林权、特许经营权、购买服务协议预期收益、集体土地承包经营权质押贷款等担保创新类贷款业务”的要求，积极创新 PPP 项目的信贷服务。2015 年 4 月，国家发改委、财政部、住建部、交通运输部、水利部、中国人民银行等联合发布《基础设施和公用事业特许经营管理办法》，允许对特许经营项目开展预期收益质押贷款，鼓励以设立产业基金等形式入股提供项目资本金，支持项目公司成立私募基金，发行项目收益票据、资产支持票据、企业债、公司债等拓宽融资渠道。2017 年 4 月，住建部、中国建设银行联合发布《关于推进商业金融支持小城镇建设的通知》，指出创新金融服务模式，中国建设银行将在现有政策法规内积极开展金融创新。探索开展特许经营权、景区门票收费权、知识产权、碳排放权质押等新型贷款抵质押方式。

4. 特许经营收益权质押的法律之争

目前业内对 PPP 项目特许经营权收益权质押还存在较大的争议，主要是 PPP 项目特许经营权收益权能否质押以及法律效力问题。而正是存在较大的争议，导致社会资本从银行等金融机构融资存在很大的阻力，进而阻碍包括特色小镇 PPP 项目在内的 PPP 项目落地，这样的例子不在少数。

2015 年 12 月，最高人民法院发布第 11 批指导性案例 53 号“福建海峡银行股份有限公司福州五一支行诉长乐亚新污水处理有限公司、福州市政工程有限公司金融借款合同纠纷案”，该案裁判要点主要为两个方面：第一，特许经营权的收益权可以质押，并可作为应收账款进行出质登记。第二，特许经营权的收益权依其性质不宜折价、拍卖或变卖，质权人主张优先受偿权的，人民法院可以判令出质债权的债务人将收益权的应收账款优先支付质权人。

公开资料显示,原告福建海峡银行股份有限公司福州五一支行(以下简称海峡银行五一支行)诉称:原告与被告长乐亚新污水处理有限公司(以下简称长乐亚新公司)签订单位借款合同后向被告贷款3000万元。被告福州市政工程有限公司(以下简称福州市政公司)为上述借款提供连带责任保证。原告海峡银行五一支行、被告长乐亚新公司、福州市政公司、案外人长乐市建设局四方签订了《特许经营权质押担保协议》,福州市政公司以长乐市污水处理项目的特许经营权提供质押担保。因长乐亚新公司未能按期偿还贷款本金和利息,故诉请法院判令:长乐亚新公司偿还原告借款本金和利息;确认《特许经营权质押担保协议》合法有效,拍卖、变卖该协议项下的质物,原告有优先受偿权;将长乐市建设局支付给两被告的污水处理服务费优先用于清偿应偿还原告的所有款项;福州市政公司承担连带清偿责任。被告长乐亚新公司和福州市政公司辩称:长乐市城区污水处理厂特许经营权,并非法定的可以质押的权利,且该特许经营权并未办理质押登记,故原告诉请拍卖、变卖长乐市城区污水处理厂特许经营权,于法无据。

法院经审理查明:2003年,长乐市建设局为让与方、福州市政公司为受让方、长乐市财政局为见证方,三方签订《长乐市城区污水处理厂特许建设经营合同》,约定:长乐市建设局授予福州市政公司负责投资、建设、运营和维护长乐市城区污水处理厂项目及其附属设施的特许权,并就合同双方权利义务进行了详细约定。2004年10月22日,福州市政公司为履行《长乐市城区污水处理厂特许建设经营合同》而设立项目公司长乐亚新公司。

2005年3月24日,福州市商业银行五一支行与长乐亚新公司签订《单位借款合同》,约定:长乐亚新公司向福州市商业银行五一支行借款3000万元;借款用途为长乐市城区污水处理厂BOT项目;借款期限为13年,自2005年3月25日至2018年3月25日;还就利息及逾期罚息的计算方式作了明确约定。福州市政公司为长乐亚新公司的上述借款承担连带责任保证。

同日,福州市商业银行五一支行与长乐亚新公司、福州市政公司、长乐市建设局共同签订《特许经营权质押担保协议》,约定:福州市政公司以《长乐市城区污水处理厂特许建设经营协议》授予的特许经营权为长乐亚新公司向福州市商业银行五一支行的借款提供质押担保,长乐市建设局同意该担保;福州市政公司同意将特许经营权收益优先用于清偿借款合同项下的长乐亚新公司的债务，长乐市建设局和福州市政公司同意将污水处理费优先用于清偿借款合同项下的长乐亚新公司的债务；福州市商业银行五一支行未受清偿的，有权依法通过拍卖等方式实现质押权利等。

上述合同签订后，福州市商业银行五一支行依约向长乐亚新公司发放贷款3000万元。长乐亚新公司于2007年10月21日起未依约按期足额还本付息。另查明，福州市商业银行五一支行于2007年4月28日名称变更为福州市商业银行股份有限公司五一支行；2009年12月1日其名称再次变更为福建海峡银行股份有限公司五一支行。

福建省福州市中级人民法院于2013年5月16日作出(2012)榕民初字第661号民事判决：一、长乐亚新污水处理有限公司应于本判决生效之日起十日内向福建海峡银行股份有限公司福州五一支行偿还借款本金28 714 764.43元及利息(暂计至2012年8月21日为2 142 597.6元，此后利息按《单位借款合同》的约定计至借款本息还清之日止)；二、长乐亚新污水处理有限公司应于本判决生效之日起十日内向福建海峡银行股份有限公司福州五一支行支付律师代理费人民币123 640元；三、福建海峡银行股份有限公司福州五一支行于本判决生效之日起有权直接向长乐市建设局收取应由长乐市建设局支付给长乐亚新污水处理有限公司、福州市政工程有限公司的污水处理服务费，并对该污水处理服务费就本判决第一、二项所确定的债务行使优先受偿权；四、福州市政工程有限公司对本判决第一、二项确定的债务承担连带清偿责任；五、驳回福建海峡银行股份有限公司福州五一支行的其他诉讼请求。

宣判后，两被告均提起上诉。福建省高级人民法院于2013年9月17日作出福建省高级人民法院(2013)闽民终字第870号民事判决，驳回上诉，维持原判。

法院生效裁判认为：被告长乐亚新公司未依约偿还原告借款本金及利息，已构成违约，应向原告偿还借款本金，并支付利息及实现债权的费用。福州市政公司作为连带责任保证人，应对讼争债务承担连带清偿责任。

本案争议焦点主要涉及污水处理项目特许经营权能否质押的法律问题。

关于特许经营权能否出质问题，权威观点认为，其一，本案讼争污水处理项目

《特许经营权质押担保协议》签订于2005年，尽管当时法律、行政法规及相关司法解释并未规定污水处理项目收益权可质押，但污水处理项目收益权与公路收益权性质上相类似。最高人民法院《关于适用〈中华人民共和国担保法〉若干问题的解释》第九十七条规定，“以公路桥梁、公路隧道或者公路渡口等不动产收益权出质的，按照担保法第七十五条第（四）项的规定处理”，明确公路收益权属于依法可质押的其他权利，与其类似的污水处理收益权亦应允许出质。其二，国务院办公厅2001年9月29日转发的国务院办公厅转发国务院西部开发办公室《关于西部大开发若干政策措施的实施意见》（国办发〔2001〕73号）中提出，“对具有一定还贷能力的水利开发项目和城市环保项目（如城市污水处理和垃圾处理等），探索逐步开办以项目收益权或收费权为质押发放贷款的业务”，首次明确可试行将污水处理项目的收益权进行质押。其三，污水处理项目收益权虽系将来金钱债权，但其行使期间及收益金额均可确定，其属于确定的财产权利。其四，在《中华人民共和国物权法》（以下简称《物权法》）颁布实施后，因污水处理项目收益权系基于提供污水处理服务而产生的将来金钱债权，依其性质亦可纳入依法可出质的“应收账款”的范畴。因此，讼争污水处理项目收益权作为特定化的财产权利，可以允许其出质。

分析指出，本案例主要明确了特许经营权、收益权、质押、可转让范围等概念，有利于国家发改委、财政部、住建部、咨询机构、地方职能部门等厘清PPP模式中基本的法律概念。

本案例对于特许经营权收益权能否质押等司法实践难题作出明确规范，统一了裁判标准，有利于提高诉讼效率。随着最高人民法院指导性案例的发布，一直困扰业内的难题终于破解，这为今后我国更多的包括特色小镇在内的PPP项目通过特许经营权收益权质押融资树立了典范。

第七篇

项目建设与运营法律实务

PPP

特色小镇 PPP 项目建设和运营法律问题

众所周知，特色小镇 PPP 项目包括设计、投资、融资、建设和运营环节。待社会资本或 PPP 项目公司解决融资问题后，接下来最重要的工作也是特色小镇 PPP 项目落地的工作即是项目的建设与运营。

严格来说，无论是传统的 EPC 模式还是 PPP 模式，都涉及工程的建设。工程的建设会出现诸多复杂的法律问题，如项目的招标投标模式的选择、总承包或建设工程施工合同的签订、施工建设的变更、索赔、工程款结算、质保、最终结清、纠纷解决等。

1. 特色小镇 PPP 建设法律问题

(1)特色小镇 PPP 项目多涉及工程建设

从特色小镇的建设来看，很多项目都涉及工程建设，重点是基础设施建设(包括道路、市政管网、水利等)和公共服务项目建设(包括学校、医院、养老院、公园、图书馆、博物馆等)。

以某文旅小镇 PPP 项目(以下简称“本项目”)为例。(见案例 7－1)

【案例 7－1】

某文旅小镇 PPP 项目建设内容、规模及标准

本项目总占地面积×亩，约合×平方公里；规划建设总面积(含新建和改造)为

×万平方米，其中地上为×万平方米，地下为×万平方米。

本项目主要分为古镇核心区、湿地公园区、古窑址区、基础设施建设四部分内容。

（一）古镇核心区

古镇核心区包括古镇内部文物保护单位及拟定保护建筑、恢复历史风貌建筑、新建仿古建筑及配套建设工程，以及沿江景观带的景观打造。古镇核心区用地面积约×亩（包含沿江景观带×亩及古镇核心区其余土地出让×亩）。

（二）湿地公园区

湿地公园区包括湿地公园、古窑博物馆、附属配套设施、产业配套植入的建设等。湿地公园区用地面积约×亩。

（三）古窑址区

古窑址区为古窑址修缮等工程。古窑址保护公园内有古窑、古迹、古建、古树等文物古迹，这些元素共同构成了项目所在地的古迹、古风、古韵。古窑址修缮工程以坚持整体性、原真性、多样性、可持续性的保护策略为原则进行建设。古窑址区用地面积约×亩。

（四）基础设施建设

基础设施建设用地面积约×亩。各区域具体建设指标见表7－1。

表7－1　某文旅小镇PPP项目建设内容和规模一览表

序号	名称	单位	用地面积	单位	建设规模	备注
一	古镇核心区	亩	×	m^2	×	
1	文物保护性建筑	亩	×	m^2	×	
2	保护修缮类建筑	亩	×	m^2	×	为一般保护性建筑
3	新建仿古建筑及配套	亩	×	m^2	×	
4	沿江景观带	亩	×	m^2	×	
二	湿地公园区	亩	×	m^2	×	
1	湿地公园	亩	×	m^2	×	
2	古窑博物馆	亩	×	m^2	×	

续表

序号	名称	单位	用地面积	单位	建设规模	备注
3	附属配套设施	亩	×	m^2	×	
4	产业配套植入	亩	×	m^2	×	
三	古窑址区	亩	×	m^2	×	
1	古窑址修缮	亩	×	m^2	×	
四	停车场	亩	×	m^2	×	
1	地上停车场	亩	×	m^2	×	
2	地下停车场			m^2	×	
五	道路及公共配套	亩	×	m^2	×	
1	区域内道路及景区步道	亩	×	m^2	×	
2	游客服务中心			m^2	×	
3	应急救援站			m^2	×	
4	信息咨询服务设施			m^2	×	
5	公共厕所	—		m^2	×	约×座
6	垃圾箱	—		个	×	
7	垃圾收集点	—		个	×	
8	垃圾中转站	—		座	×	
9	污水处理站	—		个	×	
10	垃圾无害化处理设施	—		项	×	
11	安防设施	—		项	×	
12	供水管网	—		km	×	
13	排水管网	—		km	×	
14	污水管网	—		km	×	
15	电力工程	—		项	×	
16	通讯工程	—		项	×	
17	体育设施	—		项	×	
18	医疗设施	—		项	×	

续表

序号	名称	单位	用地面积	单位	建设规模	备注
19	消防池	—		个	×	
20	消防设施	—		项	×	
六	合计	亩	×	m^2	×	
1	地上面积			m^2	×	
2	地下面积			m^2	×	

备注：项目的最终建设内容及规模以项目相关批复为准。

(2)建筑工程合同内容多

社会资本中标后，如果该社会资本自身有建设资质，则一般由该社会资本进行建设，但该社会资本与 PPP 项目公司是两个法律主体。根据 PPP 的法规和政策规定，中选社会资本建设工程项目，需要与 PPP 项目公司签订建设工程合同。而如果中选社会资本自身没有建设资质或资质不够，那么就需要按招投标程序选择与有资质的建筑工程商合作。

建设工程合同内容主要包括工程概况、承包范围、工期、质量标准、合同价款、合同文件的范围等基本内容。

当前，我国建筑业仍然存在施工人员技术水平不高、管理不科学、各参与方沟通不畅、施工环境受地质条件和气候特征等自然因素影响较大等不足，因此，中标社会资本一定要严格管控工程建设风险。

(3)建设水平有待提高

虽然相比其他产业资本，建筑企业具有技术、管理等方面的优势。但总的来说，我国的建筑企业实力参差不齐，整体水平有待提高。

现实情况是，我国建筑行业水平虽然发展很快，但同西方发达国家相比还存在一定差距，尤其表现在建筑工程造价管理信息化、数字化以及精细化程度方面。即使是技术水平高、管理能力强的建筑企业，也需要积极运用新技术，科学管理，以降低投资风险，节约建设成本，提高项目工程建设的质量。

2. 特色小镇 PPP 运营法律问题

毋庸置疑,特色小镇建成后,需要专业的运营团队,运营过程也会涉及诸多法律问题。这就需要社会资本或 PPP 项目公司严格管控,规避法律风险。

如上所述,社会资本通常需要引进更具运营实力的运营公司与自己合作,从而达到提高项目运营效率、降低项目运营成本和增加项目利润的目的。社会资本或 PPP 项目公司将 PPP 项目全部或者部分运营业务外包给有经验的专业运营商,并与其签订运营服务合同。运营服务合同的核心内容包括合作期的具体起始时间、可能导致运营期变更的因素及导致变更时的调整方法与补偿机制、协议终止及提前终止等。此外,我国 PPP 法规政策有明确规定,如果社会资本或 PPP 项目公司与专业运营服务公司合作,政府与社会资本所签订的 PPP 项目合同一般会约定 PPP 项目运营维护事务的外包需要事先取得政府方的同意,且社会资本的运营和维护义务并不会因为将运营维护事务外包而豁免。也就是说,从法律层面讲,即使社会资本或 PPP 项目公司与专业的运营服务公司签订合同,自身也还要承担整个项目的运营和维护义务。

3. 特色小镇 PPP 建设和运营纠纷解决

在特色小镇 PPP 项目建设和运营过程中,相关合作各方不可避免地出现纠纷,如建设质量问题、运营成本超支、运营维护不达标、政府方提高服务标准、因运营不善收回运营权、项目公司破产、政府拖欠可行性缺口补贴等。

(1)友好协商

在建设和运营合同中需要约定,发生争议后先由双方通过友好协商的方式解决纠纷,目的是防止双方在尝试通过协商解决争议之前直接启动正式的法律程序。协商的具体方式包括:一是协商前置。即发生争议后,双方必须在一段特定期限内进行协商,在该期限届满前双方均不能提起进一步的法律程序。二是选择协商。即将协商作为一个可以选择的争议解决程序,无论是否已进入协商程序,各方均可在任何时候启动诉讼或仲裁等其他程序。三是协商委员会。即在合同中明确约定由各方代表组成协商委员会,双方一旦发生争议应当首先提交协商委员会协商解决。如果在约定时间内协商委员会无法就有关争议达成一致,则会进入下一阶段的争议解决程序。

(2)仲裁

仲裁是一种以双方书面合意进入仲裁程序为前提(即合同双方必须书面约定将争议提交仲裁)的替代诉讼的纠纷解决方式。相较于诉讼,仲裁优点明显:一是仲裁程序更具灵活性,更尊重当事人的程序自主;二是仲裁程序更具专业性,当事人可以选择相关领域的专家作为仲裁员;三是仲裁程序更具保密性,除非双方协议可以公开仲裁,一般仲裁程序和仲裁结果均不会对外公开;四是仲裁程序一裁终局,有可能比诉讼程序更快捷、成本更低。依照我国法律,仲裁裁决与民事判决一样,具有终局性和法律约束力。除基于法律明确规定的事由,法院不能对仲裁的裁决程序和裁决结果进行干预。

(3)诉讼

实践中,诉讼程序相较于仲裁程序时间更长,程序更复杂,成本(经济成本和时间成本)也更高,因此合作各方在选择最终的争议解决程序时需要仔细考量。

特色小镇 PPP 项目中的绩效管理

与传统投融资方式相比，PPP 模式有四个鲜明的特征：全生命周期、物有所值、风险共担、激励相容。其中“全生命周期”包含的内容之一便是强调政府要全面参与 PPP 项目的全过程，对公共服务的质量、价格和绩效进行全过程监管，确保实现公共利益最大化。

1. 绩效管理是 PPP 的重要内容

在政府和社会资本合作模式下，政府以绩效评价结果作为对价支付依据，并纳入预算管理、财政中期规划和政府财务报告，符合 PPP“利益共享，风险共担”的原则，同时有利于减轻当期财政支出压力，平滑年度间财政支出波动，防范和化解政府性债务风险。

梳理发现，对于 PPP 绩效管理，国家相关部委和地方政府相继出台了一系列法规政策：

2014 年 9 月，财政部发布《关于推广运用政府和社会资本合作模式有关问题的通知》(财金〔2014〕76 号)，规定完善项目财政补贴管理。对项目收入不能覆盖成本和收益，但社会效益较好的政府和社会资本合作项目，地方各级财政部门可给予适当补贴。财政补贴要以项目运营绩效评价结果为依据，综合考虑产品或服务价格、建造成本、运营费用、实际收益率、财政中长期承受能力等因素合理确定。地方各级财政部门要从“补建设”向“补运营”逐步转变，探索建立动态补贴机制，将财政补贴等支出分类纳入同级政府预算，并在中长期财政规划中予以统筹考虑。"省级财政部门要督促行业主管部门，加强对项目公共产品或服务质量和价格的监管，建立政府、服务使用者共同参与的综合性评价体系，对项目的绩效目标实现程度、运营管理、资金使用、公共服务质量、公众满意度等进行绩效评价。绩效评价结果应依法对外公开，接受社会监督。同时，要根据评价结果，依据合同约定对价格或补贴等进行调整，激励社会资本通过管理创新、技术创新提高公共服务质量。"

2014 年 11 月，财政部发布《关于印发政府和社会资本合作模式操作指南（试行）的通知》（财金〔2014〕113 号），明确指出在项目执行阶段，开展绩效监测，将政府付费、使用者付费与绩效评价挂钩，并将绩效评价结果作为调价的重要依据，确保实现公共利益最大化。此外，在移交阶段，项目移交后要进行绩效评价，对项目的产出、成本效益、监管成效、可持续性、政府和社会资本合作模式应用等进行绩效评价，评价结果作为政府开展政府和社会资本合作管理工作决策的参考依据。

2014 年 12 月，国家发改委发布《关于开展政府和社会资本合作的指导意见》（发改投资〔2014〕2724 号），界定了 PPP 项目的规范管理过程，即项目储备、项目遴选、伙伴选择、合同管理、绩效评价、退出机制。

2015 年 2 月，财政部发布《关于市政公用领域开展政府和社会资本合作项目推介工作的通知》（财建〔2015〕29 号），对 PPP 操作流程进行了规范，推介项目在项目发起、物有所值评价、财政承受能力验证、合作伙伴选择、收益补偿机制确立、项目公司组建、合作协议签署、绩效评价等操作过程中，应根据财政部关于 PPP 工作的统一指导规范推进，地方财政部门会同住房城乡建设（市政公用）部门抓紧研究制定符合当地实际情况的操作办法，实现规范化管理。

2016 年 9 月，财政部印发《政府和社会资本合作项目财政管理暂行办法》（财金〔2016〕92 号），指出各级财政部门应当会同相关部门，统筹安排财政资金、国有资产等各类公共资产和资源，与社会资本开展平等互惠的 PPP 项目合作，切实履行项目识别论证、政府采购、预算收支与绩效管理、资产负债管理、信息披露与监督检查等职责，保证项目全生命周期规范实施、高效运营；PPP 项目合同审核时，合同应当约定项目具体产出标准和绩效考核指标，明确项目付费与绩效评价结果挂钩；财政部门应对行业主管部门报送的 PPP 项目财政收支预算申请进行认真审核，充分考虑绩效评价、价格调整等因素,合理确定预算金额。[1]

2016 年 10 月,财政部发布《关于在公共服务领域深入推进政府和社会资本合作工作的通知》(财金〔2016〕90 号)明确:着力规范推进项目实施。各级财政部门要会同有关部门统筹论证项目合作周期、收费定价机制、投资收益水平、风险分配框架和政府补贴等因素,科学设计 PPP 项目实施方案,确保充分体现"风险分担、收益共享、激励相容"的内涵特征,防止政府以固定回报承诺、回购安排、明股实债等方式承担过度支出责任,避免将当期政府购买服务支出代替 PPP 项目中长期的支出责任,规避 PPP 相关评价论证程序,加剧地方政府财政债务风险隐患。要加强项目全生命周期的合同履约管理,确保政府和社会资本双方权利义务对等,政府支出责任与公共服务绩效挂钩。

2017 年 1 月,财政部发布《关于规范政府和社会资本合作(PPP)综合信息平台项目库管理的通知》(财办金〔2017〕92 号,以下简称《通知》),提出了严格管理的总体要求,《通知》明确了入库项目的负面清单,一是永久不能入库项目,包括不属于公共服务领域、涉及国家安全或重大公共利益、无运营内容等不适宜采用 PPP 模式实施的情形;二是手续不完善的项目,主要指前期准备工作不到位的项目,包括新建改扩建未立项审批项目、存量未办理相关审批评估手续项目、未通过物有所值评价和财政承受能力论证项目;三是固化支出责任的项目,主要指未建立按效付费机制的项目,包括政府付费义务未与项目产出绩效相挂钩、付费义务在合作期内未连续平滑支付、项目建设成本不参与绩效考核或实际与绩效考核结果挂钩部分占比不足 30% 的项目。

具体来说,为贯彻 PPP 以运营为核心、以绩效为导向的理念,推动 PPP 项目由重建设向重运营转变,确保项目长期稳定运行,《通知》在推动项目建立按效付费机

---

〔1〕 该《办法》指出,各级财政部门应当会同行业主管部门开展 PPP 项目绩效运行监控,对绩效目标运行情况进行跟踪管理和定期检查,确保阶段性目标与资金支付相匹配,开展中期绩效评估,最终促进实现项目绩效目标。各级财政部门应当会同行业主管部门在 PPP 项目全生命周期内,按照事先约定的绩效目标,对项目产出、实际效果、成本收益、可持续性等方面进行绩效评价,也可委托第三方专业机构提出评价意见。各级财政部门应依据绩效评价结果合理安排财政预算资金。对于绩效评价达标的项目,财政部门应当按照合同约定,向项目公司或社会资本方及时足额安排相关支出。对于绩效评价不达标的项目,财政部门应当按照合同约定扣减相应费用或补贴支出。

制方面采取了以下举措：一是要求政府付费与项目绩效考核结果挂钩，强化项目产出绩效对社会资本回报的激励约束效果，防止政府对项目各项支出承担无条件的支付义务，使 PPP 异化为拉长版 BT；二是要求政府承担的项目建设成本与运营成本均应根据绩效考核结果进行支付，且建设成本中参与绩效考核的部分占比不得低于 30%，防止当前部分项目通过所谓“工程可用性付费”方式，以“项目竣工即应支付”的名义，提前锁定政府对建设成本的无条件支付义务，弱化项目运营绩效考核的约束力；三是要求政府付费应在项目合作期内连续、平滑安排，防止为多上项目将财政支出责任过度后移，加剧以后年度财政支出压力、导致代际失衡，同时也防止将财政支出责任集中前移，使社会资本快速回收大部分投资从而可以实现早期退出。

2. 建立基于绩效的支付机制

PPP 项目回报机制主要有以下三种：一是供水、供电、供暖、供气等经营性项目，完全依靠使用者付费；二是污水处理、垃圾处理等准经营性项目，由于付用者付费不足，需要依靠政府提供补贴以弥补社会资本的收入不足，即“使用者付费 + 可行性缺口补贴”；三是河道治理、公园等收入很低或没有收入完全依靠政府付费的公益性项目。就特色小镇 PPP 项目而言，政府与社会资本在合作过程中，同样也适用于这三种主要的回报机制。

如上所述，PPP 模式要求将政府付费、使用者付费与绩效评价挂钩，并将绩效评价结果作为调价的重要依据，确保实现公共利益最大化。

以某特色小镇 PPP 项目价格调整机制为例：一是在项目竣工验收后，社会资本未能达到绩效考核指标的，政府有权从对项目公司的应付款项中扣除；二是对于政府财政补贴费用的调整，未来根据经济环境变化与市场趋势变化，参考通货膨胀率等因素，建议价格每 2 年调整一次，由政府方与社会资本方另行协商进行调整，具体调价公式在《PPP 项目合同》中约定；三是对于政策、标准的调整和税收价格政策的变动，将在对投资进行审计和成本进行监审的基础上，通过一事一议协商机制解决。

总的来说，通过建立健全基于绩效的支付机制体系，对特色小镇 PPP 项目的运营管理、资金使用、公共服务质量、公众满意度等进行绩效评价，根据评价结果依据合同约定调整价格或补贴，有利于激励社会资本管理创新、技术创新，提高公共服务的质量，实现经济效益和社会效益的最大化，最终实现政府、社会资本和社会公众的多方“共赢”。

以某特色小镇 PPP 项目（以下简称“本项目”）为例。（见案例 7－2）

【案例 7－2】

某特色小镇 PPP 项目绩效考核机制

公开资料显示，本项目建设内容符合特色小镇发展的内涵要求，通过特色小镇模式运作可提升区域的整体效益，经政府批准采用 PPP 模式实施。

一、项目产出说明（略）

二、项目产出标准（略）

三、绩效考核标准

（一）建设期绩效考核

建设期绩效考核每半年进行一次，在项目公司向政府方提交半年进度情况报告后 5 日内进行，并应在 7 日内完成。政府方需提前 48 小时通知项目公司开始考核的时间，项目公司在政府方的监督下，在规定的考核现场对建设管理、质量管理、进度管理、资金管理、安全管理、廉政建设、工程资料等方面进行考核打分，以所有分数的平均值作为建设期绩效考核的最终得分。建设期绩效考核各项分值及具体考核办法见表 7－2。

表 7－2　建设期绩效考核办法

考核项目（分值）	考核内容（分值）	扣分标准（分值）
一、综合管理（15）	1. 强制性指标	①存在违法转包、违规分包（扣 10 分） ②超越资质要求承担施工任务（扣 15 分） ③因施工原因造成一般质量事故或安全事件（扣 10 分）

续表

考核项目(分值)	考核内容(分值)	扣分标准(分值)
一、综合管理(15)	2. 履约情况(8)	①项目经理、主要技术负责人员未经业主同意而更换(2分) ②更换的项目经理资质等级降低或专业不符(2分) ③拖欠分包商工程款和劳务人员工资(2分) ④未履行承诺配备主要施工设备(2分)
	3. 施工组织管理(7)	①施工组织设计或施工方案未经监理同意而实施(2分) ②未及时向监理报批开工申请,施工月报未按时送监理单位(2分) ③未履行对分包工程的管理职责及存在以包代管现象(1分) ④未达到文明施工要求(2分)
二、质量管理(50)	1. 质保体系(2)	*质量保证机构、制度未建立 ①质量管理人员和机构配置不齐全(2分)
	2. 质量控制(9)	①未按规定要求进行自检(1分) ②监理指令未落实(扣1分/次,2分) ③设备性能不满足工程需要,对工程建设造成影响(2分) ④工程变更、材料更换未履行报批程序(扣2分/次,4分)
	3. 隐蔽工程重要部位、重要工序施工(4)	①未按相关程序验收(2分) ②未通过检验合格就进入下道工序(2分)
	4. 质量检测(8)	*主要材料及构件未按规定进行检测,或检测资料不真实或等级不合格而投入使用,对工程建设造成影响。 ①工地实验室不符合规定或委托不满足规定资质要求的检测机构进行检测试验(2分) ②检测频率不够、签章不齐、未经监理审核批准等(扣1分/次,2分) ③材料及半成品进场及使用统计记录不规范(2分) ④使用了未按规定进行检测(验)或未通过检测的材料或构件,但未对工程造成影响(2分)

续表

<table>
<tr><th>考核项目
(分值)</th><th>考核内容
(分值)</th><th colspan="2">扣分标准(分值)</th></tr>
<tr><td rowspan="3">二、质量管理
(50)</td><td>5. 质量事故、问题及处理(7)</td><td colspan="2">* 发生质量问题影响工程建设的
* 发生一般质量事故未及时报告
①质量事故防治无预案措施(1 分)
②质量通病防治无预案措施(1 分)
③一般质量事故、问题处理不符合有关规定、不及时有效(扣 2.5 分/次,5 分)</td></tr>
<tr><td rowspan="2">6. 现场实体质量(20)(分土建部分和设备安装部分,各 20 分,根据项目特点,由专家确定土建部分和设备安装部分权重)</td><td>土建部分
(20)</td><td>①工程土建施工不满足设计要求(位置、轴线、尺度、标高、坡比等)(扣 1 分/次,8 分)
②实体外观存在缺陷(轴线偏差、标高、平整度、垂直度、色差、焊缝质量等)(扣 1 分/次,6 分)
③工程构件、实体不完整,表面缺陷处理等不符合要求(扣 1 分/次,6 分)</td></tr>
<tr><td>设备安装部分
(20)</td><td>①工程设备安装不满足设计要求(扣 1 分/次,8 分)
②设备构件、细部构造不完整、表面缺陷处理等不符合要求(扣 1 分/次,4 分)
③施工工艺、工序等不符合设计、规范要求(扣 1 分/次,4 分)
④设备安装与调试不满足规范要求,设备运转不正常等(扣 1 分/次,4 分)</td></tr>
<tr><td rowspan="4">三、进度管理
(5)</td><td>强制性指标</td><td colspan="2">因施工原因造成总体进度滞后影响工程建设(5 分)</td></tr>
<tr><td>1. 进度计划(1)</td><td colspan="2">未编制施工总进度计划、年度计划、月度计划(1 分)</td></tr>
<tr><td>2. 进度控制(1)</td><td colspan="2">未根据工程进展情况适时优化、调整进度计划(1 分)</td></tr>
<tr><td>3. 进度完成情况(3)</td><td colspan="2">①关键节点进度未按总进度计划完成(1 分)
②实际进度滞后,并未采取有效整改措施(2 分)</td></tr>
</table>

续表

考核项目（分值）	考核内容（分值）	扣分标准（分值）
四、资金管理（6）	1. 专款专用(3)	挪用工程款(3分)
	2. 费用控制(3)	因施工原因造成工程费用增加(3分)
五、安全管理（11）	1. 安全制度(2)	＊未建立安全管理制度及安全生产应急预案
	2. 安全措施(7)	＊安全隐患未采取相应的整改措施 ①安全施工措施未经批准或批准后未落实(1分) ②未按规定进行安全检查、培训、警示等(扣2分/次，4分) ③现场存在安全隐患(2分)
	3. 事故处理(2)	＊安全事故未及时上报 ①安全事故处理不及时(2分)
六、廉政建设（5）	1. 廉政制度(2)	①未制定廉政建设规章制度(1分) ②未签订廉政合同(1分)
	2. 执行情况(3)	违反廉政规定，但不构成党纪、政纪处分(3分)
七、工程资料（8）	1. 管理人员和制度(1)	无专人和相应制度(1分)
	2. 资料收集及整理(2)	①资料分类不清、收集不及时，资料收集与工程进度不同步(1分) ②应有原始记录及检查凭证不能及时提供(1分)
	3. 资料质量(5)	①记录（台账）与资料不对应(1分) ②资料填写不真实、不规范、未签认，与工程实际施工情况和规范要求不相符（扣1分/份，4分）

本项目建设期绩效考核以项目建设期履约保证金及建设期履约保函作为考核基数，实行百分制原则，当绩效考核评分低于90分时，则实施机构有权提取建设期履约保函，提取额度计算公式如下：

建设期履约保函提取额＝建设期履约保函×[1－(10＋当年建设期绩效考核得分)÷100]

（二）运营期绩效考核

运营维护期内，政府方主要通过常规考核和临时考核的方式对项目公司服务绩效水平进行考核。因本项目建设内容较为复杂，涵盖某河流域水源地环境综合整治工程、新型城镇化建设工程、市政基础公用设施等多个专业工程，运营期间考核难度较高，实施机构可依据国家、省、市以及某县当地的相关规定，委托双方认可的专业绩效考评机构对运营维护机构进行监督管理。

1. 运营期绩效考核方式

（1）常规考核

常规考核每半年进行一次，在项目公司向政府方提交半年运维情况报告后5日内进行，并应在7日内完成。政府方需提前48小时通知项目公司开始考核的时间，项目公司在政府方的监督下，在规定的考核现场对卫生、建设和设施维护、场地维护、精神文明建设等方面进行考核打分。

（2）临时考核

政府方可以随时自行考核项目公司的运维服务，如发现缺陷，则需在24小时内以书面形式通知项目公司。项目公司在接到政府方的书面通知后，应在绩效考核要求的时间内修复缺陷。

2. 运营期绩效考核标准

本项目运营期绩效考核以项目运营维护保函作为考核基数，实行百分制原则，当绩效考核评分低于90分时，则实施机构有权提取运营维护保函，提取额度计算公式如下：

运营维护保函提取额 = 运营维护保函 × [1 - (10 + 当年运营期绩效考核得分) ÷ 100]

3. 运营期绩效考核办法

本项目建设内容涵盖某河流域水源地生态环境综合整治工程、新型城镇化建设工程、市政基础公用设施及配套工程、某县医养结合中心工程、文化资源保护开发工程五大子项，涉及的行业领域较广，故在运营期内对各个子项分别进行绩效考核，以各子项的绩效考核加权平均值作为项目运营期绩效考核得分。运营期绩效考核各项分值及具体考核办法见表7-3。

表7-3　运营期绩效考核办法

序号	考核项目	权重	考核子项			加权得分
			子项名称	权重	绩效考核得分	
一	某河流域水源地生态环境综合整治工程(20%)	28%	某河流域水源地生态环境综合整治工程	28%		
二	新型城镇化建设工程	10%	新型农村社区改造工程	5%		
			幼儿园、小学及初中	3%		
			医院	2%		
三	市政基础公用设施及配套工程	8%	给水厂	2%		
			污水处理厂、污水处理站	2%		
			垃圾/生物质/燃气热电站	2%		
			道路交通工程	2%		
四	某县医养结合中心工程	20%	某县医养结合中心工程	20%		
五	文化资源保护开发工程	26%	文化资源保护开发工程	26%		
六	辅助产业导入、招商服务	8%	①产业导入企业税收收入增长保持良好水平(10分)	2%		
			②积极开展辅助产业导入和企业引进工作,产业导入企业逐年增加情况及入住率保持良好水平(5分)	2%		
			③辅助产业导入、引进企业质量及入驻企业发展总体态势,税收等经济指标情况(5分)	2%		
			④项目移交时引进企业数量,税收等经济指标情况(5分)	2%		
合计						

资料来源:财政部网站。

建立特色小镇 PPP 项目全过程监管机制

在传统基础设施建设和公共服务项目建设模式下,地方政府既是项目的投资者,还是项目的监督者。也就是说,政府部门既是项目的主导者,又是监管者;既是“运动员”又是“裁判员”。而在 PPP 模式下,政府的角色包括:项目是否适合 PPP 模式的决定者、具体采取哪一种 PPP 方式(BOT、TOT、ROT 等)的决定者、交易规则的制定者与执行者、公共服务的采购者和提供者、公共服务的监管者等,具有多样化的特点。也就是说,政府的角色发生了根本的转变,即从“经营者”到“监管者”的转变。作为提供社会公共职能和社会公益事业的最终责任主体,政府需要依据各类合同的要求,从法律上切实履行从前期准入到项目运营全过程的监管职责。

在具体操作上,PPP 项目实施机构通过地方政府授权,作为核心监管主体负责项目前期评估论证、实施方案编制、合作伙伴选择、项目合同签订、项目组织实施以及合作期满移交等工作。

1. 履约管理

履约管理是指由政府授权的实施机构严格按照《PPP 项目合同》的约定,对中选社会资本或 PPP 项目公司全面履行设计、融资、建设、运维、移交等的情况进行监督和检查。监管和检查可以定期进行,也可以按合同节点进行(通常在《PPP 项目合同》中约定),并将监督检查结果报财政部门备案,作为项目绩效考核的重要考核依据。

专家认为,总体来看,项目实施机构对社会资本或 PPP 项目公司主要通过审批/审核、备案、现场检查、协调解决、绩效考核、中期评估、临时接管等手段进行监管。

(1)审批/审核

一般来说,项目公司的下列事项需要事先通过项目实施机构审批或征得项目实施机构同意,包括:建设资金使用;建设工期延长;设计优化及工程变更;应急预案;建设和运营期相关保险的购买及变更;服务费用支付申请;法律变更、税收等引起的相关补偿申请;服务价格调整;对特许经营权、收费权等相关权利进行转让或设置担保权益;对土地使用权等项目相关资产、设施和设备进行转让或设置担保权益;PPP 项目合作期延长;项目公司对外投资或超范围经营;项目公司股权转让;项目提前终止;违约责任免除等。

(2)备案

项目公司的下列事项需要及时向项目实施机构备案或报告,包括:取得相关政府部门对从事建设、运营资质的各种批准;与工程建设、运营有关的一切机构选择的相关文件,包括勘察、设计单位、总承包商、分包商、运营商、监理机构、材料和设备采购单位等的招标文件、合同等;项目工程相关的技术资料、图纸等文件;项目融资文件;项目工程进度、质量控制及安全管理等报告;竣工验收文件;项目设施检修与维护手册;年度经营计划及中长期经营计划;年度经营情况报告;项目检修、设备重置等相应的技术文件;年度财务会计报表;项目公司股东会决议和董事会决议;人员安全事故或设施、设备重大事故等。

(3)现场检查

在不影响项目正常实施的情况下,项目实施机构有权派出代表进入项目场地进行例行性检查和测试,以监察建设工程情况及项目设施运营维护情况,包括询问相关人员、查阅各类建设运营资料、听取汇报、实地查看、自行或委托第三方机构进行抽样检测或专项审计等。

(4)协调解决

在 PPP 项目合作期内,为了更好地保障项目公司高效运行,维护社会公众利益，项目实施机构往往负责协调政府方更有能力解决的事项，包括：协助社会资本/项目公司取得融资及建设所必需的许可、批准等证明文件；协助取得项目用地/临时用地及协调与项目场地周边所涉及的有关单位的关系；协助项目公司完成项目建设所必需的道路、通水、通电等配套基础设施；协调其他基础设施项目建设计划与本项目建设进度的匹配等；协助项目公司申请并获得相应的税收优惠或财政补助等。

(5)绩效考核

绩效考核是 PPP 项目实施过程中必要且有效的监管手段，项目实施机构主要通过常规考核和临时考核的方式对项目公司服务绩效水平进行考核，并将绩效考核结果与政府相关服务费支付相挂钩。

(6)中期评估

项目实施机构组织相关专家、人员或聘请中介机构每隔 3 ~5 年对 PPP 项目运营及合同双方的履约情况进行中期评估。中期评估主要包括对项目公司的评估、PPP 项目合作协议的评估及政府监管的评估，其中对项目公司的评估是重点，主要是对项目公司投资建设发展、基本建设程序执行、企业财务状况、产品和服务质量、运营管理和控制以及企业文化等进行全方位的评价。

(7)临时接管(介入)

项目公司有下列行为时，项目实施机构有权实施临时接管，包括：擅自以出售、转让、出租、抵押等方式处置项目设施或项目经营权；存在重大安全隐患且拒不整改，危及或者可能危及公共利益、公共安全的；因管理不善，发生重大质量、生产安全事故的；擅自停业、歇业，严重影响社会公共利益和公共安全的；被依法注销、关停的；发生紧急情况，项目实施机构合理认为该紧急情况会导致人员伤亡、严重财产损失或造成环境污染等。

2. 行政监督

行政监督主要是实施机构对建设程序、采购方式和采购程序监督。

3. 公众监督

公众监督是除履约管理及行政监督之外的监督方式,主要是政府建立公众参与监督机制,引导公众参与PPP项目监管。具体是通过信息化平台建设,推行信息公开制度,定期公布服务质量考核结果、成本监审报告等。同时,政府还要完善公众咨询、投诉、处理程序,形成全社会共同监督的有效机制。

除项目实施机构外,还有其他政府职能部门监管。其他职能部门指财政部门(包括对PPP项目进行物有所值评价和财政承受能力论证,PPP项目入库,政府相关付费义务等纳入财政预算、政府相关服务费的审核和支付等),发改、国土、规划、环保、建设等部门(主要在项目前期承担各类审批职责,并在各自职权范围内发挥监管作用),物价部门(对实行政府指导定价和指令性定价的PPP项目,其服务费价格标准及收费机制由物价部门会同有关部门共同制定),审计部门(通过工程总价审计、工程管理审计、财务竣工决算审计及关键环节跟踪审计等方式保障财政资金使用的安全性)、监察部门(主要负责突发性事件的监管)等。

以某特色小镇PPP项目(以下简称"本项目")为例。(见案例7-3)

【案例7-3】

某特色小镇PPP项目监管机制

一、监管架构

某县政府授权县文化中心为项目实施机构,与社会资本方签订《PPP项目合同》,授权项目公司在合作期内负责本项目的建设及后期运营维护。

监管主要包括履约管理、行政监管和公众监督等。项目实施机构依法、依据《PPP项目合同》的规定,对于项目的监督和介入机制包括两方面:

(一)政府在项目实施过程中的监督权利;

(二)政府在特定情形下直接介入项目的权利。

项目实施机构对项目建设的监督和介入权利主要包括:定期获取有关项目计划和进度报告及其他相关资料;在不影响项目正常施工的前提下进场检查和测试;对建设承包商的选择进行有限的监控(例如设定资质要求等);在特定情形下,介入项目的建设工作等。

项目实施机构在项目运营维护期间同样享有一定的监督和介入权，包括：在不影响项目正常运营的情况下入场检查；定期获得有关项目运营情况的报告及其他相关资料（例如运营维护计划、经审计的财务报告、事故报告等）；审阅项目公司拟定的运营方案并提出意见；委托第三方机构开展项目中期评估和后期评价；在特定情形下，介入项目的运营工作。

为保障公众知情权，接受社会监督，《PPP 项目合同》中明确约定项目公司依法公开披露相关信息的义务。关于信息披露和公开的范围，一般的原则是，除法律明文规定可以不予公开的信息外（如涉及国家安全和利益的国家秘密），其他的信息均应依据法律规定和项目合同约定予以公开披露。

二、监管方式

（一）建立项目全过程监管机制

1. 履约管理

由实施机构严格按照《PPP 项目合同》，对社会资本全面履行融资、建设、运营维护、移交等义务的情况进行监督和检查。监管和检查可以定期进行，也可以按合同节点进行，并将监督检查结果报财政部门备案。

2. 行政监督

主要是建设程序监督，采购方式和采购程序监督，项目建设、运营、移交阶段的绩效监督。

3. 公众监督

建立公众参与监督机制。进一步加强宣传和教育，引导公众参与项目监管。加强信息化平台建设，推行信息公开制度，定期公布服务质量考核结果、成本监审报告等，同时进一步完善公众咨询、投诉、处理机制，形成全社会共同监督。

（二）建立健全基于绩效的支付机制

选定专业的中介咨询机构制定政府、服务使用者共同参与的综合性评价体系，对项目的绩效目标实现程度、运营管理、资金使用、公共服务质量、公众满意度等进行绩效评价。绩效评价结果应依法对外公开，接受社会监督。根据评价结果，依据合同约定对价格或补贴等进行调整，激励社会资本通过管理创新、技术创新提高公共服务质量。

(三)运营维护绩效考核机制

由实施机构牵头,财政局、物价局等部门协助,对项目进行绩效考核,整体绩效考核任务由实施机构全权负责。

三、考核方法

实施机构通过常规考核和临时考核的方式对项目公司的运营绩效水平进行考核,以常规考核结果为主,临时考核为辅。常规考核:每年考核1次。临时考核:实施机构可以随时自行考核项目公司的运维服务绩效。

四、绩效考核指标

强调对项目公司日常工作的监管,保障项目正常运营,提高项目的社会效益,考核分数实行百分制,不达得分要求的按照绩效付费方法对政府补贴额进行监管,扣除补贴。

五、建安工程费用审计

为了更好地控制项目实施阶段的工程造价,由县财政局进行预算评审,或由县财政局授权委托的第三方咨询机构进行预算评审;项目建设阶段,由县审计局或由县审计局授权委托的第三方咨询机构对项目建设进行全过程跟踪审计;本项目建设完工后由县审计局或其委托的第三方咨询机构对本项目各年度建设投资进行决算审计。

(一)建安工程费用计价原则

1.工程量据实结算。

2.工程变更时的综合单价调整:(1)财政局审批的施工图预算中有已适用的综合单价,按施工图预算中已有的综合单价确定;(2)财政局审批的施工图预算中有类似的综合单价,参照施工图预算中类似的综合单价确定;(3)财政局审批的施工图预算中没有适用或类似的综合单价,由承包人提出综合单价,经跟踪审计机构确认后调整。

3.施工期间,相关政策性文件更新时,应按相关文件执行调整。

4.最终结算下浮比例按乙方(中选社会资本,笔者注)中标时的下浮比例执行,由甲方(实施机构,笔者注)指定品种规格和价格的材料、设备价格不下浮。

（二）工程建设其他费用投标报价时不得超过已设定的控制价，工程竣工决算时按实际发生合同价执行。

（三）财务费用

1. 投标时的融资利率不得超过已设定的控制价，工程竣工决算时根据投标文件实际报价计算；

2. 投标时的合理利润率不得超过已设定的控制价，工程竣工决算时根据投标文件实际报价计算；

3. 投标时折现率不得超过已设定的控制价，工程竣工决算时根据投标文件实际报价计算。

案例解读 PPP 项目全生命周期管理及成效

公开资料显示，为改善生态环境，充分利用闲置土地资源，拓宽融资渠道，以促进经济发展，改善公共基础设施水平，山东省济宁市泗河县打造泗河源头幸福健康特色小镇 PPP 项目（以下简称"本项目"）。本项目整体以大健康产业为基础，引入养老康复、生命科技研发等健康产业，同时发展旅游产业，打造以"大健康 + 特色旅游"产业为特色的特色小镇。

本项目建设包含公共服务及基础设施项目和产业导入设施项目，[1] 其中本项目 PPP 部分采用 BOT（建设—运营—移交）的方式运作，由政府方出资代表与中选社会资本方共同组建项目公司（SPV），负责项目中公共服务及基础设施部分的设计、投融资、建设、运营维护和移交。政府方负责项目前期涉及的手续协调办理，负责监管项目设计、建设和运营维护以及项目的绩效考核等工作。

1. 有效激发项目全生命周期整合潜力

本项目采用 PPP 模式，引入市场机制，将本项目的投融资、建设、运营、维护和管理整合到一个合同中，由 SPV 项目公司整体负责，有利于推动政府的发展规划、服务监管和企业的创新动力、管理效率的有机结合；有利于减轻财政支出压力，降

[1] 本项目涵盖泗河流域水源地环境综合整治工程、泗水县医养结合中心工程、文化资源保护开发工程、新型城镇化建设工程、市政基础公用设施及配套工程等多个领域和子项。

低地方政府债务风险；有利于提高项目全生命周期整合潜力，促进项目的顺利实施。

本项目计划建立一种文化氛围体系和空间意向。以“生态旅游带—森林公园带—子路文化带—民俗村生活体验带”四带为项目旅游路线，建设万紫千红生态旅游度假区，进行黄山森林公园开发、圣公山子路文化旅游开发、圣源度假村片区民俗文化景区旅游开发，在紧密围绕生态环境资源的基础上，注重营造空间氛围与环境氛围，有着浓郁的文化气息。本项目建设医养结合中心工程、文化资源保护开发工程、新型城镇化建设工程，包含水源地环境综合整治工程、市政基础公用设施及配套工程，各项目既有独立的建设意义，又与特色小镇开发相辅相成，为本项目价值的提升注入关键力量。而后期通过产业导入获得收益来回收项目基础设施的投资，实现产业导入与基础设施建设的有机相容、互促发展，提升区域的整体效益。

2. 直接经济效益

本项目建成后，将为当地带来较大的税收收入。据测算，可为当地带来直接税收，如营业税金及附加税 149 744.64 万元，企业所得税 329 011 万元。本项目建成后吸纳当地约 8000 人就业，并在项目建设过程中产生就业机会，还将直接带动当地消费，促进当地经济发展。

3. 间接经济效益

本项目的建设将逐步改善项目所在地环境水平、生活质量，使得项目所在地基础设施不断完善，人民生活水平不断提高。比如，项目结合当地良好的种植业基础大力发展葡萄庄园、茶园、有机农场、生态果园，进一步拓宽增收渠道，确保村民收入持续增加。通过污水处理厂/站、垃圾/生物质/燃气热电站、道路交通工程等基础设施的建设，切实做到精确帮扶。此外，目前泗水县养老隐性问题逐步凸显，本项目养老院及康复中心的建设对泗水县养老压力有一定程度的缓解，社会养老模式逐步形成。

4. 行业影响分析

本项目的实施将推动当地及周边养老养生产业的发展，促进当地生态环境的建设完善,带动当地及周边文化产业的发展。

第六次人口普查数据显示,山东省以942.98万名(65岁以上)老人总量居全国老年人口榜首。随着家庭小型化和人口流动特别是劳动人口的流动,高龄老人、“空巢”老人的养老保障及生活照料问题日益突出。老龄化在给政府和社会带来压力的同时,也带来巨大的养老养生产业发展商机。本项目位于泗水县风景秀丽的南部山区,充分借鉴国外及国内养老养生项目的成功经验,引进先进的生态养老概念,建设养护型、供养型、医护型老年社区,同期配套建设医疗养生、中医保健、老年大学、老年运动公园、购物中心、商务酒店等休闲养生设施。项目的建成有利于健全当地社会养老服务体系,对济宁市及泗水县老龄事业发展起到一定的示范作用,进一步缓解当地人口老龄化带来的挑战,推动当地及周边养老养生产业的发展。

本项目的建成将有利于当地养老养生产业高端人才的引进,有利于培育高素质养老养生产业从业队伍,推动养老养生产业社会化、市场化和产业化。本项目的建成让老年人“老有所养、老有所乐”,同时也让年轻人安心工作,促进社会、政治、经济、文化等全方面发展,具有良好的社会效益。

5.项目建设的资源整合效益

本项目为泗水县提供资源整合契机,在项目全生命周期发挥资源整合作用。泗水县过去处在“市—县—建制乡镇—乡村”市镇村体系,其中建制乡镇在资源方面对泗水县并没有必然的引导整合作用。本项目的建设将建成“市—县域—特色小镇—乡村”新体系。在新的体系当中,特色小镇扮演着传统建制镇所不必然具备的平台价值。具体而言,建设泗河流域水源地环境综合整治工程、泗水县医养结合中心工程、文化资源保护开发工程、新型城镇化建设工程、市政基础公用设施及配套工程等,能够调整产业结构,为泗水县注入新的活力,带动社区功能完善,提升基础设施承载能力,实现生态文明发展,从整体上提高县域吸引力。在整合资源方面,其能够作为集中县域内资源,匹配外界资源,促进传统产业转型,特色产业发展,就地城镇化,历史文化保护与利用等多个层面的重要平台,尤其是对周边的乡村有着产业整合和辐射带动作用。

6. 区域影响分析

本项目的实施,将进一步优化当地新型农业在第一产业中的比重,提高服务业在第三产业当中的比重,从而优化调整当地产业结构,提升当地服务业发展水平,改善当地投资环境,增加当地财政收入,促进当地经济发展。

第八篇

项目土地法律实务

PPP

第八章

法律对土地的分类和特色小镇用地方案

文旅小镇、康养小镇、制造小镇、互联网小镇、基金小镇、足球小镇、教育小镇……特色小镇类型多样，而不同的特色小镇需要不同性质的土地，这就需要研究土地的分类和各类特色小镇的用地方案。

1. 我国法律对土地的分类

根据《土地管理法》第四条之规定，我国实行土地用途管制制度，并将土地分为农用地、建设用地和未利用地三大类。2017 年 11 月，由国土资源部组织修订的国家标准《土地利用现状分类》(GB/T 21010 - 2017)，经国家质检总局、国家标准化管理委员会批准发布并实施。新版标准秉持满足生态用地保护需求、明确新兴产业用地类型、兼顾监管部门管理需求的思路，完善了地类含义，细化了二级类划分，调整了地类名称，增加了湿地归类，将在第三次全国土地调查中全面应用。新版标准规定了土地利用的类型、含义，将土地利用类型分为耕地、园地、林地、草地、商服用地、工矿仓储用地、住宅用地、公共管理与公共服务用地、特殊用地、交通运输用地、水域及水利设施用地、其他用地等 12 个一级类、72 个二级类，适用于土地调查、规划、审批、供应、整治、执法、评价、统计、登记及信息化管理等。

(1)农用地的概念及类别

1)农用地的概念

《土地管理法》第四条中规定,“农用地是指直接用于农业生产的土地,包括耕地、林地、草地、农田水利用地、养殖水面等”。

2)农用地的类别

根据上述国家质量监督检验检疫总局、国家标准化管理委员会《土地利用现状分类》(GB/T 21010-2007)附录A规定,农用地包括:

(A)耕地中的所有类别土地;

(B)园地中的所有类别土地;

(C)林地中的所有类别土地;

(D)草地中的天然牧草地及人工牧草地;

(E)交通(运输)用地中的农村道路;

(F)水域及水利设施用地中的坑塘水面及沟渠;

(G)其他土地中的设施农用地及田坎。

(2)建设用地及分类

1)建设用地的概念

《土地管理法》第四条中规定,“建设用地是指建造建筑物、构筑物的土地,包括城乡住宅和公共设施用地、工矿用地、交通水利设施用地、旅游用地、军事设施用地等”。

2)建设用地的分类

根据《土地利用现状分类》附录A,建设用地包括:

(A)商服用地中的所有类别土地;

(B)工矿仓储用地中的所有类别土地;

(C)住宅用地中的所有类别土地;

(D)公共管理与公共服务用地中的所有类别土地;

(E)特殊用地中的所有类别土地;

(F)交通(运输)用地中的铁路用地、公路用地、街巷用地、机场用地、港口码头用地及管道运输用地；

（G）水域及水利设施用地中的水库水面及水工建筑物用地；

（H）其他土地中的空闲地。

3）集体建设用地的利用形式

关于集体建设用地的利用形式，根据《土地管理法》第四十三条的规定，“任何单位和个人进行建设，需要使用土地的，必须依法申请使用国有土地；但是，兴办乡镇企业和村民建设住宅经依法批准使用本集体经济组织农民集体所有的土地的，或者乡（镇）村公共设施和公益事业建设经依法批准使用农民集体所有的土地的除外”。由此可见，根据《土地管理法》的规定，集体建设用地包含三种利用形式：兴办乡镇企业用地；村民建设住宅用地；乡（镇）村公共设施和公益事业建设用地。

（3）未利用地及分类

1）未利用地的概念

《土地管理法》第四条中规定，“未利用地是指农用地和建设用地以外的土地”。因此，未利用地应当是一个兜底性的概念，除农用地和建设用地以外，应当都属于未利用地。

2）未利用地的分类

《土地利用现状分类》对未利用地作了进一步细分，未利用地包括：

（A）草地中的其他草地；

（B）水域及水利设施用地中的河流水面、湖泊水面、沿海滩涂、内陆滩涂、冰川及永久积雪；

（C）其他土地中的盐碱地、沼泽地、沙地、裸地。

3）关于“四荒地”与未利用地关系

在我国现行的诸多法律法规及政策性文件中，均存在有关“四荒”或“四荒地”的规定。最典型的规定如《农村土地承包法》第三章中对不宜采取家庭承包方式的荒山、荒沟、荒丘、荒滩等农村土地的承包方式及程序的规定。

需要指出的是，我国现行《土地管理法》根据土地用途，将土地划分为农用地、建设用地和未利用地三种类型。而对于“四荒地”相对应的土地用途，现行法律法规及政策性文件中没有给予充分的解释或统一的归纳。由于特色小镇建设用地涉及“四荒地”较少(除部分文旅小镇和农业小镇可能涉及“四荒地”外,其他如金融、互联网、航空航天等小镇不涉及“四荒地”),所以在此不做过多探讨。

2. 特色小镇用地方案

用地指标及土地的利益权属问题是特色小镇开发中困扰政府和社会资本的难题,国家政策一直在寻求解决之道,特色小镇开发商也在不断寻求政策突破。

梳理发现,目前我国有30余种用地解决方案可供特色小镇使用。(见表8-1)

表8-1 特色小镇用地解决方案

方案	用地性质	用地使用方案
1	使用存量国有建设用地	(1)批准使用。市政道路、公园、绿地、广场等属于公共用地,办理批准使用手续,可以发建设用地批准书,但不用划拨决定书或出让合同。这些类型的用地在登记时只登记不发证,需要注意的是区分建设单位、管理单位与土地使用权人的不同。(2)国有土地划拨,即行政方式。(3)国有土地使用权出让。(4)国有土地租赁。(5)国有土地使用权作价出资或入股。(除批准使用和划拨外,其他三种方式是有偿使用。其中,出让和国有土地租赁的具体配置方式包括协议、招标、拍卖和挂牌四种,作价出资或入股因有明确的使用者,只能通过协议方式配置。)
2	圈内农用地办理转用、征收手续后依法提供给具体项目	土地利用总体规划所确定的城市村镇建设用地,被称为“圈内用地”。为实施规划,需要占用圈内用地,涉及农用地的,应当办理农用地转用审批手续;涉及集体所有土地的,应当办理土地征收审批手续。在已批准的农用地转用范围内,具体建设项目用地由市、县人民政府批准,由市、县国土资源部门依法供应。
3	圈外单独选址建设项目用地	能源、交通、水利、矿山、军事设施等建设项目确需圈外土地的,经批准可以在圈外单独选址建设。涉及农用地的,应当办理农用地转用审批手续;涉及集体所有土地的,应当办理土地征收审批手续;土地供应方案在办理农用地转用和土地征收时一并批准。
4	使用国有农用地	需要使用国有农用地的,应当在办理农用地转用审批手续转为国有建设用地后,依法办理供应手续,不用办理征收手续。

续表

方案	用地性质	用地使用方案
5	直接使用集体建设用地	(1)乡镇村公益事业、公共设施用地。(2)村民住宅。(3)集体经济组织兴办企业或者与其他单位、个人以土地使用权入股、联营等形式共同举办企业的。(4)以集体经济组织为主体开发建设公租房、乡村休闲旅游养老等产业,或者以集体建设用地使用权作价出资入股、联营与其他企业合作开发此类产业的。(5)在33个农村"三块地"改革试点〔1〕,集体建设用地使用权可以出让、租赁、作价出资或入股,用于商品住宅以外的经营性项目。(6)返乡下乡创业人员,可依托自有和闲置农房院落发展农家乐;也可通过租赁农房或与拥有合法宅基地、农房的当地农户合作改建自住房。
6	使用国有未利用地	建设项目可以使用土地利用总体规划确定的国有未利用地,不需修改规划,也不用办理转用和征收手续,直接批准用地。
7	使用集体未利用地	可以参照方案五,直接作为集体建设用地使用。而国家建设项目使用集体未利用地的,应当办理土地征收审批手续后依法供地;不需要办理农用地转用手续,不需要用地计划指标,不缴纳新增费和耕地开垦费。
8	使用设施农用地	(1)设施农用地指的是设施农业项目区域内直接用于经营性养殖的畜禽舍、工厂化作物栽培或水产养殖的生产设施用地、附属设施用地和配套设施用地,农村宅基地以外的晾晒场等农业设施用地。(2)设施农业项目不同于一般的建设项目,其用地也不同于一般建设项目用地,符合要求的设施农用地不属于建设用地,而是按农用地进行管理,不需办理农用地转用审批手续,不作为新增建设用地管理。要留意附属设施和配套设施用地有一定比例限制。(3)设施农用地不包括以下用地:经营性粮食存储、加工和农机农资存放、维修场所;以农业为依托的休闲观光度假场所、各类庄园、酒庄、农家乐;各类农业园区中涉及建设永久性餐饮、住宿、会议、大型停车场、工厂化农产品加工、展销等用地。

〔1〕 2015年2月,全国人大常委会通过决定,授权国务院在北京市大兴区等33个试点县市区行政区域暂时调整实施有关法律规定。试点县市区暂停实施土地管理法、城市房地产管理法的6个条款,按照重大改革于法有据的原则推进农村"三块地"改革试点,即农村土地征收、集体经营性建设用地入市、宅基地制度改革试点。2017年11月,第十二届全国人大常委会第三十次会议通过决定,北京市大兴区等33个农村土地制度改革试点期限延长一年至2018年12月31日。

续表

方案	用地性质	用地使用方案
9	结合土地整治、村庄整治安排用地	土地整治是对项目区内田、水、路、林、村等的综合整治和统一安排,必然涉及项目区内各类用地的重新布局、安排和产权调整。各地应依据经批准的土地整治实施规划,相应调整项目区内各类用地产权和地类,直接为项目区内原用地单位整治后的用地办理相应用地手续,不再办理农用地转用审批手续,也不占用指标。安排原用地者用地后的剩余部分,应当依法办理供地手续。
10	其他	(1)使用增减挂钩项目建新区用地的,视同建设用地。(2)农业项目使用国有农用地,有承包经营、承包经营权流转、由农场职工按要求耕种等方式。(3)农业项目使用集体农用地,有承包经营、承包经营权流转、四荒地(荒山、荒沟、荒丘、荒滩)拍卖、由原农户按要求种植等方式。(4)使用四荒地等未利用地的,有承包经营、四荒地拍卖、流转等方式,使用年限最长50年,使用方向包括开荒造林、治沙改土以及休闲农业、设施农业等,用于非农业建设需要审批。(5)农村三项建设使用圈内农用地的,应当先行办理农用地转用手续,转为集体建设用地后,再由县市人民政府批准使用。(6)符合条件的农村道路用地和农田水利设施用地属于农用地,不属于建设用地,不办理农用地转用手续,不占建设用地指标。(7)地质灾害治理工程用地,按照地质灾害治理项目办理项目审批手续,不办理征收、转用手续,不占用指标,但应当足额安置补偿。(8)根据项目具体需求不同,还有填海造地、临时用地、先行用地、一般采矿用地、石油天然气钻采及配套用地、闲置地处置与利用、工矿废弃地利用或复垦置换、低效地再开发利用、管线用地(需设置地役权)、低丘缓坡用地、光伏用地、新产业新业态用地以及农村党建、医疗、图书、体育等配套用地等用地解决方案可供选择。(9)通过市场解决项目用地,如以转让方式取得土地使用权;以股权转让方式取得目标公司控制权,进而实现利用目标土地的目的;以合作开发方式利用目标土地;原有建设用地依法改变用途等土地使用条件或办理出让、租赁等有偿用地手续后,用作发展项目用地。

特色小镇土地政策

作为一种新兴的经济区域，特色小镇不同于此前的产业园、工业园、行政建制镇等，其不仅强调生产、生活、生态“三生融合”和产业、文化、旅游、社区四个功能一体，而且在土地需求方面也有较大的不同。

特色小镇的推进最终要落地，而落地首先就涉及用地指标，且无论是特色小镇的核心产业布局还是市政道路、自来水厂、污水处理厂、学校、公寓、公园等基础设施配套和公共服务项目都需要大量的用地。以浙江省为例，如果按照浙江特色小镇规划面积 3 平方公里，建设面积 1 平方公里计算，“十三五”期间，1000 个国家级特色小镇就需要新增建设用地 1000 平方公里。

1. 我国实行严格的土地管理制度

我国实行严格的土地管理制度，按照《土地管理法》和土地的自然属性及土地的利用状况，我国将土地分为农用地、建设用地和未利用地。农用地可分为耕地、林地、牧草地和农田水利用地、养殖水面等；建设用地可分为城乡居民住宅用地、公共设施用地、工矿用地、交通水利设施用地、旅游用地、军事设施用地等。土地用途管理包括：土地按用途合理分类、土地利用总体规划规定土地用途、土地登记注明土地用途、土地用途变更实行审批、对不按照规定的土地用途使用土地的行为进行处罚等。

我国严格按用途审批用地，各种建设项目使用土地都必须严格遵守和执行土地利用总体规划，各级土地行政主管部门必须严格按照土地利用总体规划确定的用途审批用地，要严格控制农用地转为建设用地。不符合土地利用总体规划确定的用途，不得批准建设项目用地。要严把用地审批权。

2. 特色小镇用地的特殊性

如上所述，特色小镇类型多，主要包括文化旅游型、历史经典型、新兴产业型、高端制造型、交通区位型、资源禀赋型、金融创新型等。而不同的特色小镇类型有着不同的用地需求，比如农业特色小镇以农用地为主，而高端制造小镇则以建设用地为主。

不仅如此，特色小镇建设在功能上要求"聚而合"，包括产业、文旅、生态、居住、休闲等功能，而不同的功能组合横跨了多类不同用途的土地，模糊了土地权属的界限，这进一步导致了特色小镇建设土地需求的多样性和土地利用的复杂性。

从实践操作来看，在推进特色小镇的过程中，用地指标有限，且土地权属复杂。依据不同类型特色小镇的不同功能和产业需求，特色小镇选址通常分布于不同权属和不同类型的土地，这无疑大大增加了特色小镇土地获取的难度。

3. 特色小镇的用地政策

笔者研究发现，关于特色小镇的土地政策，既有中央和部委层面的，也有地方层面的。

(1) 中央和部委层面特色小镇土地政策

2016年2月，国务院《关于深入推进新型城镇化建设的若干意见》(国发〔2016〕8号)中的第六条"完善土地利用机制"为解决特色小镇用地问题指出四条解决路径，主要内容为：

一是规范推进城乡建设用地增减挂钩〔1〕。全面实行城镇建设用地增加与农

〔1〕 所谓增减挂钩，是指依据土地利用总体规划，将若干拟整理复垦为耕地的农村建设用地地块(即拆旧地块)和拟用于城镇建设的地块(即建新地块)等共同组成建新拆旧项目区(简称项目区)，通过建新拆旧和土地整理复垦等措施，在保证项目区内各类土地面积平衡的基础上，最终实现建设用地总量不增加，耕地面积不减少、质量不降低，城乡用地布局更合理的目标。

村建设用地减少相挂钩的政策。高标准、高质量推进村庄整治，在规范管理、规范操作、规范运行的基础上，扩大城乡建设用地增减挂钩规模和范围。

二是建立城镇低效用地再开发激励机制。允许存量土地使用权人在不违反法律法规、符合相关规划的前提下，按照有关规定经批准后对土地进行再开发。完善城镇存量土地再开发过程中的供应方式，鼓励原土地使用权人自行改造，涉及原划拨土地使用权转让需补办出让手续的，经依法批准，可采取规定方式办理并按市场价缴纳土地出让价款。在国家、改造者、土地权利人之间合理分配"三旧"（旧城镇、旧厂房、旧村庄）改造的土地收益。

三是因地制宜推进低丘缓坡地开发。在坚持最严格的耕地保护制度、确保生态安全、切实做好地质灾害防治的前提下，在资源环境承载力适宜地区开展低丘缓坡地开发试点工作。

四是完善土地经营权和宅基地使用权流转机制。鼓励地方建立健全农村产权流转市场体系，探索农户对土地承包权、宅基地使用权、集体收益分配权的自愿有偿退出机制，支持引导其依法自愿有偿转让上述权益，提高资源利用效率，防止闲置和浪费。深入推进农村土地征收、集体经营性建设用地入市、宅基地制度改革试点，稳步开展农村承包土地的经营权和农民住房财产权抵押贷款试点。

(2)地方层面特色小镇土地政策

目前，全国各地都在大力推广特色小镇，各地方政府纷纷出台了支持特色小镇的政策，其中土地政策是一项重要的内容。（见表8－2）

表8－2　各地方特色小镇土地政策

序号	土地政策	代表省、自治区、直辖市
1	建设用地计划优先安排用地指标	重庆市下达特色小镇示范点建设用地计划专项指标。福建省国土资源厅对每个特色小镇各安排100亩用地指标，新增建设用地计划予以倾斜支持。
2	奖励和惩罚用地指标	浙江省对如期完成年度规划目标任务的，省里按实际使用指标的50%给予配套奖励，其中信息经济、环保、高端装备制造等产业类特色小镇按60%给予配套奖励；对3年内未达到规划目标任务的，加倍倒扣省奖励的用地指标。

续表

序号	土地政策	代表省、自治区、直辖市
3	城乡建设用地增减挂钩指标	湖北省 2017 年起单列下达每个特色小(城)镇 500 亩增减挂钩指标;陕西省分批次给予每个省级重点示范镇 1000 亩、文化旅游名镇(街区)200 亩城乡建设增减挂钩用地指标支持;贵州省形成的增减挂钩指标在保障农村发展用地后,节余部分进入市(州)公共资源交易平台公开交易。
4	利用低丘缓坡、滩涂资源和存量建设用地	福建、江西、山东、湖北、浙江等省都要求特色小镇的建设要优先利用低丘缓坡地、滩涂资源和存量建设用地。
5	工矿废弃地复垦利用和城镇低效用地再开发	福建省规定,对工矿厂房、仓储用房进行改建及利用地下空间,提高容积率的,可不再补缴土地价款差额;河南省鼓励社会资本参与镇区废旧厂房改造和荒地、废弃地开发利用以及低效用地再开发;四川省要求特色小镇建设要用好增减挂钩、土地综合整治、集体建设用地流转、工矿废弃地复垦整理、城镇低效用地再开发等土地政策。
6	过渡期按原用途使用土地	福建省规定,在符合相关规划的前提下,经市、县(区)政府批准,利用现有房屋和土地,兴办文化创意、科研、健康养老、工业旅游、现代服务业、“互联网 +”等新业态的,可实行继续按原用途和土地权利类型使用土地的过渡期政策,过渡期为 5 年。
7	农村集体建设用地流转和租赁	内蒙古自治区鼓励农村牧区集体经济组织和农牧民以土地入股、集体建设用地使用权转让、租赁等方式有序地进行农家乐、牧家乐、家庭旅馆、农庄旅游等旅游开发项目试点;广西、四川、甘肃等省(区)也都在探索集体建设用地流转利用方式。

梳理还发现,为支持特色小镇建设,部分地方在土地制度上积极创新,亮点频出。例如,安徽省国土资源厅专门出台了《关于支持和促进特色小镇建设的意见》,提出在安排新增建设用地计划、城乡建设用地增减挂钩指标时,重点保障特色小镇旅游、健康及其他产业用地。对符合省级预留指标使用条件的特色小镇用地,按照规定程序优先安排用地计划指标。《意见》支持特色小镇开展土地综合整治,土地整治区内涉及建设用地整理的,优先安排城乡建设用地增减挂钩指标给予配套。

通过整理农村建设用地和宅基地所节约的土地，在优先复垦耕地、满足农村发展用地的前提下，节余土地可依法办理用地手续，用于特色小镇建设。

又如，江苏省扬州市优化国土资源供给支持特色小镇建设，该市明确特色小镇建设需使用城乡建设用地增减挂钩指标的，由市统筹安排挂钩指标额度；工业主导型特色小镇范围内的项目在不改变工业用途前提下，对原工矿厂房、仓储用房进行改建、扩建及利用地下空间提高容积率的，可不补缴土地价款差额；符合全市产业导向的战略性新兴产业、高端装备业等行业中属于优先发展且用地集约的特色小镇工业用地项目，可参照所在地重大工业项目的地价出让。同时鼓励各县（市、区）结合本地资源禀赋，探索通过货币补偿、产权调换等方式整合农村集体建设用地、农民宅基地等资源，建设旅游设施，发展旅游特色小镇，促进美丽乡村建设。

特色小镇土地获取问题解读

数据显示，在当前各地大力推广特色小镇的背景下，全国计划建设特色小镇的总量已多达3000个，用地面积30万亩以上。以全国建设最早的杭州市首批9个省级特色小镇为例，规划区总用地面积5.65万亩，土地利用现状为集体土地约3万亩，农用地约2.2万亩，耕地近1万亩。

研究发现，在特色小镇土地获取方式中，有以下重要问题：

1. 土地租赁期限匹配问题

众所周知，包括特色小镇在内的PPP项目，合同期限通常为10~30年。与常见的污水处理、垃圾焚烧等单体PPP项目相比，特色小镇PPP项目投资规模更大，回报周期更长，合作期限也更长，合作期限通常在二十年以上甚至超过三十年。而对于以长期租赁方式使用土地的，《规范国有土地租赁若干意见》（国土资发〔1999〕222号）指出不得超过二十年。

也就是说，特色小镇开发者在以长期租赁方式获取土地时，应该考虑二十年租赁期限的限制，否则就会出现特色小镇PPP项目在合作期而国有土地长期租赁协议到期的情况。对此，权威人士建议，如果采取长期租赁形式使用土地，可以在租赁合同上设置优先条款以保障特色小镇开发建设的安全性、稳定性和持续性。

2. 集体经营性建设用地使用权问题

我国《土地管理法》规定，国有土地可以由单位或者个人承包经营。农民集体所有的土地，可以由本集体经济组织以外的单位或者个人承包经营，从事种植业、林业、畜牧业、渔业生产。

2017 年 5 月，国土资源部发布《土地管理法(修正案)》(征求意见稿)提出了国家建立城乡统一的建设用地市场的意见。明确指出符合土地利用总体规划的集体经营性建设用地，集体土地所有权人可以采取出让、租赁、作价出资或者入股等方式由单位或者个人使用，并签订书面合同。国土资源部发布的《产业用地政策实施工作指引》规定，允许依法使用集体建设用地的，除农村集体经营性建设用地入市改革试点地区外，其他地区应按《土地管理法》相关规定执行，应以农村集体经济组织自行使用，或农村集体经济组织以土地使用权入股、联营等方式与其他单位、个人共同举办企业的方式使用土地。在此前提下，各地可依法探索完善集体建设用地使用权入股、联营的管理方式。依据《旅游法》的规定和各省(区、市)制定的管理办法，乡村居民可以利用自有住宅或者其他条件依法从事旅游经营。对于符合国家产业政策的特色小镇用地，可以通过集体经营建设用地入股、联营等方式开发利用。国家发展改革委印发的《关于加快美丽特色小(城)镇建设的指导意见》(发改规划〔2016〕2125 号)也指出城中村集体建设用地可依法征收开发，集体经营性建设用地入市改革试点地区可按照改革试点要求，采取自主、联营、入股等方式进行改造开发。

3. 特色小镇如何获取农村集体土地

调研发现，在特色小镇项目的推广中，多数特色小镇位于城市郊区，尤其是以文旅、农业为主导产业的特色小镇基本上都在城市郊区甚至远离城市的偏远农村。因此，特色小镇的开发建设中极有可能涉及农村集体土地的问题。

那么，特色小镇的建设主体需要高效地与农民和农村集体打交道，同时形成合理的利益分享机制。权威人士建议认为，需要从以下几方面入手：

(1)合作开展农村集体土地的确权

农村集体土地的确权是一项十分重要和复杂的工作，关系到当地农民的切身利益,也与特色小镇未来的建设和运营息息相关。如果确权工作不扎实,很可能给未来特色小镇的建设和运营留下风险隐患,这是特色小镇的建设主体不愿意看到的。因此,为了科学地对农村集体土地进行确权,需要各方的参与、配合。

在实践操作中,主要是由特色小镇所涉及的村委会组织成立村集体土地确权工作小组,由其负责土地确权的主导和协调工作,同时特色小镇建设主体负责土地确权的实施与支持,开展村集体宅基地使用权、耕地承包经营权、山林地使用权以及池塘、河流、道路等集体土地权益调查,目的是使村、组、农民对土地的所有权、使用权更明晰,从而为推进土地全面开发利用奠定坚实的基础。

(2)土地集中流转

根据国务院《关于深入推进新型城镇化建设的若干意见》(国发〔2016〕8 号),完善土地经营权和宅基地使用权流转机制。鼓励地方建立健全农村产权流转市场体系,探索农户对土地承包权、宅基地使用权、集体收益分配权的自愿有偿退出机制,支持引导其依法自愿有偿转让上述权益,提高资源利用效率,防止闲置和浪费。特色小镇开发建设涉及农村集体土地的,可以按照依法、自愿、有偿原则进行土地流转,价格由特色小镇开发主体和农户双方约定,按市场价格计算;以村民小组为单位流转土地的,各村民小组根据村民自治法自行决定分配方案;凡改变土地性质转为建设用地的,按土地征用政策执行,核减相应土地流转数量;实施土地综合整治后,按相应类别土地流转费标准兑付给农户。

(3)宅基地置换

对于农民宅基地的置换,可以有以下几种方式:农民永久宅基地置换新房、农民住房分配以及货币补偿等。

(4)成立土地合作社

土地合作社由全体村民以土地入股成为合作社股东,由全体村民选举村民代表为股东代表,股东代表选举产生监事会和理事会,负责土地合作社的运营管理。合作社采取企业化运作模式,与政府、特色小镇开发主体一起分配土地流转、出让所产生的收益,使农民按入股比例持续分享土地增值带来的收益,提高农民参与特色小镇建设的积极性,从而一举多得。一是解决了特色小镇开发主体的土地问题;

二是当地农民从土地流转中享受到持续的收益,避免了过去那种土地流转一次性获利的弊端;三是地方政府可以参与土地流转的协调并获益,加快推进特色小镇建设的步伐。

4. 关于利用设施农业用地建设设施

国土资源部、农业部《进一步支持设施农业健康发展的通知》(国土资发〔2014〕127号)及《土地利用现状分类》(GB/T 21010-2007)对设施农用地进行了定义:直接用于经营性养殖的畜禽舍、工厂化作物栽培或水产养殖的生产设施用地及其相应附属设施用地,农村宅基地以外的晾晒场等农业设施用地。根据设施农用地特点,从有利于规范管理出发,设施农用地具体分为生产设施用地和附属设施用地。

依据《土地利用现状分类》,设施农用地与耕地、园地、草地等并列,均属于农用地。按照此分类原则,设施农用地中无论是直接用于农业生产的生产设施用地还是其他附属设施用地,均按农用地管理。在利用设施农业用地过程中,对用地指标需特别注意不能超过我国相关规定的要求,例如:进行工厂化作物栽培的,附属设施用地规模原则上控制在项目用地规模的5%以内,但最多不超过10亩;进行规模化种植的附属设施用地规模原则上控制在项目用地规模的3%以内,但最多不超过20亩;规模化畜禽养殖的附属设施用地规模原则上控制在项目用地规模的7%以内(其中,规模化养牛、养羊的附属设施用地规模比例控制在10%以内),但最多不超过15亩;水产养殖的附属设施用地规模原则上控制在项目用地规模的7%以内,但最多不超过10亩。附属设施用地规模应严格控制,省级国土资源和农业部门可结合本地实际情况,制定不高于上述规定限额的具体标准。

另外,合理规划和建设附属设施,附属设施中的管理用房用地规模原则上控制在项目区可申请附属设施用地规模的20%以内;同时,附属设施中的管理用房不得超过两层,总高度不得超过7米。

5. 特色小镇新产业、新业态土地政策

特色小镇涉及的领域主要有两大类:一类是战略性新兴行业,另一类是历史经

典行业。在战略性新兴行业中,有航空航天小镇、新能源小镇、互联网小镇等。以浙江长兴新能源小镇为例,据介绍,新能源小镇的建设将依托街道深厚的新能源产业基础,加快构建“3+X”产业体系,重点发展新型电池、新能源汽车(含关键零部件)、太阳能光热光伏三大主导产业,培育发展与主导产业相关联的新能源总部经济、创新孵化、文化旅游、信息服务等配套产业。

研究发现,对于新产业、新业态用地,国家出台政策以支持特色小镇建设。例如,允许采用配建方式供地,对新能源汽车充电设施、移动通信基站、分布式光伏发电设施、社区养老(医疗、体育、文化)服务设施、电影院(影厅)、旅游厕所等布点分散、单体规模小的新产业配套基础设施,可采取配建方式供地。再如,采用招拍挂方式供地时,允许合理设置前置条件。出让新产业用地依法须以招拍挂方式供应的,在公平、公正、不排除多个市场主体竞争的前提下,可将投资和产业主管部门提出的产业类型、生产技术、产业标准、产品品质要求作为土地供应前置条件。此外,鼓励以地役权方式使用土地。布设新能源汽车充电设施、无线通信基站、分布式光伏发电设施等小型设施的,鼓励以地役权方式解决用地。

此外,国家还出台了对于新产业、新业态利用存量资源的鼓励政策。例如,对于互联网行业,依托国家实验室、重点实验室、工程实验室、工程(技术)研究中心构建的开放共享互动创新网络平台,利用现有建设用地建设的产学研结合的实验基地、共性技术研发平台、产业创新中心,可继续保持土地原用途和权利类型不变;在不改变用地主体、规划条件的前提下,开发互联网信息资源,利用存量房产、土地资源发展新业态、创新商业模式、开展线上线下融合业务的,过渡期内可继续按原用途和土地权利类型使用土地;各类市场主体利用存量房产、土地资源发展线上线下互动业务的,可在5年内保持土地原用途、权利类型不变。

综上可以看出,我国法律及相关政策对特色小镇用地支持空间比较大。

特色小镇 PPP 土地法律问题

特色小镇是在几平方公里土地上集聚特色产业、生产生活生态空间相融合、不同于行政建制镇和产业园区的创新创业平台。特色小镇之所以称为“特色”，关键在于特色产业，其是以特色产业为核心的产城融合小镇，因此，特色小镇的土地用途可分为产业用地、住宅用地、商业用地、公共服务用地及其他用地。

调研发现，在国家大力推广特色小镇的背景下，从中央到地方纷纷出台了支持特色小镇 PPP 发展的政策，如财政、金融、人才、土地政策等。然而，严格来说，目前我国有关特色小镇 PPP 建设的土地政策散见于不同法规和政策文件中，还缺乏专门针对特色小镇 PPP 的土地政策，因此，特色小镇建设存在供需对接方面的障碍。

1. 特色小镇建设土地问题

(1)特色小镇建设缺地严重

虽然我国特色小镇推广呈风起云涌之势，但大多数特色小镇建设都面临着用地指标缺乏的现实困难。以住建部公布的全国首批 127 个特色小镇为例，这些小镇普遍反映出建设用地指标不足的问题。

(2)特色小镇涉及土地性质复杂

分析认为，由于特色小镇投资规模大，涉及子项目多，因此土地的性质非常复杂。具体来说，特色小镇既有国有土地，也有集体土地。国有建设用地多以划拨方式为主,然而国有建设用地土地储备有限,很难一次性到位。即使特色小镇建设是分期滚动开发,也需要社会资本和地方政府合理规划和安排。否则,待社会资本拿出真金白银建设特色小镇,未来土地问题无法解决,将会影响整个特色小镇的中长期规划、建设和运营。此外,特色小镇涉及集体土地的,虽然目前国家政策原则性的规定是农村土地流转和转换,但在具体实践操作过程中还面临着不小现实的难题需要解决,如拆迁补偿、人口安置等。

因此,对于特色小镇的土地问题,需要地方政府、社会资本高度重视。严格来说,要解决特色小镇的土地问题,必须从法律的角度,借助专业的法律服务机构,深刻领会党和国家的土地政策,既要遵守现行法律法规框架,比如"一证制登记制"、集体建设用地使用权转让等;同时,还要结合特色小镇所在地的实际情况,创造性地解决小镇的用地问题。

业内人士分析认为,从制度设计上讲,解决特色小镇建设用地的基本思路是存量土地挖潜提高效率,增量用地在土地使用计划中保证或者城乡建设用地增减挂钩〔1〕解决,结合农村集体建设用地改革让集体建设用地通过入股、流转参与特色小镇建设。

2. 特色小镇 PPP 项目的用地政策

特色小镇 PPP 项目的用地是项目招投标中的一个重点问题,也是一个难点问题。

按照财政部 2014 年 11 月下发的《关于印发政府和社会资本合作模式操作指南(试行)的通知》(财金〔2014〕113 号),规范政府和社会资本合作模式(PPP)项目识别、准备、采购、执行、移交各环节操作流程,并对 PPP 项目采购方式作出详细规定,应按照《中华人民共和国政府采购法》及相关规章制度执行,采购方式包括公开招标、竞争性谈判、邀请招标、竞争性磋商和单一来源采购。项目实施机构应根据

---

〔1〕 在实施土地增减挂钩上,湖南长沙县特色小镇果园镇双河村 2012 年被批准为该省厅土地增减挂钩试点村,村项目区用地面积 550 亩,项目通过腾退的农村建设用地置换城镇新增建设用地指标。按照户均 1.2 亩宅基地的标准实施集中居住,将节约的 250 多亩建设用地指标在县内其他乡镇进行置换新增建设用地指标,同时将原有宅基地复垦为耕地。

项目采购需求特点，依法选择适当采购方式。而通常情况下，土地使用权的出让采取招拍挂的方式。因此，容易出现社会资本中标 PPP 项目后，土地被第三方拍走的情况。

研究发现，对于 PPP 项目，我国实行项目建设用地竞争出让环节与社会资本方采购环节合并实施的政策。

2016 年 10 月，财政部发布《关于联合公布第三批政府和社会资本合作示范项目　加快推动示范项目建设的通知》（财金〔2016〕91 号）提出："依法需要以招标拍卖挂牌方式供应土地使用权的宗地或地块，在市、县国土资源主管部门编制供地方案、签订宗地出让（出租）合同、开展用地供后监管的前提下，可将通过竞争方式确定项目投资方和用地者的环节合并实施。"文件同时规定，PPP 项目用地应当符合土地利用总体规划和年度计划，依法办理建设用地审批手续。在实施建设用地供应时，不得直接以 PPP 项目为单位打包或成片供应土地，应当依据区域控制性详细规划确定的各宗地范围、用途和规划建设条件，分别确定各宗地的供应方式。符合《划拨用地目录》的，可以划拨方式供应；不符合《划拨用地目录》的，除公共租赁住房和政府投资建设不以营利为目的、具有公益性质的农产品批发市场用地可以作价出资方式供应外，其余土地均应以出让或租赁方式供应，及时足额收取土地有偿使用收入。

2016 年 10 月，国家发改委发布《传统基础设施领域实施政府和社会资本合作项目工作导则》（发改投资〔2016〕2231 号），明确指出"各地要积极创造条件，采用多种方式保障 PPP 项目建设用地。如果项目建设用地涉及土地招拍挂，鼓励相关工作与社会资本方招标、评标等工作同时开展"。

2016 年 10 月，国土资源部印发的《产业用地政策实施工作指引》通知（国土资厅发〔2016〕38 号），对解决 PPP 项目用地问题进行了明确规定，采用政府和社会资本合作方式（PPP 模式）实施项目建设时，相关用地需要有偿使用的，可将通过竞争方式确定项目投资方式和用地者的环节合并实施使用。

需要重点指出的是，特色小镇开发主体或其他社会资本，除通过规范的土地市场取得合法土地权益外，不得违规取得未供应的土地使用权或变相取得土地收益，不得作为项目主体参与土地收储和前期开发等工作，不得借未供应的土地进行融资;PPP项目的资金来源与未来收益及清偿责任,不得与土地出让收入挂钩。此外,《国有土地使用权出让收支管理办法》(财综〔2006〕68号)指出,土地出让收支需全额纳入地方基金预算管理,收入全部缴入地方国库,支出一律通过地方基金预算从土地出让收入中予以安排,未列入预算的各类项目一律不得通过土地出让收入支出,实行彻底的"收支两条线"。

因此,上述规定对以PPP模式操作特色小镇项目的相关各方来说,解决了社会资本投资特色小镇项目能否取得项目用地的问题,加速了特色小镇PPP的进程。

3. 特色小镇PPP项目国有土地供应

研究发现,特色小镇PPP项目如果涉及国有土地,则有两种供应方式,即划拨和出让。

对社会资本而言,国有土地采取划拨方式最为有利,一是可以降低投资规模,二是可以降低投资风险。需要指出的是,土地划拨不得改变土地用途,且必须符合《划拨用地目录》。此外,划拨土地使用权如果进行融资抵押,必须经市、县人民政府土地管理部门批准,并符合下列条件:(1)土地使用者为公司、企业、其他经济组织和个人;(2)领有国有土地使用证;(3)具有合法的地上建筑物、其他附着物产权证明;(4)依照《中华人民共和国城镇国有土地使用权出让和转让暂行条例》和《划拨土地使用权管理暂行办法》规定签订土地使用权出让合同,向当地市、县人民政府交付土地使用权出让金或者以转让、出租、抵押所获收益抵交土地使用权出让金。

4. 土地出让金作价入股问题

在特色小镇PPP项目的推进过程中,投融资结构是一个核心问题。PPP项目投融资结构主要有两种模式:一种模式是完全由社会资本投资PPP项目,以社会资本或社会资本单独成立的PPP项目公司的名义对外融资,出资和融资的责任由社会资本全部来承担;另一种模式是由政府和社会资本共同出资成立特色小镇PPP项目公司,以PPP项目公司的名义对外融资,但此种模式通常情况下政府以存量资产出资,社会资本以现金出资,且政府不控股。

在实际操作中,如果项目涉及地方政府以土地出让金作价入股特色小镇 PPP 项目公司,有两个问题必须解决:一是项目作价入股,没有经过招拍挂流程(否则土地可能被第三方拍走,特色小镇无法建设),就存在政府收益减少或收益让渡给社会资本导致国有资产流失的问题;二是土地作价出资后,可能会出现政府在 PPP 项目公司所占的比例超过 50% 的情形,这与上述 PPP 项目投融资结构政府出资比例规定相悖。

可以说,地方政府以土地出让金出价入股 PPP 项目公司,还有很多现实问题亟待解决。

第九篇

特色小镇PPP实操与案例解读

PPP

特色小镇 PPP 项目框架协议法律解读

严格来说,特色小镇 PPP 合同是一整套法律体系,操作特色小镇 PPP 需要以系统的法律思想作指导,无论是特色小镇 PPP 项目前期的设计与规划(委托方与设计公司或规划公司签订委托设计或委托规划合同),还是项目执行阶段的融资(社会资本或 PPP 项目公司与银行等金融机构签订融资合同)、建设(社会资本或 PPP 项目公司与工程建设方签订工程建设合同)、运营(社会资本或 PPP 项目公司与运营方签订项目运营合同),都涉及法律问题。

从特色小镇 PPP 项目实操的角度讲,在特色小镇发起阶段,主要有项目规划设计委托书。而在项目正式进入执行阶段,也就是地方政府授权实施机构通过合法采购方式〔1〕选中社会资本后,地方政府需要与中选社会资本签订 PPP 项目框架协议。此处要着重指出的是,本书讨论的 PPP 项目框架协议是与中选社会资本签订的,与项目识别阶段的"框架协议"是两个不同的概念。在 PPP 项目前期,为了加快项目的推进力度,保证各自的权益,社会资本方和政府方都有签署框架协议的诉求:一方面,通过签署框架协议的形式绑定合作,避免浪费时间成本,尽快推动项

〔1〕 财政部 2014 年 12 月下发《关于印发政府和社会资本合作模式操作指南(试行)的通知》(财金〔2014〕113 号),规范政府和社会资本合作模式(PPP)项目识别、准备、采购、执行、移交各环节操作流程,并对 PPP 项目采购方式作出详细规定,明确应按照《中华人民共和国政府采购法》及相关规章制度执行,采购方式包括公开招标、竞争性谈判、邀请招标、竞争性磋商和单一来源采购。项目实施机构应根据项目采购需求特点,依法选择适当采购方式。

目进展；另一方面，前期在框架协议中对投资、年限、价款等核心内容提前约定，使双方围绕既定的目标合作。

然而，严格来说，项目前期阶段的“框架协议”没有实质的法律约束力，其更多的是一种双方的信任，根本的目的还是双方提前约定好相应的合作条款（非签订正式 PPP 项目合同的最终条款），以免双方南辕北辙，各行其是，浪费时间。更进一步说，即使签订了这样的“框架协议”，项目最终还是要按照国家的招投标程序进行。现实情况是，在项目前期与政府方签订了“框架协议”的社会资本在花费了大量时间做完相关工作后，在项目招投标时没有如愿中选的情况并不鲜见。

PPP 项目框架协议是社会资本中标后，政府与社会资本就 PPP 项目合作签订的最初法律文本。与正式的《PPP 项目合同》相比，PPP 项目框架协议无论是形式还是程序上都相对简单，但从法律上讲它是一份独立和完整的合同，其法律意义重大。它是未来政府与社会资本签订《PPP 项目合同》的基础，也是社会资本介入 PPP 项目的重要法律文本之一。

对合作双方尤其是社会资本来说，一定要关注 PPP 框架协议约定的主要责任和义务。

1. 出资组建 PPP 项目公司

社会资本中标后，既可以成立项目公司，也可以不成立项目公司，这需要根据政府的需要。通常情况下基于税收、管理等方面的原因，政府会要求社会资本在项目所在地成立 PPP 项目公司。此外，PPP 项目公司既可以由社会资本单独成立，也可以由社会资本与代表政府的公司共同成立（政府持股比例低于 50%）。

2. 前期费用的负担问题

项目前期工作如项目规划、设计、可行性研究等，需要委托专业的第三方完成，这都涉及费用问题。通常情况下，政府会委托有意向的社会资本做前期工作并承担相应费用。如果最后该社会资本中标，则费用算进总投资。而如果最终该社会资本未中标，则由中选的社会资本承担。以某农业特色小镇 PPP 项目规划设计委托书为例。（见案例 9－1）

【案例9－1】

某农业特色小镇PPP项目规划设计委托书

某公司(社会资本):

××××年××月至××××年××月,某县人民政府与贵司经过友好洽谈和沟通,并经贵司实地考察,双方就某特色小镇(农业类)PPP项目(以下简称“本项目”,投资暂估×亿,红线范围及设计任务书以双方沟通确定为准)规划设计达成一致意见,从××××年××月××日起,贵司组织开展本项目规划及设计工作。

本项目设计须立足某镇特色农业、现代农业和未来发展规划、生态文明建设与可持续发展,并充分融入航天体验元素、旅游元素和社区功能,从功能定位、产业布局、土地利用、环境优化、生态保护、分期建设等方面统筹考虑,提出本项目“农业＋航天”“农业＋旅游”“互联网＋农业”等在国内独树一帜的建设方案,从而引导后期开发建设实施,并争取获得国家农业部门、财政部门和住建部门的重点支持和奖励。

一、项目设计范围及内容(不仅局限于以下项目)

(一)本项目概念性规划,红线范围以某市规划局确定为准。

(二)总体规划、详细规划及重点片区详细设计,项目内容、红线范围以后续出具的设计合同、工作任务书为准。

(三)针对此规划,包含项目的后期景观、水利等三位一体设计内容。

二、设计取费及支付方式

(一)收费依据

中国城市规划协会《关于发布城市规划设计计费指导意见的通知》(2004中规协秘字第022号)、国家计委《关于印发建设项目前期工作咨询收费暂行规定的通知》(计价格〔1999〕1283号)、《工程勘察设计收费标准》(原国家计委、建设部“计价格〔2002〕10号文”)

(二)计算方法

1. 参照国家标准中的基数,内插法计算得出。

2. 工程勘察类,由政府提供相关数据资料。

3. 可研类项目，其中专业调整系数按照标准中规定“水利”取 1.2 系数；工程复杂程度调整系数按照标准中规定取 1.2 系数，因可研涉及层面较多较复杂，无折扣。

4. 规划类项目，详细取费参见附件一。（略）

5. 景观类项目，专业调整系数取 1.1；工程复杂程度调整系数取 1.15；附加调整系数取 1.0。

6. 设计收费按以上计算执行；无折扣。

（三）设计费用支付方式

1. 本项目概念性设计规划费用，由某县人民政府直接签订规划合同并支付，总体规划费为×万元，预付款×%，中间成果经委托人确认支付至×%，最终成果经委托人确认支付至×%。

2. 其他相关设计，包括但不限于总规、控规、修规、景观、水利等三位一体设计，支付方式同第一项。

3. 如贵司后期通过 PPP 流程招投标依法成立 SPV 公司或者与政府平台公司共同成立 SPV 项目公司，对于某县委托贵司所做的规划设计工作，其费用由 SPV 项目公司负责向贵司代为支付。

4. 如×年×月×日前贵司未能中标本项目，则由中标的社会资本向贵司支付本委托书和后期设计合同约定的设计费用。

三、其他

某县人民政府相关部门配合贵司做好相关资料提供、测绘、地勘、物探等协助工作。

特此委托。

某县人民政府
××××年××月××日

此外，与其他合同一样，特色小镇 PPP 项目框架协议各方也要承担违约责任、保密义务等。任何一方违约，都应承担继续履行、采取补救措施、赔偿损失等法律责任。

以某特色小镇 PPP 项目框架协议为例。（见案例 9－2）

【案例9-2】

战略框架合作协议

甲方:某市人民政府

乙方:某生态修复股份有限公司

甲乙双方本着平等互利、合作共赢原则,经双方友好协商达成合作意向,特签订本战略框架合作协议。

一、合作宗旨

为促进某市生态建设和社会经济的快速发展,甲乙双方就某市农业特色小镇基础设施和公共服务设施、产业发展开展深入合作,促进区域生态、民生、经济协同发展,百姓增收致富。

二、合作领域及内容

本项目总占地面积×亩,总建筑面积×万 m^2,其中:公共管理与公共服务设施占地×亩,主要建设总建筑面积 ×m^2;中小学 1 座、总建筑面积 ×m^2;养老中心 1 座,总建筑面积 ×m^2。并配套完成区域内道路及市政管网等辅助工程。

(一)基础设施建设。包括道路、供水、供电、排水设施等基础设施投资建设。

(二)公共设施及运营服务。包括公园、绿地、广场、教育、养老带等公益设施建设,并负责相关市政设施运营维护。

(三)产业发展服务。根据小镇功能定位,完成招商引资、企业服务等工作。

三、项目推进计划

计划于×年×月前双方完成 PPP 项目公司的设立。

四、项目基本经济技术指标

(一)项目概算总投资×万元,其中:主体工程建设费用×万元,项目征地拆迁补偿费用×万元,工程建设其他费用×万元,基本预备费×万元,建设期利息×万元。

(二)建设期及合作期限:项目特许期限×年,建设期限×个月,从××××年××月至××××年××月。

五、项目运作模式

BOT(建设—拥有—移交)

六、回报机制

项目采用“使用者付费”机制。经同级人大批准。

七、其他事项

(一)甲方积极为乙方提供相应的政策支持与服务,协调乙方资金融资事宜。

(二)本协议为双方的框架性协议,具体合作事宜,双方另行签订《PPP 项目合同》。

(三)本协议未尽事宜,双方协商解决。

(四)本协议一式陆份,双方各执叁份,自双方签字之日起生效。

附表:主要拟合作项目表(略)

甲方:某市人民政府(盖章):	乙方:某生态修复股份有限公司(盖章):
法定代表人或授权代表:	法定代表人或授权代表:
年　月　日	年　月　日

某家居小镇 PPP 项目解读

家具行业作为某地区的支柱产业,历经三十多年的成长,形成了集加工制造、销售流通、专业配套、家具基地等为一体的产业集群,是某地区的首位产业、扶贫产业和富民产业,在某省乃至全国都有一定的影响力。同时,家具产业也遭遇家居设计人才缺乏、生产方式粗放化、规模以上企业占比不高、行业缺乏领导品牌、产业链不完善等发展瓶颈。为实现家具产业升级转型,某地区政府结合当前特色小镇良好的政策环境,规划建设国际家居特色小镇,通过整合经济、生态与社会协同发展,促进该地区全面可持续发展。项目名称为某地区家居小镇 PPP 项目(以下简称本项目)。

1. 项目概况

本项目为新建项目。某区人民政府(以下简称区政府)授权某区城乡规划建设局(以下简称区建设局)为本项目的实施机构,负责项目准备、采购、监管和移交等工作,代表某区人民政府与项目公司签订《PPP 项目合同》,履行约定的权利和义务。某区人民政府授权某区城市建设发展集团有限公司(以下简称城发公司)为本项目的政府方授权出资代表,与中选社会资本按约定出资比例成立项目公司,并享受相应的权利和承担相应的义务。

本项目以家具创意设计、展示体验、品牌运营为主导产业,带动形成以家具创意中心、数字中心、VR 展示中心等为主体的家具文化与配套产业,以及以文化街、民俗街、酒吧/茶吧/书吧等为主体的文化旅游产业，逐步形成功能完善、配套齐全、文化氛围浓厚的家具创意与体验特色小镇。结合某市家具产业优势、城镇建设区位优势和生态人文优势，实现“1＋7”的定位目标。“一”即打造天下家居第一镇。“七”即实现七个目标：世界家具创新创业生态园、世界最大的实木家具智造（出口）基地、中国最大的木屋群家居体验游购基地、中国最大的家居研发设计总部基地、中国最大的家居 O2O 总部基地、产城融合创新示范基地、民生共享的木匠文化（中国匠人）精神家园。家居小镇主要规划功能有世界风情家具体验园、家具文化博览园区、沿河的滨水休闲旅游带。本子项目遵循整体规划、循序渐进、持续发展的原则实施开发建设，按照特色小镇定位要求、生态环境特征、空间整体形态，以及与周边环境的相互关系进行规划设计及建设。

本项目批复可研总投资约为×亿元人民币；经 PPP 项目范围调整去掉土地费用并考虑建设期利息，总投资调整后约为×亿元人民币。本项目资本金为项目总投资的×%。中选社会资本与政府方授权出资代表的出资比例为×%：×%。本项目所需的除项目资本金以外的其余资金，由项目公司申请银行贷款或通过其他融资渠道解决。

2. 项目收费定价机制

本项目收费定价实行政府指导价与市场调节相结合的定价机制，由当地价格主管部门或者有关部门按照定价权限和范围，结合当地市场情况指导定价，由项目公司确定价格水平，并报区建设局书面同意，及根据政府有关规定报有关部门报备后执行。本项目收费定价机制最终以《PPP 项目合同》相关约定为准。

3. 项目回报机制

本项目回报机制采用“可行性缺口补助”机制，在项目公司获得使用者付费的同时，政府方向项目公司支付可行性缺口补助，以便社会资本收回建设和运营成本，并获得合理收益。

4. 项目收益条件设定

设定如下：（1）项目合作期内，本项目的资本金财务内部收益率不超过×%。

(2)项目合作期内,本项目建设成本的合理利润率不高于中国人民银行同期适用的金融机构人民币五年以上贷款基准利率(以下简称长期贷款基准利率)的×%。项目产生使用者付费经营项目运营成本的合理利润率与建设成本的合理利润率保持一致。(3)本项目的工程预、决算编制执行某省现行的清单计价规范、相关定额和相应工程类别取费标准,下浮比例不低于×%。(4)本项目融资资金由项目公司申请银行贷款或通过其他融资渠道筹集,政府方不提供任何担保或信用支持。(5)项目资本金以外的债务性资金的融资成本为长期贷款基准利率的×%。(6)城发公司不参与项目公司税后利润的分红,也不承担任何经营风险和经营亏损。(7)项目公司在合作期内拥有项目经营权、收益权,项目资产所有权始终归政府所有。

5. 可行性缺口补助计算方法

本项目采用可行性缺口补助模式,项目公司获得的使用者付费不足以使中选社会资本收回成本并获得合理回报的,由区政府提供可行性缺口补助。可行性缺口补助具体为:

可行性缺口补助=社会资本承担建设成本及合理回报+运营成本及合理利润-使用者付费。

经测算,运营期内政府支出规模共计约×亿元。

6. 财务评价主要结果

(1)项目公司收入

运营期内,项目公司总收入合计约为×亿元,其中建设成本及合理利润约为×亿元,运营成本及合理利润为×亿;使用者付费约为×亿元;可行性缺口补助约为×亿元。项目可行性缺口补助净现值约为×亿元。

(2)项目公司运营成本费用

项目公司运营成本合计约为×亿元。

(3)税收

项目公司增值税暂不计取,所得税总额为×亿元。

(4)累计盈余资金

本项目累计盈余资金为×亿元。

(5)财务指标

本项目税前全投资财务内部收益率为×%;本项目税前全投资净现值约为×亿元;本项目税后全投资财务内部收益率为×%;本项目税后全投资净现值为×万元(数字为负值,笔者注);本项目资本金财务内部收益率为×%。

注:本项目折现率参照长期贷款基准利率×%,取年度折现率为×%。

7. 绩效考核机制

项目通过竣工验收正式进入运营期后,某区建设局根据绩效考核评分办法进行日常监管考核,据此得出绩效考核评分,并根据绩效考核机制实际核定年度政府支付规模。

(1)考核原则

坚持公开、公平、公正和量化数据考核为主的原则,坚持日常考核和定期考核相结合的原则,坚持考核与评议相结合的原则,坚持奖罚并重的原则。

(2)考核对象及内容

考核对象为项目公司。考核内容为某家居小镇 PPP 项目本体及附属设施的维护、运行、应急保障措施及客户满意度等。

(3)考核组织

区建设局负责联合行业主管部门等组织考核工作。考核分为定期考核、随机考核及监督考核。

一是定期考核:占总分值 80%。定期考核在项目公司向政府相关部门提交运维报告后 5 日内进行,并在 7 个工作日内完成。定期考核覆盖全部运营范围内容。

二是随机考核:占总分值 20%。在每个考核周期内频次不低于 1 次,政府方可以随时自行考核项目公司的运维服务绩效,如发现缺陷,则需在 24 小时内以书面形式通知项目公司。项目公司在接到政府的书面通知后,应在绩效考核要求的时间内修复缺陷。

三是监督考核：出现社会媒体曝光、公众举报等情形，经调查情况属实的酌情扣减考核得分。

无论是定期考核、随机考核还是监督考核，项目公司皆应及时修复缺陷。对于项目公司怠于或延迟修复缺陷/整改的，区建设局可以根据《PPP 项目合同》提取项目公司履约保函中的相应金额。项目可行性缺口补助根据绩效考核得分情况支付。（见表 9－1）

表 9－1　项目绩效考核得分表

考核综合得分	绩效系数 S	可行性缺口补助付费额
〔80,100〕	100%	可行性缺口补助 ×100%
〔70,80〕	90%	可行性缺口补助 ×90%
〔60,70〕	80%	可行性缺口补助 ×80%
〔0,60〕	小于等于 60%	酌情支付，且不得高于可行性缺口补助 ×60%

备注：得分在 60 分以下，项目公司须在区建设局规定的时间内整改合格，并通过验收，区建设局再根据考核情况确定绩效考核系数 S 并酌情支付。

8. 监管方式

本项目建立项目全过程监管机制，PPP 模式要求政府实现从“经营者”到“监管者”的转变，作为社会公益事业的最终责任主体，切实履行从前期准入到项目运营全过程的监管职责。

一是加强对项目全生命周期的考核。由某区城乡规划建设局牵头，各行业主管部门加强对本项目的监管，不仅需关注短期的工程建设质量，更加注重运营期服务质量标准的制定和落实，以检验服务效果。

二是建立定期评估机制。通常每 2～3 年组织一次中期评估，全面评估项目的服务、管理和财务表现，督促项目公司持续改进项目管理水平，提升公共服务效率。

三是建立公众参与监督机制。进一步加强宣传和教育，引导公众参与项目监管。加强信息化平台建设，推行信息公开制度，定期公布服务质量考核结果、成本监审报告等，同时进一步完善公众咨询、投诉、处理机制，形成全社会共同监督体系。

9. 建立健全基于绩效的支付机制

选定专业的中介咨询机构制定政府、使用者共同参与的综合性评价体系，对项目的绩效目标实现程度、运营管理、资金使用、公共服务质量、公众满意度等进行绩效评价。绩效评价结果应依法对外公开，接受社会监督。根据评价结果，依据《PPP项目合同》约定对价格或补贴等进行调整，激励项目公司通过管理创新、技术创新提高公共服务质量。

上海枫泾特色小镇解读

在住建部公布的全国首批127个特色小镇中,位于我国长三角的上海市有3个特色小镇获批,其中位于金山区的枫泾镇位居上海3个特色小镇之首,其余2个分别为松江区车墩镇和青浦区朱家角镇。

公开资料显示,上海枫泾古镇自南北朝梁天监元年(公元502年)有文字记载以来已有1500多年的历史,是上海首个被命名的中国历史文化名镇,与上海市和浙江省五区(县)十镇(乡)交界,是上海最重要的"西南门户"。镇域总面积91.66平方公里。现辖有23个行政村、9个居委会。全镇户籍人口6万,常住人口近10万。"十二五"期间,枫泾镇成为金山区首个税收总量突破20亿元的街镇。枫泾镇区位优势明显,距长三角16个重要城市均一小时左右车程,是中国历史文化名镇、新沪上八景之一。

为进一步促进上海市金山区枫泾古镇的保护、开发和更新,在国家大力推广特色小镇建设和PPP模式的大背景下,地方政府采取PPP模式打造枫泾特色小镇(以下简称本项目)。

1. 项目背景

据介绍,枫泾对于小城镇的建设探索已有20多年,枫泾城镇建设分为规划研究、发展探索和定位实施三个阶段:规划研究阶段主要以1995年列入全国500家小城镇改革试点镇为标志,完成了总规、土规、工业园区开发建设启动,重点是通过工业园区的建设来推动小城镇发展；发展探索阶段主要以 2001 年列入上海“一城九镇”建设试点镇为标志，完成了现代化风格的发展规划，新镇区完成了动拆迁、基础设施等建设；定位实施阶段主要以 2010 年枫泾特色镇[1]建设为标志，对小城镇建设重新定位，确立了五大功能区建设。

2015 年 5 月，上海发布《上海市城市更新实施办法》，枫泾提出，打造特色小镇是要以“小镇更新”为内涵，以“古镇更新”“产业更新”“社区更新”“乡村更新”等为具体内容，按照“核心区（含古镇区 1 平方公里、新镇区 2 平方公里、产业功能区 2 平方公里）、拓展区（产业转型区 10 平方公里）、发展区（乡村更新区 47 平方公里）”的路径推进。具体来说，本项目以“小镇更新”为主题，涵盖小镇建设的几个方面：一是推进古镇更新，探索古今和谐发展“新路径”；二是推进产业更新，构建产城融合发展“新格局”；三是推进社区更新，打造社区综合服务“新平台”；四是推进乡村更新，营造建设美丽乡村“新风尚”。

2. 项目战略定位

作为一项新生事物，特色小镇是一个涵盖产业、生态、文化、旅游、建筑、空间等多个领域的系统性工程。因此，特色小镇既要有作为顶层设计的战略定位，又要有包括产业规划、项目策划等在内的产业性空间设计和建设项目实施计划，并在主要的规划内容上与所在地的国民经济社会发展规划、城乡规划、土地利用规划和生态功能区规划进行充分对接。一般而言，特色小镇的规划包含战略定位、产业规划、项目策划、旅游规划、市场推广规划、空间规划和城市设计的规划系统。

定位是特色小镇的灵魂。就本项目而言，本项目战略定位以打造“人文古镇”为总体目标，坚持“1234”的工作思路。“1”即“一个目标”，具体指以坚持发展人文古镇为目标。“2”即“两个目的地”，以“众创 + 古镇”为核心，将枫泾打造成为长三角城市群中的“旅游休闲目的地”和上海科创中心建设中的“特色众创目的地”。“3”即“三大载体”，承载居民幸福生活、游客的水乡情怀和创客的梦想抱负。

[1] 2010 年年初，上海市金山区枫泾镇被国家发改委批准列为第一批全国小城镇发展改革试点镇，是上海市“十二五”规划唯一明确发展的特色镇。

“4”即“四大理念”，具体指统筹居民、游客、创客三大人群，促进多元共享；统筹农创、科创、文创三大动力，实现多元共合；统筹生产、生活、生态三大布局，实现多元共融；统筹政府、社会、市民三大主体，实现多元共建。

具体来说，2016 年到 2020 年，枫泾的总体目标是建设“众创 · 体验 · 共享”的美丽小镇。贯彻落实创新、协调、绿色、开放、共享的五大发展理念，积极探索统筹空间、规模、产业三大结构，统筹规划、建设、管理三大环节，统筹改革、科技、文化三大动力，统筹生产、生活、生态三大布局，统筹政府、社会、市民三大主体，有序推进特色小镇更新发展，把枫泾建设成为“经济繁荣、产城融合，功能完备、服务便捷，生态宜人、和谐宜居，规模适度、城乡一体，人文传承、特色显著”的江南美丽小镇，承载起人们对幸福生活、快乐工作的美好梦想。

3. 项目特色产业及产业基础

众所周知，特色小镇之所以称为“特色”，关键还是在于特色小镇有区别于其他地方的“特色产业”。换句话说，具有明显优势的“特色产业”才是特色小镇持续健康发展的支撑。

“古镇更新”是枫泾“四大更新”之首。枫泾古镇已有 1500 多年的历史，这是一个不可复制、不可再生的资源。古镇更新要从观光旅游走向休闲度假，从古镇旅游走向全域旅游，使古镇成为宜居宜游的优选地。在产业更新方面，本项目一是盘活闲置存量资源，通过存量资产的平台、厂房路演等方式吸引更多的企业落户到枫泾来，把存量资源盘活。二是加快产业结构转型，打造功能性平台，通过功能性平台的搭建，从传统的人对人招商，走向平台式的招商，如“科创、文创、农创”众创汇聚的科创小镇建设、长三角路演中心建设等。

经过多年的发展和长期的积淀，本项目打下了坚实的产业基础。目前枫泾特色产业体系逐步形成，上海市级枫泾工业区规划面积 15.8 平方公里，其中 2.4 平方公里高新技术产业基地被国家科技部批准为“国家火炬计划上海枫泾新能源特色产业基地”。枫泾工业区已集聚企业 500 多家，其中年产值超亿元的企业 20 多家。枫泾正积极打造新兴产业的成长空间，重点发展四大主导产业，即高端装备制造业、新能源与智联网汽车产业、关键基础部件产业和生命健康产业。

4. 以 PPP 模式建设本项目

2016 年 12 月，上海市金山区人民政府与上海建工集团股份有限公司（以下简称上海建工集团）签订战略合作框架协议，枫泾镇人民政府与上海建工集团签订《保护性开发枫泾古镇合作协议》，枫泾镇人民政府与上海建工投资有限公司、上海建工房产有限公司签订合作协议。各方以“政府主导、市场运作、优势互补、合作共赢”为原则，有机整合各方资源，发挥各自优势，加快推进资源共享，以 PPP 模式拓展合作领域，对枫泾镇这座千年古镇进行全方位的更新和升级。

5. 本项目 PPP 合同主要内容

本项目主要是枫泾古镇保护与开发项目建设，范围规划总用地面积约 1.07 平方公里，包括基础设施类、功能配套类、景点提升类等约 32 项，预计总投资约 30 亿元。

上海建工集团将把枫泾镇作为重点合作和投资区域，同时充分依靠建工集团“建筑全生命周期运营商”的综合优势，协同枫泾古镇保护与开发、城中村改造、新镇区土地开发、基础设施建设、车站小镇等产业链板块共同进入枫泾镇，为本项目建设提供一站式综合服务。

6. 本项目 PPP 合同体系

根据财政部《关于印发政府和社会资本合作模式操作指南（试行）的通知》（财金〔2014〕113 号），合同体系主要包括项目合同、股东合同、融资合同、工程承包合同、运营服务合同、原料供应合同、产品采购合同和保险合同等。项目合同是其中最核心的法律文件。

本项目 PPP 合同体系主要由以下内容组成：（1）PPP 项目公司是操作 PPP 项目的重要载体，承担着 PPP 项目的投资、融资、建设、运营和维护等职能。枫泾镇人民政府与上海建工集团合资成立注册资本为 1 亿元人民币的平台公司，其中政府方占股 30%，社会资本方占股 70%。（2）枫泾镇人民政府与上海建工集团、上海海韵文化签订《长三角路演中心开发建设与运营管理合作框架协议》。（3）枫泾镇人民政府与上海建工集团合资平台公司成立后，平台公司与上海山麓酒店管理有限公司签订《合作开发古镇民宿战略框架协议》。

参 考 资 料

[1]王文娟:《张斌:金山枫泾“四大更新”升级特色小镇》,载 http://sh. people. com. cn/n2/2017/0303/c380578 - 29798632. html,最后访问时间:2017 年 3 月 3 日。

[2]范颖华:《差别化土地政策将破解特色小镇用地瓶颈》,载《中国企业报》2017 年 8 月 15 日。

[3]侯惠荣、王春军:《关于建设“特色小镇”的法律建议》,载《人民政协报》2018 年 1 月 22 日。

[4]王艳:《PPP 项目中地方政府监管分析和制度设计》,载 http://www. 360doc. com/content/18/0126/10/35947021_725197427. shtml,最后访问时间:2016 年 9 月 24 日。

[5]肖正华:《房企 + 特色小镇,是真转型还是讲故事?》,载《中国建设报》2017 年 6 月 23 日。

[6]搜狐财经橙园区:《重磅! 全国首个〈特色小镇评定规范〉正式发布!》,载 http:// www. sohu. com/a/215411504_764264,最后访问时间:2018 年 1 月 8 日。

[7]乔润令:《一篇文章告诉你:发改委官员、专家、地方领导都是如何看待特色小镇的》,载 http://www. sohu. com/a/168790752_352535,最后访问时间:2017 年 9 月 1 日。

[8]岳晓武:《特色小镇用地方案详解》,载 http://www. davost. com/seo/detail/ 4627 - 2d18a65d8e. html,最后访问时间:2017 年 9 月 1 日。

[9] 岳晓武:《特色小镇落地,哪些用地方案可选?》,载《中国国土资源报》2017 年 9 月 1 日。

图书在版编目(CIP)数据

特色小镇 PPP 法律实务 / 陈青松著. -- 北京 : 法律出版社, 2018
ISBN 978-7-5197-2561-7

Ⅰ. ①特… Ⅱ. ①陈… Ⅲ. ①小城镇－城市建设－政府投资－合作－社会资本－法律－研究－中国 Ⅳ. ①D922.280.4

中国版本图书馆 CIP 数据核字(2018)第 178506 号

特色小镇 PPP 法律实务
TESE XIAOZHEN PPP FALÜ SHIWU

陈青松 著

策划编辑 李 群 李 璐
责任编辑 李 璐
装帧设计 鲍龙卉

出版 法律出版社
总发行 中国法律图书有限公司
经销 新华书店
印刷 天津嘉恒印务有限公司
责任印制 胡晓雅

编辑统筹 法律应用·大众读物出版第一分社
开本 720 毫米×960 毫米 1/16
印张 16.5
字数 263 千
版本 2018 年 8 月第 1 版
印次 2018 年 8 月第 1 次印刷

法律出版社/北京市丰台区莲花池西里 7 号(100073)
网址/www.lawpress.com.cn
投稿邮箱/info@lawpress.com.cn
举报维权邮箱/jbwq@lawpress.com.cn
销售热线/010-63939792
咨询电话/010-63939796

中国法律图书有限公司/北京市丰台区莲花池西里 7 号(100073)
全国各地中法图分、子公司销售电话:
统一销售客服/400-660-6393
第一法律书店/010-63939781/9782
西安分公司/029-85330678
重庆分公司/023-67453036
上海分公司/021-62071639/1636
深圳分公司/0755-83072995

书号:ISBN 978-7-5197-2561-7
定价:58.00 元